# 미중 전략적 경쟁

무엇이 문제이고 어떻게 풀어야 하나

경남대 극동문제연구소
국제관계연구 시리즈 36

# 미중 전략적 경쟁

무엇이 문제이고 어떻게 풀어야 하나

초판 1쇄 발행    2020년 2월 28일

지은이       이관세, 박원곤, 김동엽, 이왕휘, 최지현, 이상만, 조성렬, 김한권, 이혜정
펴낸이       최용범

펴낸곳       페이퍼로드
출판등록     제10-2427호(2002년 8월 7일)
주소         서울시 동작구 보라매로5가길 7 1322호
이메일       book@paperroad.net
페이스북     www.facebook.com/paperroadbook
전화         (02)326-0328
팩스         (02)335-0334

ISBN        979-11-90475-07-5 (93340)

# 미중 전략적 경쟁

무엇이 문제이고
어떻게 풀어야 하나

**IFES**

경남대 극동문제연구소
국제관계연구 시리즈 36

# 목차

---

## 1부   미중 전략적 경쟁과 동아시아

---

# 2부　미중 전략적 경쟁과 한반도

# 서장

트럼프 행정부가 출범 직후부터 미국우선주의의 기치 아래 외교, 안보, 무역, 통화 등 전방위에 걸쳐 자국 이익 중심의 정책을 펼쳐왔다. 2018년 3월 미국의 대중 보복관세 부과로 시작된 미중 간 무역분쟁은 양국 간 무역뿐 아니라 세계경제를 뒤흔든 가장 중요한 경제이슈가 되었다. 2020년 1월 들어서면서 미중 양국이 1단계 무역합의안에 서명하면서 미중 간 대결국면이 단기적으로는 일단락되는 듯한 양상을 보이고는 있지만, 양국의 핵심이슈 합의는 아직 요원한 상황이다.

세계경제의 향방에 지대한 영향을 미치고 있는 미중 간 무역분쟁은 단순히 미국 트럼프 행정부의 무역적자 해소를 위한 노력과 일시적 마찰로 이해해서는 안 된다. 이는 무역통상 분야뿐 아니라 기술, 에너지 안보, 외교, 규범 등 모든 영역에서 점점 더 가시화되고 있는 '미중 간 경쟁' 구도의 일환이라고 보아야 한다. 워싱턴은 중국이 지난 수십 년간의 경제적 성장을 바탕으로 2차 세계대전 종전 이후 미국이 지금까지 만들어왔고 주도해왔던 규칙기반 자유주의 국제질서에 직접적인 위협이 될 것이라는 판단을 하고 있다. 중국의 부상과 팽창주의적 전략이 현재 국제질서 자체의 변화를 목표로 하는 것이라고 인식한 것이다. 반면, 북경은 자신들이 원하는 것은 G2로 불릴 만큼 성장한 중국의 역량에 걸맞는 위상과 영향력을 확보하기 위한 '현재의 국제질서 안에서의 변화'일 뿐이라고 주장한다.

문제는 2020년 초 워싱턴이 바라보는 중국의 모습과 북경이 생각하는 미국의 모습이 전혀 다른 상황에서 양측 사이의 소통과 인식의 과정이 상호협력보다는 상호갈등과 경쟁의 방향으로 흐르고 있다는 점이다. 이 책에서 설명하고 있듯이, 미국의 인도-태평양 전략과 중국의 일대일로 전략은 이러한 미중 간 경쟁의 구도를 분명히 보여주고 있다.

보다 큰 문제는 미중 간 경쟁 또는 충돌의 모습이 가장 가시적이고 첨예하게 나타날 지역은 한국이 위치한 동아시아 지역이 될 가능성이 매우 크다는 점이다. 역내 질서의 안정과 평화체제 구축에 있어서 핵심적 행위자 중 하나로 부상한 중국과 패권국으로서 역내질서뿐 아니라 세계질서의 안정과 발전을 주도하여왔던 미국 사이의 상호견제 및 대결의 가능성은 역내 주요국가들의 미래에 짙은 그림자를 드리울 여지가 크다.

매우 유감스럽게도, 미중 간 무역분쟁 자체는 트럼프 행정부의 특성이라고 볼 여지도 있으나 미중 간 (전략적)경쟁의 구도는 트럼프 행정부의 일시적 특성이라기보다는 미국의 장기적 외교전략의 핵심축이다. 또한, 역내에서 첨예하게 진행되는 미중 간 경쟁의 구도는 향후 더욱 거세질 가능성이 매우 크다. 이러한 상황에서 한국을 비롯한 역내 주요국가들은 미중 간 전략적 경쟁의 틈바구니 속에서 선택을 강요받을 기로에 서야만 하는 순간이 점점 더 다가오고 있다. 따라서 무엇보다도 이러한 미중 간 경쟁 과정에서 발생할 수 있는 피해를 최소화하고 앞으로 나아갈 수 있는 생존 및 발전 전략에 대한 고민의 작업이 절실한 상황이다.

이러한 문제인식을 바탕으로 경남대 극동문제연구소는 미중 간 전략적 경쟁의 다양한 모습에 대한 이론적 이해와 정책적 함의를 도출하기 위한 노력의 일환으로 전문가들의 고견을 모아 본 책자를 출판하게 되었다.

　본 저서는 크게 두 부분으로 나뉜다. 제1부(제1장~제5장)에서는 동아시아 역내 주요국가들에 영향을 미치는 미중 간 군비경쟁, 무역/통화경쟁, 해양분쟁, 양안관계 등 현안을 분석한다. 그리고 제2부(제6장~제8장)에서는 미중 전략적 경쟁 가운데 놓인 남북한의 대미/대중 전략의 발전방향과 한국외교가 나아갈 방향을 제시한다.

　한국은 이미 THAAD 문제 등 미중 간 전략적 경쟁의 틈바구니 속에서 극심한 피해를 직접적으로 경험하였다. 안보와 경제라는 두 개의 핵심 축에 있어서 미국과 중국의 영향을 강하게 받을 수밖에 없는 우리로서는 미중 간 경쟁의 틈새에 끼어 일방적으로 피해를 받고 생존의 위기에까지 내몰리게 되는 상황은 결코 있어서는 안 되는 상황이다. 우리는 본 저서가 한국이 미중 간 전략적 경쟁이라는 역내, 그리고 세계적 차원에서의 구조적 변수가 야기할 수 있는 위험과 위기를 넘어 신한반도 평화체제를 구축하고 보다 발전된 미래한국을 만드는 데 기여할 수 있기를 희망한다.

2020년 2월

이관세

경남대 극동문제연구소 소장

1부

미중 전략적 경쟁과
동아시아

# 1장

## 인도-태평양 전략과 일대일로

: 탄생, 충돌, 한계, 대응

박원곤

한동대학교 국제어문학부 교수

**IFES**

경남대 극동문제연구소
국제관계연구 시리즈 36

# Ⅰ. 들어가며[1]

세계는 지금 새로운 도전에 직면해 있다. 2016년 모두의 예상을 깨고 세계 최강대국인 미국의 대통령에 당선된 트럼프는 지난 3년간의 대외 정책을 통해 변화를 추동하고 있다. '원칙에 입각한 현실주의'(principled realism)라는 일면 생소한 개념을 근거로 '미국 우선주의'를 선포하고 아시아·태평양 지역을 확장한 '인도-태평양' 전략을 추진하고 있다. 트럼프 행정부의 자국 우선주의는 1970년대 닉슨에 의해 시도된 데탕트를 제외한다면 연속성 측면에서 이전과는 확연히 대비되는 변화를 보이고 있다(Cha and Seo, 2018). 가장 큰 변화는 동맹을 손익계산 측면에서 접근하여 동맹국의 비용 및 책임 증대를 거칠게 요구하는 것이다. 냉전시기의 이념적 결속, 탈냉전 자유주의적 가치 공유에 기반한 동맹 등 최소한 외형적으로라도 내세웠던 동맹의 가치와 이념의 공유를 대통령이 수시로 부인하면서 실제 정책으로도 표출되고 있다(Zakaria, 2016; Cordesman, 2018; Stelzenmüller, 2018).

기존 공약을 축소하면서 불필요한 연루 가능성을 최소화하는 정책도 시리아 철군에서 보여준 것처럼 시행되고 있다. 동시에 미국의 사활적 이해가 걸린 지역에 대해서는 집중적으로 대처하는 '선별적 개입'의 모습도 보인다. 인도-태평양을 미국의 핵심 전략 지역으로 상정하고, 특히 중국을 미국의 패권에 도전하는 '수정주의 세력'으로 규정하면서 강력하게 대처하고 있다. 트럼프 행정부는 2019년 일련의 보고서를 통해 미국 주도로 역내 국가와 협력하여 중국을 견제하는 인도-태평양 전략을 본격화하겠다는 의지를 천명하였다.

---

1   이 글은 저자의 "Changes in US-China Relations and Korea's Strategy: Security Perspective," *Korean Journal of Security Affairs*, Vol. 25, No. 2 (2019a); "트럼프 행정부의 대외정책과 인도·태평양 전략," 『국방연구』, 62권 4호 (2019b) 내용을 중심으로 논의를 확장한 것임.

시진핑의 중국은 중국의 꿈(中國夢)을 실현하기 위해 적극 나서고 있다. 2020년까지 전면적 소강사회(小康社會) 실현, 2035년까지 사회주의 현대화 강국의 기본적 실현, 2050년에는 사회주의 현대화 강국 전면적 실현을 공약하고 있다. 더불어 2025년까지 글로벌 제조 강국 대열에 진입하고, 2035년까지 제조 강국으로 부상하며, 2045년에는 세계 시장을 선도하는 1등 국가가 된다는 '중국제조 2025'도 추진하고 있다. 군사전략 측면에서도 이른 바 도련선(島鍊線)을 확장 중이고 인도양 방향으로도 진출하는 진주 목걸이 전략 등을 통해 기존 반접근/지역거부(Anti-Access/Area Denial: A2/AD)를 강화하는 한편 항공모함 전대를 구축하여 해외투사 능력을 확충하고 있다. 특히 시진핑 체제의 핵심 상징적 사업인 일대일로를 통해 서남 및 중앙 아시아, 유럽, 아프리카를 아우르는 지역에서 중국의 영향력을 확대하려 한다(김열수, 2019: 27-28).

동 연구는 이와 같이 미중의 경쟁이 본격화되는 시점에서 이를 보다 깊이 있게 이해하기 위해 트럼프 행정부의 인도-태평양 전략과 시진핑 체제의 일대일로를 고찰하고자 한다. 각각 어떤 배경에서 시작되어 발전되었는지 내재 혹은 외형적으로 드러난 전제와 인식을 우선 분석한다. 다음으로는 인도-태평양 전략과 일대일로가 부딪치는 갈등 양상을 '문명 충돌' 논쟁을 통해 추적한다. 마지막으로 여전히 구체 정책이 부재한 인도-태평양 전략과 문제점이 드러나고 있는 일대일로의 한계를 지적한 후 한국의 대응 방향도 제시하고자 한다.

## Ⅱ. 인도-태평양 전략과 일대일로의 탄생

### 1. 인도-태평양 전략

인도-태평양 전략은 트럼프 행정부의 핵심 전략이자 한국이 포함된 역내 전략이기도 하다. 인도-태평양이란 명칭과 개념이 최초로 사용된 것은 일본의 아베 신조 수상의 2007년 인도 의회 연설이다. 아베 수상은 연설에서 "태평양과 인도양은 자유와 번영에 중요"하다면서 "지역 경계를 넘어선 보다 확장된 아시아"를 상정했다(Abe, 2007). 이후 아베 수상은 2016년 연설을 통해 전략으로 발전시키면서 민주주의, 규범에 기초한 질서, 자유 무역 등을 추진 목표 개념으로 상정하였다(Brown, 2018). 인도-태평양 전략을 위한 핵심 국가인 호주도 2017년 외교백서에서 일본과 유사하게 규범에 기초한 자유 무역을 핵심 기조로 인도-태평양을 강조하였다(Australian Government, 2017).

트럼프 행정부의 주요 관료가 인도-태평양 전략을 본격적으로 언급한 것은 2017년 10월 렉스 틸러슨 당시 국무장관의 인도 방문 직전 연설이다. 틸러슨 장관은 인도-태평양 전략을 중국의 일대일로를 통한 공세적 경제 확장에 대응하기 위한 대안으로 제시하였다. 다음 달인 11월 트럼프 대통령도 아시아태평양 경제협력체(Asia-Pacific Economic Cooperation: APEC) 연설에서 인도-태평양 전략을 언급하였다. 트럼프 대통령은 공정한 상호주의에 입각한 무역, 기반시설 투자와 함께 규범 준수와 항행의 자유 등을 인도-태평양 전략의 핵심 비전으로 제시하였다. 그러나 동 전략이 이전 오바마 행정부와 어떤 차별성을 갖는지와 구체적인 수행 방안 등은 제시하지 않았다.

2017년 12월에 트럼프 행정부 들어 처음으로 공식 발표된『국가안보전략서』(National Security Strategy of the United States of America)에서도 인도-태평양 전략을 핵심 개념 중 하나로 상정하였다. 『국가안보전략서』에서 "자유롭고 개방된 인도-태평양 전략"(Free and Open Indo-Pacific Strategy: FOIP)으로 명명하면서 유럽, 중동, 남·중앙아시아, 서반구, 아프리카 등과 함께 지역 차원의 전략으로 언급되었으나, 인도-태평양 지역을 첫 번째로 언급함으로써 중요성을 부각하였다.

명시하지는 않았지만『국가안보전략서』에서 미국의 인도-태평양 전략의 1차 대상이 중국임을 알 수 있다. 전략 앞에 '자유'를 첨부하여 중국이 동 지역에 부과하는 제한 상황을 상정하였다. 중국이 남중국해에서 자유로운 무역을 막고 다른 국가의 주권을 위협하며 미국의 접근을 제한한다는 것이다. 따라서 미국의 선도 하에 역내 국가와의 공동 대응을 통해 지역 질서를 유지하고자 한다.

자유롭고 개방된 인도-태평양 전략의 또 다른 주요 대상은 북한이다. 미국은 북한의 사이버, 핵, 탄도 미사일 개발을 지구적 차원의 위협으로 간주하고 대응을 위해 미국과 역내 국가와의 안보협력을 강화하고 방어를 위한 "추가 조치"의 필요성도 제시한다. 역내 동맹국인 한국, 일본, 호주, 뉴질랜드와의 협력을 중시하는 한편 일본, 호주, 인도와의 4자 협력체제 강화도 모색한다. 이외에도 동남아시아의 필리핀, 태국 등의 동맹국, 베트남, 인도네시아, 말레이시아, 싱가포르와 아세안, APEC과 같은 역내 다자기구와의 협력도 강조한다.

자유롭고 개방된 인도-태평양 전략을 수행하기 위한 정치적 노력으로 미국은 동맹 및 우호국과의 협력을 강화하고, 주권, 공정한 상호 무역, 규범 등에 기초하여 새로운 파트너 국가와의 관계를 확장한다. 특히 항행의 자유와 평화적인 영토 및 해양 분쟁의 해결을 추구하는 한편 한반도의 "완전하고 검증가능하며 불가역적인 비핵화"(CVID)도 추진한다. 경제 분야에서는 공정하고 상호적인 역내 양자 무역 협정을 통해 미국 상품이 공평하게 경쟁할 수 있는 기반을 구축한다. 또한 투명한 사회기반 시설 자금 조달 관행의 필요성도 강조한다.

군사안보 측면에서 대응은 우선적으로 전진 배치된 미군 전력을 유지함으로써 억지와 격퇴를 가능케 한다. 한국, 일본과는 미사일 방어 협력을 강화하여 지역 방어 능력을 확보한다. 북한 공세에 대비하여 압도적 전력 동원 능력을 유지하고 북한 비핵화를 강제한다. 이외에도 미국은 아세안 국가와 안보 및 정보 교류 협력을 확대하고자 한다. 또한 '하나의 중국' 원칙을 준수하되 대만관계법에 따라 대만의 합법적인 방어 필요를 충족시키기 위해 협력한다. 미국의 중요 안보협력 파트너로서 인도와의 협력을 강조하는 한편 필리핀, 태국과의 동맹관계 강화와 싱가포르, 베트남, 인도네시아, 말레이시아 등과의 우호관계 촉진을 재차 언급한다(The White House, 2017: 46-47).

『국가안보전략서』에 이어 2018년 1월 발간된 『국방전략서』(*National Defense Strategy*)는 인도-태평양 전략을 보다 명확하게 중국 견제 의지를 포함하여 설명한다. 중국이 군현대화와 공세적 경제 확장을 통해 인도-태평양 지역의 질서를 중국에게 유리하게 재편하여 단기간 내 역내 헤게모니를 확보하고 장래 미국을 대체하는 세계 강대국이 되기를 원한다고 진단한다. 따라서 미국은 인도-태평양 지역에서 우호적인 지역 균형을 유지하는 것을 국방의 핵심 목표 중 하나로 정하였다. 구체적으로 인도-태평양 지역을 유럽, 중동과 함께 미군이 적대세력을 억제·격퇴할 핵심 지역으로 상정하였다. 또한 『국가안보전략서』에서와 같이 동맹 및 우호국과의 안보협력 강화를 통해 공세를 억제하고 안정을 유지하며 자유로운 접근이 가능토록 한다는 기조를 재확인한다(Dept. of Defense, 2018: 2, 4, 6, 9).

군사차원에서 더욱 유의해야 할 것은 국방전략 환경 인식이 보다 강대국 중심 사고로 변화하여 이에 대한 대응을 강조한다는 것이다. 『국가안보전략서』와 유사하게 『국방전략서』도 규범에 기초한 국제질서가 쇠퇴하고 지구차원의 무질서가 도래하면서 장기적인 국가 간 전략적 경쟁이 재출현 할 것으로 진단한다. 특히 중국과 러시아가 수정주의 세력으로서 현상변경을 통해 기존 국제질서를 흔들고, 미국의 군사적 우위와 경쟁력 쇠퇴를 가속화한다. 이러한 안보환경 인식은 인도-태평양 전략이 사실상 핵심적 안보환경 변화에 대응하는 미국의 주 전략임을 다시 한 번 확인시켜 준다.

두 개의 공식 문건이 발표된 이후 제임스 매티스(James Mattis) 국방장관은 2018년 6월 2일 '샹그릴라 안보대화'에서 인도-태평양 전략을 다음의 4가지 핵심 논지로 설명한 바 있다(Mattis and Chipman, 2018).

- 해상로와 해상소통 채널의 안정성 확보: 이를 위해 미국은 우호국의 방어 능력 향상을 지원
- 상호운용성 향상: 동맹국과 우호국과의 상호운용성 증진을 통해 방어 능력 향상
- 법치, 시민사회, 투명한 거버넌스 강화
- 민간이 주도하는 경제 개발 강화: 사회기반시설을 포함한 민간 차원의 투자 증진

기존의 소개된 인도-태평양 전략의 연장선상에서 전략에 내포된 원칙과 핵심 특징 등을 강조한 것으로 동 내용은 일본, 인도, 호주의 주장과도 합치된다.

전술한 바와 같이 미국의 인도-태평양 전략은 비교적 명확하게 중국을 겨냥하고 있음을 알 수 있다. 1차 대상으로 중국을 언급한 것 외에도 남중국해 갈등, '일대일로'와 아시아인프라투자은행을 염두에 둔 경고, 중국을 견제하기 위해 인도를 "중요 안보 파트너"(Major Defense Partner)로 삼고 호주, 일본과 함께 4자 '포위망' 구축 의지 등을 천명하였다(The White House, 2017: 47). 더불어 북한 위협을 지구적 차원의 위협이자 역내 핵심 의제로 삼고 미사일 방어와 전진배치된 전력 등을 활용한 억지 및 비핵화 추동을 표명하였다.

트럼프 행정부의 인도-태평양 전략을 오바마 행정부의 '아시아 재균형 전략'과 비교할 때 가장 큰 차이점은 중국에 대한 견제를 보다 명확히 한 것이다. 오바마 행정부의 아시아 재균형 전략은 중국과의 협력적 동반자 관계를 표방한 반면 '인도-태평양 전략'은 참여국을 제한하지 않는 개념으로 소개되었으나 사실상 중국을 협력국에서 배제하고 '수정주의 국가'로 정의함으로써 중국과의 전략적 경쟁을 표명하였다.『국가안보전략

서」는 중국을 "수정주의 국가"로 『국방전략서』는 중국을 "전략적 경쟁상대"로 규정한 바 있다.

위와 같은 과정을 거쳐서 트럼프 행정부는 2019년 6월 국방부 보고서와 11월 국무부 보고서를 통해 인도-태평양 전략을 구체화하였다. 국방부의 『인도-태평양 전략 보고서』(*Indo-Pacific Strategy Report: Preparedness, Partnerships, and Promoting a Networked Region*: IPSR) 서문에서 당시 섀너핸 국방장관 대행은 동 전략이 경제, 외교, 안보의 3축으로 구성되었음을 밝혔다. 그러나 국방부 보고서답게 군사 분야를 중점적으로 다루고, 특히 "수정세력"(revisionist power) 중국을 러시아, 북한, 테러와 함께 4대 핵심 도전으로 규정하였으나 사실상 중국에 대한 대응을 가장 강조하고 있다. 또한 서문에는 자유와 억압의 양분된 비전을 가진 지정학에 기초한 국가 간 경쟁이 심화된다면서 "특히 중국은 중국 공산당의 영도 하에 현대화된 군사력과 약탈 경제를 내세워 주변국을 강압하고 지역 질서를 재편하려 한다"고 명확히 진단한다. 그러면서 미국은 '규범에 기반한 국제질서'를 준수하며 이에 도전하는 세력을 결코 용납하지 않겠다는 의지도 천명한다. 이를 위한 구체적인 이행 방안으로 대비(preparedness), 동반 관계(partnership), 지역네트워크 확장(promotion of a networked region)을 제시한다. 대비는 트럼프 행정부가 출범 직후부터 주창해온 '힘을 통한 평화'를 강조하면서 동맹국과 함께 역내 전진배치된 미군을 활용한다. 동반 관계는 미국이 유지해온 동맹국과 우호국과의 네트워크를 강조하고 확장을 시도한다. 마지막 지역네트워크 확장은 '규범에 기반한 국제질서'를 네트워크화 된 미국의 동맹국과 우호국과 함께 추구한다(Dept. of Defense, 2019a).

이전 발간된 문서와 비교할 때 미 국방부의 인도-태평양 전략의 특징은 중국을 규범에 기초한 국제질서를 저해하고 자유롭고 개방된 활동을 강제 수단을 활용하여 방해하며 규범 자체를 무시하는 핵심 세력으로 규정하고, 동맹국과 우호국의 네트워크를 활용하여 억지한다는 측면을 보다 강조한 것이다. 더불어 동 보고서는 미국, 호주, 인도, 일본의 '4자'(Quad)의 안보협력을 인도-태평양 전략의 비전을 공유하는 중요한 포럼으로 규정했다. 이외에도 미국의 역내 다른 동맹국인 한국, 필리핀, 태국과의 협력도 강조하면서 아세안 국가의 적극 동참을 유도한다.

미 국무부가 11월 4일 공개한 『자유롭고 개방된 인도-태평양 전략』(*A Free and Open Indo-Pacific: Advancing a Shared Vision*, 2019)도 일부 주목할 만한 내용을 포함한다. 트럼프 대통령이 주창하는 국가 간 '공정성'을 강조한다(Dept. of State, 2019). "자유, 공정, 상호적 무역, 투자 개방" 등이 국무장관 서문에서 우선적으로 언급되며 이어 '선정'(good governance) '항행의 자유' 등도 제시된다. 인도-태평양 전략의 경제 측면, 지역안보질서, 미국의 적극투자 등이 핵심 사안으로 언급된다. 부서 업무 특성상 국무부 보고서는 안보 측면을 보고서 후반부에 언급하면서 동맹국·우호국과의 연대 강화, 역내 전진배치된 미군 강화, 초국가적 위협 대응, 사이버 위협, 핵 비확산, 환경 안보 등의 대비를 강조한다. 이외에도 남중국해 항행 자유의 중요성을 제시하고 중국에 대한 대응도 언급된다. 전체적으로 전술한 국방부 보고서에 비하면 노골적인 중국 견제의 의도를 상대적으로 덜 표출하면서 국무부의 부서 특성을 살려 인도-태평양 전략의 외교적 노력을 강조한다. 특히 동맹국·우호국과의 협력을 통한 인도-태평양 전략 추진의 중요성을 부각한다.

종합할 때 트럼프 행정부의 인도-태평양 전략은 중국의 부상을 확실히 억제하려는 동기 하에 이를 구체화하는 과정으로 이해할 수 있다. 오바마 행정부도 '아시아 재균형 전략'을 통해 중국을 견제하려 했으나 트럼프 행정부와는 방법이 달랐다. 오바마 행정부는 중국을 미국 주도의 국제질서에 책임 있는 일원으로 참여시켜 기존 질서를 유지하고자 했다. 오바마 행정부의 이런 접근은 이전 조지 W. 부시 행정부 때 시작된 '테러와의 전쟁'으로 불거진 위기를 극복하기 위한 시도였다. 2008년 금융위기로 표출된 미국 능력의 한계를 오바마 행정부는 중동 지역에서 철수하는 개입축소와 아시아 지역에서 '규범에 기반한 질서'라는 명분을 통한 중국 견제로 돌파하려 했다. 개념적으로 표현한다면 오바마 행정부는 자유주의적 국제질서에 기반한 협력과 공존의 가능성을 열어 두었다. 미중 간의 경제적 상호의존의 심화로 인하여 일방이 이탈할 경우 경제적 상호확증 파괴가 발생하는 상황이므로 중국과의 협력 필요성을 수용했다. 또한 평화적 방법을 통한 지속적인 대중 관여는 중국의 권위주의 체제에 자유민주주의 요소를 심을 수 있다는 희망도 품었다. 더불어 오바마 행정부가 중시한 국제기구, 국제규범 등의 국제제도로 중국을 제도권 내로 '결박'할 수 있다고 판단하였다. 군사적 측면에서는 2차 핵 보복 능력을 미중 모두 보유한 '상호확증파괴'로 억제가 가능하다고 보았다.

트럼프 행정부의 대중 인식은 매우 다르다. 마이크 펜스 부통령의 2018년 허드슨 재단 연설과 2019년 윌슨 센터 연설에 트럼프 행정부의 대중관이 명확히 드러난다(Pence, 2018/10/04, 2019/10/24). 미국이 국제주의에 따라 중국을 기존 질서에 편입하기 위해 세계무역기구(WTO) 가입, 미국 시장 개방 등의 다양한 노력을 경주하였으나 중국은 이를 악용하여 권위주의에 기반한 중상주의를 통해 이익을 극대화했다. 관세장벽, 기술이전 강요, 지식재산권 절도, 환율 조작, 정부 산업 보조금 지급 등의 자유주의에 역행하는 정책을 공공연하게 공산당 주도로 시행한다. 오바마 행정부의 관여에도 불구하고 시진핑의 중국은 오히려 1인 권위주의 체제를 강화하여 인권 탄압을 자행하고 있다. 더불어 중국은 미국 주도의 질서에 편입을 거부하고 독자적인 제도를 내세워 세계 질서를 설계하고 있다. 미국의 평화적인 방법에 따른 중국 '결박'은 결국 실패하였다. 따라서 현 상황을 방치할 경우 중국은 미국이 더 이상 통제할 수 없는 수준이 될 수 있으므로 이번 기회에 확실히 중국의 부상을 억제하려 한다. 이러한 트럼프 행정부의 인식은 대부분의 대외정책이 미국 내에서 신랄한 비판을 받는 것과 달리 미국의 주류 외교·안보 사회가 동의하고 있는 매우 예외적인 사안이다.

## 2. 일대일로

2013년 중국은 대외정책의 기조로 '신형대국관계'를 설정하고 시진 핑 주석이 오바마 당시 미국 대통령과의 6월 회담에서 원칙을 소개하였 다. 중국은 미국과의 경쟁과 갈등을 원치 않으며 상호존중의 기조 하에 서로간의 이익을 충분히 보장할 수 있다는 주장이다(Bērziņa-Čerenkova, 2016). 같은 해 중국은 '신형주변국관계' 차원에서 일대일로를 발표하였 다. 2013년 카자흐스탄과 인도네시아를 방문한 시진핑 주석은 일대일로 를 내륙과 해상을 연결하는 실크로드로 소개하면서 역내 경제발전을 위 한 구상임을 밝혔다. 구체적으로 일대일로는 중국의 서쪽과 남쪽에 위 치한 구 소련연방 자치국, 파키스탄, 인도, 아세안 국가를 대상으로 철도, 에너지, 도로 등을 연결하는 사업이다. 나아가 중국은 서남아시아부터 아프리카를 아우르는 지역에 50여개의 특별경제구역과 항만 건설 계획 도 발표하였다(Chatzky and McBride, 2019).

일대일로가 처음 소개될 때는 성격과 내용, 목적 등이 일부 불분명하 였다. 호칭도 '구상', '전략', '제안', '프로젝트' 등으로 다양하게 붙여졌다. 그러나 곧 일대일로가 시진핑 주석의 국가 브랜드 사업이 되면서 공세적 으로 추진되어 '전략' 또는 '대전략'으로 지칭되었다. 특히 일대일로를 재 정적으로 뒷받침할 수 있는 아시아인프라투자은행이 기대 이상으로 성 공하면서 탄력을 받게 되었다. 이후 중국은 미국의 견제를 의식하여 일 대일로를 '구상' 또는 '발의' 등 한발 물러서 표현하고 있다. 2019년 4월 25일부터 27일까지 개최된 제2차 일대일로 국제협력정상포럼은 푸틴 러 시아 대통령을 비롯하여 40여 명의 국가 지도자와 국제기구 수장, 한국 의 홍남기 경제 부총리, 북한의 김영재 대외경제상 등이 참여하여 성황 리에 개최되었다. 이 포럼에서 체결된 프로젝트 규모는 640억 달러에 달 하는 것으로 알려졌다. 일대일로의 급격한 확장과 다수 국가의 동참은 구상의 성격이 최초 의도했던 역내 발전과 해외 인프라 시장 개척에서 벗어나 중국 스스로 '인류운명공동체 실현'으로 표현할 정도로 거대 전략화 되는 양상으로 발전하고 있다(이동률, 2019). 특히 미국과의 갈등이 점차 고조되자 인류공동체를 내세워 중국은 미국이 규정하는 수정주의적 위협 세력이 아닌 세계의 번영을 가져올 수 있는 핵심 동력임을 역설하고 일대일로를 통해 실천하겠다는 의지를 더욱 굳건히 하는 상황이다.

중국의 일대일로는 단순한 지역 전략이 아닌 사실상 미국의 '대중 견제를 견제하기 위한 전략'으로 발전하고 있다. 일대일로가 중국이 새로운 투자 기회, 수출 시장을 개척하여 중국 국내 경기 부양과 함께 경제적으로 도약하고자 하는 지역 경제 전략 개념이 아닌 오바마 행정부 때 '아시아 재균형' 정책으로 본격화된 대중국 견제를 돌파하는 전략이라는 것이다(Chatzky and McBride, 2019).

위의 전제를 공유하면서도 일대일로의 동기와 관련하여 중국 내에서는 두 가지 견해가 존재한다. 첫째, 일대일로는 평화적 방법으로 미국의 대중 견제를 돌파하기 위한 전략이다. 왕지쓰(王緝思) 북경대 교수는 일대일로를 중국이 서쪽으로 진출하는 전략으로서 미국과의 갈등을 최소화하고 "전략적 공간"을 마련하는 시도라고 주장한다. 첨예하게 대립하는 남중국해와 대만 등에 집중된 시각을 분산하여 서쪽 지역 국가와의 협력을 통해 기반시설을 구축하는 중국의 시도는 미국과의 전면적 갈등을 피하기 위한 것이라는 해석이다(Wuthnow, 2017: 12). 둘째, 일대일로는 미국의 대중견제를 본격적으로 헤징하기 위한 전략이다. 인민해방군 공군 소장 출신 군사평론가인 차오량(喬良)은 왕지쓰와는 상반되게 일대일로를 미국의 노골적인 중국 견제, 특히 중국 남부와 동쪽에 대한 미국의 간섭에 대응하기 위한 전략이라고 주장한다(Chatzky and McBride, 2019).

중국의 일대일로 초기 구상은 미국과의 직접적인 대결을 피하려는 의도가 있었던 것으로 판단된다. 중국이 역내 영향력을 강화하고 해양으로 진출하려는 목적은 분명하나, 일대일로라는 지경학적 접근을 통해 미국과의 노골적인 경쟁을 우회하려 한 것이다. 국제개발협력의 개념을 차용하여 주변국 개발을 지원한다는 공공재의 개념을 반영한 일대일로를 통해 인접 국가와의 네트워크를 확장하고 경제협력 기반을 강화하여 중국의 영향력을 확대하고자 시도했다. 그러나 미국의 견제가 본격화되고 후술할 일대일로 자체의 문제가 부각되면서 난관에 봉착하게 되었다. 특히 일대일로가 시진핑 주석의 의제임으로 중국은 미국의 견제를 중국 공산당과 시진핑 체제에 대한 도전으로도 인식하기 시작하였다.

이에 따라 일대일로는 지경학적 구상에서 벗어나 점차적으로 미국과의 경쟁에 필요한 자산을 확보하는 중국의 지정학적 이해를 반영하는 전략으로 변모하고 있다. 특히 시진핑 주석이 일대일로를 '인류운명공동체 실현'과 연계한 것은 더 이상 미국의 대중국 압박 공세에 물러나지 않겠다는 의지를 확실히 한 것으로 볼 수 있다. 인류운명공동체를 중국이 구상하는 새로운 질서의 명분으로 삼고 기존 질서를 해치는 것은 미국이라는 역공을 펼치고 있다.

## Ⅲ. 인도-태평양 전략과 일대일로의 충돌

미중 갈등이 첨예화되면서 미국의 인도-태평양 전략과 중국의 일대일로 구상의 갈등적 측면이 부각되고 있다. 미중 모두 제한된 공간을 기반으로 한 개념을 차용하였으나 지역 전략에서 벗어난 거대 담론 논쟁으로 발전하고 있다. 특히 '문명 충돌' 논쟁이 2019년 미중 간에 불붙었다. 시작은 미 국무부의 정책기획국장인 스키너(Kiron Skinner)가 미중관계를 "상이한 문명 간의 싸움"으로 2019년 4월 공개 연설을 통해 주창하면서 부터이다. 스키너는 중국이 가하는 위협은 다른 문명에서 기인한 "보다 본질적이고 장기적인 것"으로서 상호 타협 가능성이 매우 낮다고 주장했다. 이런 측면에서 현재 진행 중인 미중 무역 분쟁은 미중 갈등의 핵심이 아닌 지엽적인 것으로 판단한다. 이러한 스키너의 주장은 중국이 최대한 노력하여 미국이 주창하는 민주주의, 법치, 자유무역 등을 받아들여도 미중 갈등은 보다 본질적인 '가치 체계의 다름'에 기인하므로 영속될 수밖에 없다는 의미이다(Pastreich, 2019).

미중 갈등을 문명 충돌로 보는 행정부 내 시각은 스키너에 앞서 트럼프 행정부 출범 초기 사상가 역할을 한 스티브 배넌 전 수석전략가에 의해 표출되었다. 2018년 트럼프 대통령의 나토 연설에서 '문명' 대 '반문명' 개념이 등장한 것도 배넌의 영향으로 알려져 있다. 배넌은 트럼프 행정부에서 이탈한 후에도 중국 공산당을 "야만적 체제"(barbarous regime)라고 비판하면서 전체주의적 중상주의와 함께 중국 특유의 특성 하에 국가이익 추구에 나서고 있다고 주장한다. 배넌은 중국을 소련과 같은 단순한 또 다른 공산주의 국가가 아닌 반문명적 체제라고 규정한다(Bannon, 2019).

중국은 시진핑 주석이 직접 나서 미국의 주장을 반박하고 있다. 2019년 5월 북경에서 개최된 제1차 아시아 문명대화대회에서 시진핑은 "문명 상호간 교류와 학습이 중요하다"면서 이를 통해 "서구 문명을 넘어선 포스트 계몽주의의 가치를 창출하여 인류 발전에 이바지할 수 있다"고 강조하였다(Pastreich, 2019). 시진핑의 연설은 스키너와 배넌 등이 서구 문명 우월주의에서 중국을 평가한 것에 대한 반발로서 문명 간의 격차보다는 다름을 부각하면서도 미국이 기반한 서구 문명의 한계도 지적한 것으로 해석된다.

2019년 6월 열린 샹그릴라 안보대화에 중국 국방 장관으로서는 8년 만에 참석한 웨이펑허(魏鳳和)는 기조연설을 통해 시진핑 주석의 주장을 더욱 자세히 설명하였다.

> "우리는 문명(들)이 다채롭고 평등하며 수용적이고 상호 학습이 가능하다고 믿는다. 어떤 하나의 문명이 특별히 우월하거나 혹은 사소하다고 보지 않는다.... 불행하게도 최근 일부에서 시대착오적인 '문명 충돌론'을 다시금

부각하고 있다. 이는 인종주의적이고 편협한 것으로서 옳지 않다. 우리는 이러한 역사의 후퇴를 수용할 수 없다"(Wei, 2019: 2-3).

웨이펑허의 연설은 다분히 4월 스키너의 발언에 대한 반론이다. 나아가 웨이펑허는 "중국은 아무도 위협하지 않고, 헤게모니를 추구하지도 않으며, 영향력을 확대하려고도 안 한다" 왜냐하면 "중국인들은 전쟁이 가져오는 참사와 비극을 충분히 경험하여 평화의 소중함을 알기 때문"이라고 강변하였다. 그러나 미국이 대만과 남중국해 등에서 중국의 사활적 이해와 주권을 훼손할 경우 "중국 인민군은 선택의 여지없이 어떤 희생이 있더라도 중국 통합을 위해 싸울 것"이라는 경고도 잊지 않았다(Wei, 2019: 3, 6).

현재 시점에서 미중 갈등이 문명 충돌로 이어질지는 확실치 않다. 지난 3년간 트럼프 행정부의 대외정책을 돌이켜 보면 일관성 있는 정책 추진 사례가 매우 제한됨을 알 수 있다. 큰 방향에서 미국의 대중 견제는 지속되겠으나 문명 충돌과 같은 논란이 큰 개념을 계속 활용하여 미국의 정책에 정당성을 부여할 수 있을지는 불투명하다. 그러나 시진핑의 중국이 아시아 문명을 강조하면서 '인류운명공동체 실현'이라는 거대 담론으로 중국의 부상을 정당화하는 한 미국의 문명 충돌론도 명맥을 유지할 수 있다.

문명 충돌 논쟁을 주목해야 할 또 다른 이유는 상호 타협 공간이 매우 제한되기 때문이다. 타자를 '계몽'의 대상으로 여기는 한 이해와 협력보다는 동원 가능한 수단을 최대한 활용하여 압박을 가하게 된다. 서로를 공세적이고, 권력 지향적이며, 야만으로 규정한다면 19세기 말과 20세기 초에 만연했던 서세동점의 근대화 문명론, 이에 기반한 서구의 식민지 침탈의 전철을 밟게 된다. 일방이 완전히 굴복하여 정복되기 전까지 공세는 계속될 것이므로 군사적 충돌 가능성도 배제할 수 없다.

개념적으로 표현한다면, 문명 충돌 논쟁은 보편적 문명의 시대가 지고 있음을 보여준다. 탈냉전 서구 자유민주주의 승리를 외친 '역사의 종말'은 승리를 이끈 미국에 의해 오히려 부인되는 역설적 상황이 전개되고 있다. 트럼프의 미국은 서구 문명의 보편성에 점차 자신감을 잃어가면서 스스로 한계를 더욱 좁히고 있다. "미국 국민의 기득권층에 대한 반감, 세계화의 역작용, 반이민주의, 백인 인종주의 등이 투영된 것으로 기존 질서에 반하는 이해가 표출된" 결과가 트럼프의 등장이라는 주장이 힘을 얻는 것은 미국의 정체성에 대한 혼란을 대변한다(박원곤·설인효, 2017: 2).

시진핑의 중국도 결코 뒤지지 않는다. 4년을 준비하여 출범시킨 아시아 문명대화대회 자체가 중국의 찬란했던 과거를 문명론 차원에서 재현하겠다는 의지의 표현이다. 미국 예외주의와 유사하게 중국이 천하의 중심인 중화주의를 다시금 발현하여 국제사회 규범의 새로운 표준, 사실은 19세기 이전의 옛것을 재현하려는 의도를 분명히 하고 있다. 현상적으로 나타난 미중의 경쟁과 갈등이 문명론을 기반으로 타자의 형상을 규정하는 추세가 지속된다면 갈등의 해결은 요원할 수밖에 없다.


## Ⅳ. 인도-태평양 전략과 일대일로의 한계

전술한 바와 같이 트럼프 행정부는 2017년부터 인도-태평양 전략을 발전시켜 2019년 국방부, 국무부 보고서를 통해 정책 지향점과 이행 방안을 구체화하고 있다. 그러나 인도-태평양 전략은 여러 가지 한계와 문제점에 직면해 있다. 첫째, 보다 근본적인 차원에서 역내 국가와의 협력을 중시하는 인도-태평양 전략이 트럼프 행정부가 추진하는 미국 우선주의와 병행할 수 있을지 여부이다. 인도-태평양 전략이 내포하고 있는 중국 견제와 규범에 기초한 질서 중 후자의 경우 트럼프 행정부에 의해 약화되고 있다. 동 전략의 핵심 파트너는 기존 규범인 자유무역을 동 전략의 중점 기조로 삼는 반면 트럼프 행정부는 자유무역을 부정하지는 않지만 현 무역 질서가 미국을 이용만 한다면서 무역·관세 장벽을 쌓고 있다. 따라서 인도-태평양 전략이 성공적으로 수행되기 위해서는 미국과 역내 동맹·우호국 간의 지역 경제 질서에 대한 합의가 이루어져야 한다.

관련하여 트럼프 행정부가 거칠게 몰아붙이는 동맹국의 비용 분담도 협력을 저해할 요인으로 작용한다. 트럼프의 미국이 동맹국 안보 공약은 축소하면서 안보 분담금의 대폭 확대를 미국의 단기 국가이익과 연계하면서 요구한 결과 협력 공간이 오히려 축소될 여지를 보인다. 인도-태평양 지역은 본격화되지는 않았으나 유럽의 나토는 프랑스를 중심으로 미국에서 벗어난 독자노선의 필요성이 강력히 대두되고 있다(*Bloomberg*, 2019/11/07).

둘째, 전략이 소개된 지 2년이 지나가나 여전히 목표 달성을 위한 구체적인 정책이 부재하다. 정책을 뒷받침하는 예산 상황도 한정된다. 2018년 5월 기존의 미 태평양통합군 사령부가 인도-태평양 사령부로 명칭을 변경하였지만 사령부의 임무는 그대로라는 비판도 제기된다(Rogin, 2018). 특히 2019년 국방부·국무부 보고서 모두 역내 전진배치된 미군의 중요성을 강조하나 정작 트럼프 대통령 자신은 비용 분담을 언급하면서 역내 미군 주둔에 대한 부정적인 인식을 지속적으로 표출하여 정책의 신뢰성을 떨어뜨리고 있다.

이를 만회하기 위해 미 국무부는 2018년 7월 말 인도-태평양 경제 전략의 일환으로 1억 1,300만 달러 상당의 기술과 에너지, 인프라 부분 투자 계획을 밝혔고, 2019년 11월 보고서를 통해 미국의 역내 경제적 역할을 보다 구체화한 바 있다. 그러나 중국이 동 지역에 일대일로 프로젝트로 투자한 액수가 1조 달러이므로 일단 규모면에서 경쟁이 안 된다. 이에 따라 일부에서는 동 전략이 경제 분야를 포함한 포괄적 전략이기보다는 편협하게 정의된 안보에만 초점을 맞춘 주도권 다툼이라는 비판도 제기된다(Parameswaran, 2018).

셋째, 미국이 인도-태평양 전략을 수행할 효과적인 기제를 구축할 수 있을지도 불투명하다. 동 전략이 내포한 경제 목표 달성을 위해서는 트럼프 대통령이 탈퇴를 선포한 TPP와 같은 미국 주도의 다자협력 체제가 필요하다. TPP의 탈퇴로 힘을 얻게 된 중국 주도의 '역내포괄적경제동반자 협정'(Regional Comprehensive Economic Partnership: RCEP)이 역내 경제 질서를 주도하지 않도록 하기 위해서이다. 기존 TPP 참여 국가의 노력으로 논의가 진전되었고 미국의 재참여 가능성도 제기되지만, 기본적으로 경제 문제에 양자관계를 선호하고 다자체제의 경우도 미국에게 결코 불리한 협정을 맺지 않는 트럼프 행정부의 특성을 감안할 때 참여국이 응집력을 발휘할 수 있을지는 여전히 의문이다.

연계하여 인도-태평양 전략의 핵심 4개국을 묶는 기제가 향후 미국의 의도대로 발전할지도 불확실하다. 현재 미국, 일본, 호주, 인도의 '4자간 안보 대화'(Quadrilateral Security Dialogue)가 있고, 미국, 일본, 인도 삼국의 군사훈련(Malabar US-Japan-India military exercise)도 진행되고 있다. 그러나 이들 기제가 앞으로 중국을 본격적으로 견제할 가능성이 현재로서는 커 보이지 않는다. 다자간 군사협력체제로 발전하기보다는 지역안보 대화체에 머무를 확률이 더 높다. 미국이 인도와의 양자 간 안보협력 강화를 추진하지만, 인도는 전통적으로 비동맹국의 핵심으로 독자적 외교·안보정책을 표방해 왔다. 실제로 2018년 6월 1일 샹그릴라 안보대화에서 모디(Narendra Modi) 인도 총리는 인도가 추구하는 인도-태평양 비전은 "포괄적"인 것으로 특정 국가를 대상으로 하지 않으며 지역 "지배를 위한 협력은 반대한다"는 입장을 밝힌 바 있다(Government of India, 2018). 보다 본질적인 문제점은 4개국 안보협력 체제를 출범시킬 경우 대중국 봉쇄가 노골화되어 긴장과 경쟁이 본격화될 가능성도 크다는 것이다.

따라서 인도-태평양 전략은 트럼프 행정부의 다른 대외정책과 유사하게 투명성과 일관성, 구체적 계획 부재 현상이 도출되면서 향후 이행 과정이 순탄치 않을 것으로 예상한다. 그럼에도 미국이 인도-태평양 전략을 활용하여 중국에 대한 견제를 강화하는 노력은 지속될 것이다.

중국의 일대일로도 한계를 노정한다. 구상이 추진된 지 5년이 지난 시점에서 적잖은 성공 사례에도 불구하고 문제가 드러났다. 2018년 배포된 한 보고서에 따르면 일대일로 사업에 따라 차관을 사용한 국가 중 일부가 심각한 재정 문제에 봉착했다. 일대일로의 대상인 68개 국가 중 특히 8개국은 이른 바 '부채의 늪'에 빠진 것으로 보고되었다. 기존 국제개발협력이 순수한 개발협력 자금인 공적개발원조(ODA)의 형태로 수행된 데 비해 중국의 일대일로는 이자가 있는 차관 형태로 제공되고, 일부 자금은 충분한 투명성을 확보하지 못하고 중국 기업의 참여를 요구하거나 비용을 부풀리는 형태로 운용되었음이 확인되었다(Hurley and Morris et al., 2018). 또 다른 보고서는 일대일로 참여 국가 중 일부의 대중 차관이 GDP의 20%에 육박한다고 지적한다(Steil and Rocca, 2019). 특히 부채의 늪에 빠진 고위험 국가는 항만과 같은 국가 자산의 일부를 중국에게 양도하는 사례도 발생한다. 더불어 대상 국가의 경제 개발보다는 중국 기업의 이익을 우선시하고, 환경오염도 불사하는 사업 방식으로 일부 국가가 사업을 취소하기도 했다. 그 결과 중국이 일대일로를 활용하여 지정학적 팽창을 시도한다는 문제가 제기된다(하영선·전재성, 2019: 1-2).

중국 정부도 문제를 인지한다. 2019년 4월 북경에서 개최된 제2차 일대일로 포럼에서 시진핑 주석은 일대일로가 "개방적이고 순수해야 하며 환경 친화적"이어야 한다고 강변하였다. 또한 "부패를 절대 용납하지 않을 것"임도 천명하였다. 동 발언 자체가 일대일로가 부패 고리에 활용되고 있고 일부에서 제기한 환경 파괴도 실제 발생하고 있음을 인정한 것이다(Deutsche Welle, 2019/04/26). 이와 같은 반성을 통해 중국 정부는 '환경 보호와 투명한'(green and clean) 일대일로를 비전으로 제시하고 있다.

미국의 인도-태평양 전략도 유사하나 일대일로는 특히 연선 국가의 적극적인 참여가 필수적이다. 미국이 일대일로에 대한 본격적인 견제를 시작하고 일대일로 사업 자체에 문제가 불거진 상황에서 연선 국의 참여가 축소된다면 큰 타격을 입을 수밖에 없다. 중국은 미국과 국제질서에 새로운 네트워크 구성 경쟁을 시작한 것으로 볼 수 있으나 아직은 미국과의 세력 격차가 있는 상황에서 중국의 입지가 넓지 않다. 중국이 문명 대화와 인류운명공동체 등을 강조하는 것도 연성권력을 통한 인접 국가의 참여를 독려하는 노력의 일환이다.

## V. 한국의 대응

트럼프 행정부의 자국 우선주의에 기반한 선택적 개입과 동맹국의 책임과 비용 증대 등의 정책은 트럼프 이후에도 지속될 가능성이 크다. 더불어 '아시아 재균형 전략', '인도-태평양 전략' 등으로 이름이 바뀌어 불리나 미국의 대중국 견제는 앞으로도 상당 기간 유지되고 강화될 것으로 예상된다. 인도-태평양 지역에서 미국에게 도전하는 세력으로 규정한 중국과 러시아 등을 견제하기 위해 트럼프 행정부는 미국의 사활적 이해를 반영하지 않는 지역에 대해서는 개입을 축소하여 재원을 확보하는 한편 동맹국의 안보 부담은 늘려 가려 한다.

동시에 중국도 결코 물러서지 않을 것이다. 트럼프 행정부의 전방위적 공세에 중국은 숨고르기를 하나 중국의 꿈을 포기한 것은 아니다. 중국 특유의 긴 호흡을 갖고 다시금 전열을 정비하면서 미국과의 장기전에 대비하고 있는 양상이다. 더불어 한국을 비롯한 관련 국가를 대상으로 다양한 방법으로 압력을 가하면서 중국의 이해를 관찰하려 한다.

따라서 한국은 현재 미국과 중국 양편에서 보다 큰 압박을 받고 있다. 달리 표현하면 한국의 '굳건한 한미동맹 하에서 중국과의 전략적 동반자 관계를 심화시킨다'는 원칙의 유효성은 시기를 다해간다. 미국과 중국 사이의 균형 혹은 미국과 중국 모두와 우호적 관계를 유지하기가 점점 힘들어지면서 한쪽으로의 선택을 강요받는 상황이 이미 발생하고 있으며 앞으로 더욱 심화될 것이다. 이에 따라 한국은 다음과 같은 대응이 필요하다.

첫째, 변환하고 있는 세계 및 지역 질서를 제대로 읽어내야 한다. 동북아의 중심에 한반도가 위치하므로 남북 협력을 통해 한반도 평화프로세스만 진전되면 역내에서 유리한 입장에 설 수 있다는 생각은 거두어야 한다. 한반도는 강대국의 이해가 집결되는 지정학적 위치와 세계 질서의 변화를 따라가지 못한 패착으로 인해 19세기 말과 20세기 초 국가를 잃고 비극적인 전쟁을 경험한 역사를 잊지 말아야 한다. 트럼프의 미국은 공식문서와 주요 인사의 발언을 통해 다시금 강대국 정치의 부활을 선언하고 있다. 지난 11월 마크 밀리 미국 신임 합참의장이 한국을 방문하면서 이례적으로 밝힌 성명에서 "지난 70년간 지속해온 강대국 평화(great power peace)를 유지하기 위해서는 압도적인 군사력과 경제력을 확보해야 한다"고 언급한 바 있다(Dept. of Defense, 2019b). 미국과 중국의 의도를 파악하고 강대국의 이해가 충돌하는 한반도의 지정학적 한계도 인정하면서 세계 및 역내 질서 변화의 폭과 깊이를 제대로 가늠해야 한다.

둘째, 한국의 대전략이 필요하다. 동맹 자체는 목표가 아닌 수단이다. 트럼프로 시작된 미국의 대외정책 변화가 심화한다면 국제정세는 각국의 단기적 이해에 따라 국가 간 협력의 틀과 범위가 쉽게 변하는 '이합집산'이 가속화될 수 있다. 이념과 가치에 기반하지 않는 대외정책 운용으로 이미 트럼프 행정부는 권위주의 체제의 북한, 러시아 지도자와도 협력할 수 있음을 보여주었다. 더불어 미국이 제공하는 방위공약도 트럼프 스스로가 수차례 부인한 바 있다. 대표적인 예로는 2018년 7월 트럼프 대통령이 "(나토 회원국인 몬테네그로에 대해) 이 나라에 문제가 생긴다고 미군을 파병해야 할지 의문... 3차 세계대전이 일어날 수도 있다"면서 나토의 집단방위 체제를 사실상 부인하는 발언으로 세계를 경악하게 하였다(*The Guardian*, 2018/07/19).

변화하는 미국의 동맹정책과 방위공약을 시험하기 위한 중국, 러시아, 북한 등 역내 국가의 행보가 본격화될 수 있다. 2019년 한국이 경험한 러시아의 한국 영공 침공은 미국의 변화로 발생하는 안보 공백을 노린 행보로도 해석된다. 그렇다면 한국은 한미동맹의 근본적인 성격 변화를 포함한 모든 가능성을 상정하고 한국의 중장기 대전략 마련에 나서야 한다. 국경을 맞대지 않고 가치와 규범을 공유하며 위기 시 군사력을 동원하여 방어할 의지를 갖춘 미국과의 동맹 유지가 한국으로서는 최선의 선택임에 틀림없으나 두 번째와 세 번째 조건이 한국이 아닌 미국에 의해 변화되는 상황이 도래한다면 한국의 선택도 달라져야 한다. 미국과 중국 사이에서 어떤 전략적 선택이 한국의 생존과 번영에 최선이 될 수 있는지를 고민해야 한다.

셋째, 한국의 인도-태평양 전략 참여 여부와 수준은 역내 미 우방국 및 동맹국과 보조를 맞추면서 진행해야 한다. 한국은 2019년 6월 정상회담과 11월 제51차 한미안보협의회(SCM)를 통해 발표된 『미래 한미동맹 국방비전』을 통해 "개방성, 포용성, 투명성이라는 역내 협력 원칙에 따라 한국의 신남방정책과 미국의 인도-태평양 전략 간 조화로운 협력을 추진"하기로 미국과 합의하였다(국방부 블로그, 2019/11/15). 미 국방부 보고서에서도 밝힌 것처럼 인도-태평양 전략은 경제, 외교, 안보의 세 가지 축으로 구성되어 있으므로 한국은 우선 경제 분야 협력을 모색한다. 인도-태평양 전략의 핵심 중 하나인 중국의 일대일로에 대한 견제 측면에서 미국은 아세안 국가에 대한 투자를 증대시키고자 하므로 아세안과의 다방면 교류 협력을 강화하는 한국의 신남방정책과 협력의 여지가 있다. 전술한 바와 같이 인도-태평양 전략의 구체성이 아직도 떨어지고, 미국을 제외한 핵심 3개국의 참여도와 인식, 입장차가 있는 상황에서 한국의 참여 정도는 현 수준이 적절하다. 향후 전략의 전개 방향과 타국의 협력 여부와 정도 등을 감안하여 한국의 정책을 정할 필요가 있다. 인도-태평양이라는 지역 개념을 국제무대에 처음 소개하고 '자유롭고 개방된'

인도-태평양 전략도 상정한 일본조차도 이전보다 신중한 입장을 보이고 있다. 2018년 12월 발표한 『방위계획대강』에서 일본은 "다층적·다각적 안보협력 강화"와 "해양질서 안정"이라는 표현을 사용하여 중국에 대한 노골적 견제를 약화한 바 있다. 2019년 들어서는 인도-태평양 '전략'이라는 표현을 지양하고 '비전'으로 부르고 있다(손열, 2019). 아베 수상은 2018년 방중 이후 꾸준하게 중국과의 관계개선을 시도하면서 동시에 미국과의 친밀한 관계도 유지하고 있다. 한국과 일본이 처한 전략적 환경이 다르나 트럼프 시대에 대처하는 일본의 대외정책을 한국이 참고할 필요는 있다.

중국의 일대일로에 대해서도 유사한 접근이 필요하다. 한국의 선택은 늦은 감이 있다. 오바마 행정부 시기 미국과의 긴밀한 공조 하에 중국의 일대일로에 경제적 이해를 공유하면서 협력했으면 지금의 고민을 덜 여지가 있었다. 미국이 인도-태평양 전략으로 일대일로를 본격적으로 견제하는 현 시점에서 한국의 선택지는 좁아졌다. 현재 한국의 정책은 지난 12월 한중 정상회담에서 한국 정부가 밝힌 '중국의 일대일로 구상과 한국의 신남방·신북방정책 간의 연계 협력 모색' 정도 이다. 미국의 인도-태평양 전략 중 경제 분야에 방점을 두고 협력하는 것처럼 일대일로도 한중이 제3국에 공동 진출해 시너지 효과를 내는 다양한 사업을 시행하는 형태의 협조가 현재로서는 최선책이다. 일본도 비슷한 형태로 중국의 일대일로와 협력하고 있다.

미국의 인도-태평양 전략과 중국의 일대일로 모두 자국 주도의 새로운 질서 창출을 모색하는 행위로써 우호국 확보가 성패를 좌우하는 상황이 전개되고 있다. 사실상 한국은 미중 중 일방을 선택할 수 없다는 한계를 감안할 때 상황 변화에 따른 유연한 대처와 같은 입장에 있는 주변국과의 협력이 거의 유일한 선택으로 남아 있다.

# Ⅵ. 나가며

트럼프 행정부의 대외정책은 분명 이전과는 차별화되어 지속되고 있다. 트럼프는 국가강화 민족주의에 기반한 자국 우선주의를 내세우면서 미국이 주도해 온 국제주의 질서의 변화를 추동하고 있다. 일부에서는 이러한 트럼프 행정부의 정책이 일시적 현상으로서 트럼프가 사라지면 이전의 미국으로 돌아갈 수 있다는 주장도 제기되나 대다수 학자는 지속될 위기로서 트럼피즘의 도래를 선포한다.

인도-태평양 전략도 이러한 추세를 담고 있다. 오바마 행정부도 '아시아 재균형' 정책을 추진하면서 동 지역을 중시한 측면에서 트럼프 행정부 전략과의 연계도 가능하나 전자는 규범과 원칙을 중시한 반면 후자는 보다 노골적인 전략적 경쟁을 야기한다. 좁혀 정리하면 트럼프 행정부 인도-태평양 전략의 핵심은 중국에 대한 본격적인 견제로서 경제적 상호의존을 파괴하는 경제 관계의 형해화도 불사하고 차제에 중국의 부상을 완전히 막겠다는 의지가 읽힌다. 오바마 행정부가 기대하면서 추진했던 국제제도에 의한 협력, 민주평화론과 같은 상황은 더 이상 유효하지 않다는 입장을 분명히 한 트럼프 행정부는 중국을 견제하는 새로운 제도를 인도-태평양 지역에 설계하고 있는 것으로 해석 가능하다. 인도-태평양 전략을 통한 미국의 중국 때리기는 미국 단독으로 감당하는 것이 아닌 동맹국과 우호국의 적극적인 책임과 비용 분담을 통해 추진하고자 한다. 2019년에 미 국방부와 국무부에서 발간된 인도-태평양 전략 보고서의 제목에 "동반 관계, 네트워크, 공유 비전" 등을 포함함으로써 의도를 분명히 하였다.

중국도 미국의 의도를 읽고 장기전을 준비하는 양상이다. 외형적으로는 지경학적 성격을 띠고 출범했던 일대일로가 미국의 인도-태평양 전략의 견제를 위한 기제로 발전하는 양상이다. 특히 시진핑 주석이 공을 들이고 있는 '인류운명공동체'와 4년을 준비하여 출범시킨 아시아 문명

대화대회 등은 중국의 꿈을 실현시키기 위한 새로운 질서 창출의 도구이다. 이를 통해 중국은 한국이 위치한 동북아를 위요한 역내 질서의 주관자로써의 꿈을 실현하고자 한다.

인도-태평양 전략과 일대일로로 대변되는 미중의 갈등은 단기전이 아니다. 적어도 30년 혹은 그 이상 지속될 것이라는 전망이 우세하다. 특히 문명 충돌을 미중 양국이 언급하면서 전선을 확대해 나간다면 타협의 공간은 그만큼 줄어들 수밖에 없다. 이런 상황에서 한국의 선택은 매우 제한된다. 지정학적 위치와 통일이라는 과업이 남아 있는 한국은 미국과 중국 중 일방만을 선택할 수 없다. 그럼에도 미중 양국의 압박은 한층 거세지고 있다. 판을 제대로 읽은 지혜와 복합적인 전략, 유연하면서도 영민한 외교가 그 어느 때보다 더욱 필요한 시기가 도래했다.

# 참고문헌

김열수. 2019, "2020 국제 안보정세 전망," 2019 KIMA 국방정책 세미나(서울 국방컨벤션, 12월 4일).

대한민국 국방부 블로그. 2019, "미래 한미동맹 국방비전(2019/11/15)," https://blog.naver.com/mnd9090/221708954373

박원곤. 2019a, "Changes in US-China Relations and Korea's Strategy: Security Perspective," *Korean Journal of Security Affairs*, Vol. 25, No. 2: 61-73.

_____. 2019b, "트럼프 행정부의 대외정책과 인도·태평양 전략," 『국방연구』, 62권 4호: 215-239.

박원곤·설인효. 2017, "트럼프 행정부 안보·국방전략 분석/전망과 한미동맹 발전 방향," 『국방연구』, 60권 4호: 1-27.

손 열. 2019, "기로에 선 일본의 인도·태평양 전략," 『EAI 특별기획논평 시리즈』 (서울: 동아시아연구원, 6월 10일).

이동률. 2019, "중국 일대일로의 진화와 그 역설: 확대되는 경쟁 속 중국의 전략적 딜레마," 『EAI 특별기획논평 시리즈』 (서울: 동아시아연구원, 6월 7일).

하영선·전재성. 2019, "인도·태평양을 둘러싼 미중의 포석 전개와 한국의 4대 미래 과제," 『EAI 특별기획논평 시리즈』 (서울: 동아시아연구원, 6월 5일).

Australian Government. 2017, *Foreign Policy White Paper 2017*, http://www.fpwhitepaper.gov.au/

Bannon, Stephen K.. 2019, "We're in an economic war with China. It's futile to compromise," *Washington Post*, May 6, https://www.washingtonpost.com/opinions/steve-bannon-were-in-an-economic-war-with-china-its-futile-to-compromise/2019/05/06/0055af36-7014-11e9-9eb4-0828f5389013_story.html

Bērziņa-Čerenkova, Una Aleksandra. 2016, "BRI Instead of OBOR – China Edits the English Name of its Most Ambitious International Project" (Latvian Institute of International Affairs, July 28), (Archived) https://web.archive.org/

web/20170206061842/http://liia.lv/en/analysis/bri-instead-of-obor-china-edits-the-english-name-of-its-most-ambitious-international-project-532

Brown, James D.J.. 2018, "Japan's Values-Free and Token Indo-Pacific Strategy," *The Diplomat*, March 30.

Cha, Taesuh and Jungkun Seo. 2018, "Trump by Nixon: Maverick Presidents in the Years of U.S. Relative Decline," *Korean Journal of Defense Analysis*, Vol. 30, No. 1: 79-96.

Chatzky, Andrew and James McBride. 2019, "China's Massive Belt and Road Initiative" (Council on Foreign Relations, May 21), https://www.cfr.org/backgrounder/chinas-massive-belt-and-road-initiative

Cordesman, Anthony. 2018, "The McMaster, Mattis Failure: The Need For a Real National Defense Strategy" (CSIS Commentary, January 22).

*Deutsche Welle* (DW). 2019/04/26, https://www.dw.com/en/chinas-belt-and-road-is-green-and-clean-says-xi/a-48495226

Government of India. 2018, "Prime Minister's Keynote Address at Shangri La Dialogue" (Ministry of External Affairs, June 1), http://www.mea.gov.in/Speeches-Statements.htm?dtl/29943/Prime+Ministers+Keynote+Address+at+Shangri+La+Dialogue+June+01+2018

Hurley, John, Scott Morris and Gailyn Portelance. 2018, "Examining the Debt Implications of the Belt and Road Initiative from a Policy Perspective," *Policy Papers*, (Center for Global Development, March 4), https://www.cgdev.org/publication/examining-debt-implications-belt-and-road-initiative-a-policy-perspective

Mattis, James N. and John Chipman. 2018 "Remarks by Secretary Mattis at Plenary Session of the 2018 Shangri-La Dialogue" (U.S. Department of Defense, June 2), https://www.defense.gov/News/Transcripts/Transcript-View/Article/1538599/remarks-by-secretary-mattis-at-plenary-session-of-the-2018-shangri-la-dialogue/

Parameswaran, Prashanth. 2018, "Trump's Indo-Pacific Strategy: Confronting the Economic Challenge," *The Diplomat*, July 31.

Pastreich, Emanuel. 2019, "America's Clash of Civilizations Runs Up Against China's Dialogue of Civilizations," *Foreign Policy in Focus*, May 28, https://fpif.org/americas-clash-of-civilizations-runs-up-against-chinas-dialogue-of-civilizations/

Pence, Mike. 2018 "Remarks by Vice President Pence on the Administration's Policy Toward China" (Washington D.C.: The Hudson Institute, October 4), https://www.whitehouse.gov/briefings-statements/remarks-vice-president-pence-administrations-policy-toward-china/

_____. 2019 "Remarks by Vice President Pence at the Frederic V. Malek Memorial Lecture" (Washington D.C.: Wilson Center, October 24), https://www.whitehouse.gov/briefings-statements/remarks-vice-president-pence-frederic-v-malek-memorial-lecture/

Rogin, Josh. 2018, "Trump's Indo-Pacific strategy: Where's the beef?," *The Washington Post*, June 6.

Shinzo, Abe. 2007, "Confluence of the Two Seas," Speech at the Parliament of the Republic of India (Ministry of Foreign Affairs of Japan, August 22), http://www.mofa.go.jp/region/asia-paci/pmv0708/speech-2.html

Steil, Benn and Benjamin Della Rocca. 2019, "Belt and Road Tracker" (Council on Foreign Relations, May 8), https://www.cfr.org/article/belt-and-road-tracker

Stelzenmüller, Constanze. 2018, ""America First" Means America Alone," *The Security Times*, February.

*The Guardian*. 2018/07/19, https://www.theguardian.com/world/2018/jul/19/how-trump-destabilised-montenegro-with-a-few-words

The White House. 2017, *National Security Strategy of the United States of America*.

U.S. Department of Defense. 2018, *National Defense Strategy*.

_____. 2019a, *Indo-Pacific Strategy Report: Preparedness, Partnerships, and Promoting a Networked Region*.

_____. 2019b, "Chairman Travels to Indo-Pacific; Affirms Region's Strategic Importance,"

November 11, https://www.defense.gov/explore/story/Article/2013116/chairman-travels-to-indo-pacific-with-american-strategic-thinking/

U.S. Department of State. 2019, *A Free and Open Indo-Pacific: Advancing a Shared Vision.*

Wei, Fenghe. 2019, "Speech at the 18th Shangri-La Dialogue" (State Councilor and Minister of National Defense, PRC, June 2).

Wuthnow, Joel. 2017, "Chinese Perspectives on the Belt and Road Initiative: Strategic Rationales, Risks, and Implications," *China Strategic Perspectives*, Vol. 12.

Zakaria, Fareed. 2016, "The two sins that defined this election," *Washington Post*, November 11.

# 2장

## 미중 전략대결과 군비경쟁

### 김동엽

**IFES**

경남대 극동문제연구소
국제관계연구 시리즈 36

# Ⅰ. 미중관계와 투키디데스의 함정(Thucydides's Trap)

국제현상에 있어 갈등과 전쟁의 원인은 개인, 사회, 국가, 국제체계 등 다양한 수준에서 찾아볼 수 있다. 그러나 강대국간 패권을 둘러싼 충돌은 국제체계 수준에서 나타나는 힘과 밀접한 관계를 가지고 있다. 강대국 간 힘의 분포로 설명되는 국제구조의 변화는 안보질서를 결정하는 핵심적 요인이다(Waltz, 1979). 패권국의 존재로 세계 질서가 안정적으로 유지될 수 있다는 것이 패권안정론의 요지라면, 패권전이론에 따르면 패권국은 영원한 것이 아니며 새로운 패권국이 등장하는 과정에서 패권전쟁이 발발한다고 주장한다. 패권전이론은 평화적인 패권 이전의 가능성에 대해 상대적으로 비관적이다.

20세기 말 냉전의 종식과 더불어 급격한 변화 속에 오늘날 국제질서는 미중관계라는 새로운 국제질서가 형성되고 있는 전환기적 과정이다. 미소 양극시대에 이어 다시금 미국과 중국의 경쟁과 대립이 격화되면서 세계 안보정세는 급변하고 있다. 현재 힘의 분포 변화는 미국의 상대적 쇠퇴와 중국의 급속한 부상이라는 두 가지 요인에 의해 동시에 일어나고 있다(김동엽, 2019: 70). 중국의 일대일로 전략과 미국의 인도-태평양 전략이 경쟁하고 있고, 미중 간 통상 분쟁도 날로 늘어나고 있다.

현 국제질서에 있어 여전히 미국의 막강한 영향력은 변함이 없고, 이를 패권으로 인정하는 데는 인색함이 없다. 미국은 상대적 쇠퇴에도 불구하고 여전히 군사력에서 만큼은 압도적이다. 미국의 군사비 지출 규모는 아시아 모든 국가의 군사비 총합을 훨씬 능가하고 있다. 미국은 세계 68개 국가와 동맹을 맺고 있고, 45개 국가에 미군이 주둔하고 있다(임혁백, 2014: 24). 그러나 미국의 상대적 약화는 경제측면에서 두드러진다. 케네디(Paul Kennedy)는 과거 영국 등 유럽 강대국들의 쇠퇴 원인이 제국의 과잉 확대에 있음을 실증적으로 분석하고 미국의 미래를 비관적으로 전망했다. 구조적으로 패권국가가 절대적 우위를 장기적으로 유지하기는 매우 어렵다는 것이다(Kennedy, 1989: 415-423).

존 미어샤이머(John J. Mearsheimer)는 중국의 국력이 지속적으로 증가하여 미국 국력을 따라잡는 상황에 이르면 그 시점에 미국과 중국은 결국 충돌할 수밖에 없다고까지 단언한다(Mearsheimer, 2010). 그레이엄 앨리슨(Graham Allison) 역시 강대국 패권 경쟁은 대부분 전쟁으로 이어졌으며, 현 미국과 중국 간의 갈등과 경쟁에서도 '투키디데스의 함정'은 여전히 유효하다고 경고했다.[1] 투키디데스의 함정(Thucydides's Trap)은 과거 전쟁으로 끝난 스파르타와 아테네의 강대국 패권 전쟁의 경로처럼 패권국가와 새롭게 부상하는 국가 간의 갈등과 전쟁은 숙명적이라는 예측을 담고 있다.[2]

현재의 미중관계를 패권전이론의 결정주의적 비관주의의 시각에서 본다면 미중 간 전쟁은 불가피하다. 그러나 '투키디데스의 함정'은 단순히 전쟁은 피할 수 없다는 자포자기가 아니라 오히려 전쟁을 피하기 위한 경고이다. 미국의 패권이 영원할 수 없다고 하더라도 미국과 중국의 전쟁이 필연적이라고 단정하기는 어렵다. 미국과 중국은 경제적으로 밀접하게 연결되어 있어 양국 간 협력은 공동 번영을 가져오지만 전쟁은 공멸을 초래할 수 있다. 미국과 중국은 자국의 핵심 이익이 침해되지 않는 한 전쟁을 바라지 않을 것이며 전쟁은 미국과 중국 모두 패자가 될 수 있다는 점에서 가능한 한 회피하려 할 수도 있다(Art, 2010).

그러나 이 역시 국제정치의 냉혹한 현실만큼이나 복잡하고 예측불가능하다. 중국은 3대 핵심 이익을 '국가 체제 유지', '주권과 영토 보호', '국

---

1    미중 격돌은 남중국해 우발 충돌, 대만문제 악화, 제3국 야기 분쟁, 북한 붕괴, 상호 무역보복 격화 등의 5가지 시나리오를 예상하고 있다(그레이엄 앨리슨 저, 정혜윤 역, 2018).

2    고대 그리스의 역사학자 투퀴디데스(Thoukydides)는 스파르타와 아테네가 주도한 펠로폰네소스 전쟁(기원전 431년~404년)을 살펴보면서 패권국가와 도전국가 간 전쟁이 필연적이라고 설파했다(투퀴디데스 저, 천병희 역, 2011).

가 통일 추구'라며 핵심 이익 수호를 위해서는 전쟁도 불사하겠다고 밝힌바 있다. 특히 국가 통일 추구는 대만문제가 핵심으로 대만의 독립 저지 및 흡수 통일은 중국의 핵심 이익이며, 이를 방해하는 세력은 누구든 간에 중국과의 전쟁을 각오해야 한다고 주장한다(김동성, 2018: 6-9). 패권전쟁이라는 두려움으로 인해 실제 국제질서의 유지가 가능한 평화적인 대안을 인식하지 못하고 전쟁에 치중하는 안보딜레마적인 모순에 빠진다면 의도하지 않는 결과가 나타날 수도 있다. 지금 미국과 중국의 전략 대결과 군비경쟁을 바라보며 느끼는 우려스러움도 이 때문이다.

## II. 미중관계 변화와 군비경쟁의 심화

### 1. 미국의 패권 약화와 중국의 도전

미국은 제1차 세계대전 이후 추진한 고립주의적 대외정책이 제2차 세계대전의 발발을 막지 못했다는 반성 하에 제2차 세계대전 후에는 국제주의적 대외정책을 전개하였다. 대외전략의 기조로 선택적 관여와 적극적 개입을 채택하여 국제문제에 적극적으로 개입하는 방향으로 선회하였다. 미국은 소련과의 냉전 승리 후 유일 초강대국으로 떠올랐다. 국제질서와 국제사회의 주요 현안들이 미국이 주도하는 국제질서 아래 놓이게 되면서 미국은 관여와 개입이 가지는 일방주의와 과다 팽창의 오류가 나타나기 시작했다. 미국의 패권적 지위에 대한 도전은 얼마가지 않아 시작되었다. 탈냉전 이전 독일과 일본의 도전을 시작으로 중국의 부상은 경제력뿐만 아니라 군사력 등 하드 파워(hard power) 전반에서 미국의 힘을 상대적으로 약화시켰다.

중국은 냉전 시기 양극체제 하에서 소련의 영향력에 맞서 미국과 전략적 관계를 유지해왔다. 소련 해체 이후 미국 중심의 세계질서 하에서는 덩샤오핑의 도광양회(韜光養晦)에 따라 잠재적 힘을 키우는데 주력했다. 금융위기 이후 미국의 쇠퇴로 인해 다극체제가 도래했음에도 불구하고 미국의 패권에 도전 의사가 없다는 메시지를 지속적으로 던지면서도 꾸준히 대외영향력을 확대해 나갔다. 2000년대 들어 동북아 국제질서 변화의 최대 요인 역시 중국의 부상 속에 미중관계의 변화이다. 2000년대 이후 오랜 기간 미국은 중동에 올인하면서 군사적 과팽창과 극심한 재정적자, 그리고 2008년의 경제위기를 경험했다. 그러는 동안 중국의 경제적 발전을 바탕으로 한 동아시아 지역에서의 영향력 급증과 부상에 직면하게 되었다. 중국은 1978년 개혁·개방 정책을 시작한 이후 연 10%가 넘는 고도의 성장을 지속하면서 막대한 경제력을 기반으로 국력이 급상승하였다. 중국은 GDP 규모면에서도 2010년 일본을 추월했고 현재 미국에 이어 세계 2위이나 구매력 기준 실질 GDP는 2014년에 미국을 앞질렀다.

중국은 강성해진 국력을 바탕으로 1842년 난징조약의 체결로 시작된 치욕의 세기(a century of humiliation)를 떨치고, 과거의 영광을 재현하는 '중국몽'을 실현해 21세기를 중국의 세기(Chinese Century)로 만들겠다고 선언하였다. 덩샤오핑의 도광양회(韜光養晦)를 시작으로, 장쩌민의 유소작위(有所作爲), 후진타오의 화평굴기(和平屈起)와 화평발전(和平發展)을 거쳐, 시진핑의 중국몽(中國夢)과 신형대국관계(新型大國關係)를 넘어선 이제는 신형국제관계(新型國際關係)로까지 폭을 넓혀가고 있다. 중국은 경제력과 군사력은 물론 사회문화적 영향력 확산에도 힘을 기울이고 있다는 점에서 중국의 국력 강화는 국제사회로의 확대로 향하고 있다 (김동엽, 2019: 81).

최근 중국의 부상은 미국에게 가장 큰 도전이다. 중국은 막대한 경제력과 함께 군사력 또한 동아시아 지역에 집중하고 있어 미국의 패권 유지에 최대의 위협임에 틀림없다. 2011년 미국의 오바마 정부는 대외정책의 주 무대를 유럽·대서양에서 아시아·태평양으로 옮기는 아시아회귀 또는 재균형 전략을 공표하였다. 미국은 공식적으로는 재균형 전략이 중국을 봉쇄하는데 있지 않다고 주장하고 있지만 주된 목적은 중국 견제 및 아시아·태평양 지역에서 미국 패권의 재구축이라 평가할 수 있다(박건영, 2013: 9-13). 중국은 미국에 신형대국관계를 제안하는 등 강대국으로서의 책임성 있는 지위를 인정받고 미국과의 협력을 모색하려고도 하지만, 다른 한편으로 미국의 재균형 전략을 대중 견제전략으로 간주하고 적극적으로 대응해 왔다.

이제 더 이상 경제 측면에서만큼은 국제구조를 미국 주도의 단극체제라고 지칭하기 어렵다. 중국의 경제성장은 군사력의 증강으로 이어져, 군사비 지출은 미국에 이어 세계 2위이다. 그럼에도 불구하고 현재 미국의 압도적인 군사력을 고려할 때, 경제 부문에서 미중 간 격차가 크게 좁혀졌다고 할지라도 아직 양극체제라고 단정하기는 시기상조이다. 군사적 측면에서 중국은 아직 미국에 비할 바가 못 된다. 단기간 내에 중국의 군사력이 미국과 대등해지거나 미국과 중국의 완전한 위치 교환이 이루어 질 가능성은 그렇게 높지 않다. 중국의 군사력이 미국의 군사력을 따라잡는 데는 상당한 시간이 필요할 것이기 때문이다.

향후 미국 패권 체제가 새로운 미중 양극체제를 넘어 중국 패권 체제로 대체될 가능성이 전혀 없는 것은 아니다. 중국은 1989년 이후 2013년까지 국방예산을 동기간 경제성장률을 뛰어넘는 연 10% 이상 증가시키면서 군 현대화에 집중적으로 예산을 투여하고 있다(황제호, 2014: 16-18). 현재 미국의 경제가 회복을 한다고 하더라도 중국 경제와의 격차를 유지하거나 다시 벌릴 만큼 고속성장을 하기는 어렵다. 미국 연방정부 재정의 한계와 중국 국방예산의 지속적인 증가로 미중 간 군사력의 격차는 점점 줄어들 수밖에 없다는 것이 현실이다.

## 2. 일대일로 vs. 인도-태평양 전략

중국은 2017년 10월 제19차 당대회를 통해 시진핑 1인 천하시대를 알리면서 중화민족의 위대한 부흥(中華民族偉大複興)을 외치며 중국몽(中國夢)을 제시하였다. 시진핑 주석은 2020년까지 전면적 소강(小康)사회를 건설하고 2035년까지 사회주의 현대화를 기본적으로 실현하며 2050년까지는 사회주의 현대화 강국을 건설할 것이라고 밝혔다. 2018년 신년사에서는 앞으로 세계 평화의 건설자, 세계 발전의 공헌자, 국제질서의 수호자가 될 것이라고까지 했다. 중국은 신형국제관계 구축과 인류운명공동체를 강조하면서 미국을 대신해 국제질서의 수호자가 되겠다는 포부를 감추지 않고 있다. 제19차 당 대회 이후 중국은 경제력과 군사력을 기반으로 역내질서를 재편하고자 하는 야심을 더욱 노골적으로 나타내고 있다. 역내 패권확보차원에서 미국의 대중 포위망 무력화하고 중국 국가 이익을 침해하면 강력 대응하겠다는 의지도 분명히 했다.

중국은 이미 2013년 중국과 아시아를 거쳐 유럽과 아프리카를 해·육상으로 연결하는 21세기형 실크로드 일대일로(一帶一路, One Belt and One Road)를 제안했다.[3] 일대일로는 중국과 중앙아시아, 유럽을 연결하는 과거 실크로드를 하나의 경제벨트 지대로 보는 일대(一帶)와 동중국해에서 시작해 인도양을 거쳐 유럽과 아프리카로 이어지는 새로운 해상 실크로드를 하나의 길을 보는 일로(一路)를 합친 것이다. 중국은 일대일로(一帶一路)를 통해 아시아, 아프리카, 유럽의 26개국 40억 명 이상을 하나의 경제공동체로 연결하고자 한다. 중국의 경제성장속도가 둔화되어 새로운 경제성장 동력이 필요한 상황에서 중국 중심의 새로운 국제 정치경제 질서를 구축하겠다는 의지를 분명히 밝힌 것이다. 현재 중국 시진핑 지도부의 일대일로 추진은 대내외 환경 변화에 적극적으로 대응하면서 관련 국가들과의 유대를 강화하여 중국 중심의 새로운 역내질서 구축을 추진하는데 초점이 맞추어져 있다.

이처럼 중국이 급속한 부상으로 국력의 증대에 걸맞은 국제적 위상을

---

3    일대일로(一帶一路)에 대해서는 이창주(2017)를 참조.

확보하기 위한 대외전략을 추진함으로써 미국을 중심으로 하는 기존 역내 질서에도 변화가 나타나기 시작하였다. 동일한 시진핑 지도부를 상대한 미국의 오바마 정부와 트럼프 정부 사이에도 대외정책은 매우 뚜렷한 변화를 보이고 있다. 트럼프 행정부의 미국 우선주의(America First)는 안보와 경제 등 모든 측면에서 미국의 대외정책을 사실상 규정하고 있다. 트럼프 대통령은 취임사에서 과거 미국이 자국 군사력을 고갈시키면서 다른 국가의 안보를 도왔고, 자국 산업을 희생하는 대가로 외국의 산업을 부강하게 해왔지만, 앞으로 미국의 모든 정책은 미국인 자신의 이익을 위해 추진할 것임을 밝혔다. 2017년 12월에 발표된 트럼프 정부의 국가안보전략 역시 "미국인을 보호하고 우리의 삶의 방식을 보존하며, 우리의 번영을 증진하고, 힘을 통해 평화를 보존하며, 세계에서 미국의 영향력을 증진"하는 네 가지 사활적 국익의 실현을 미국 우선주의의 목표로 내걸고 있다.[4]

트럼프 행정부의 미국 우선주의는 이념과 가치를 바탕으로 한 글로벌리즘(Globalism)을 추구하지 않으며, 미국의 전통적 패권전략에 반하는 특징을 가졌다. 미국의 전통적 패권전략을 떠받치는 핵심적 두 기둥은 자유무역질서와 동맹체제이지만, 트럼프 행정부는 이 두 가지 기둥에 모두 근본적 문제제기를 하고 있다. 자유무역질서의 규칙과 제도에 동의하지 않으며, 사실상 보호무역적 대외경제정책을 추구한다. 무엇보다 동맹을 거래의 대상으로 인식하면서 기존 미국주도의 동맹체제가 미국에 손실을 안겼다고 생각하고 있다.[5] 미국의 국익을 최우선시 하면서 동맹국

---

4  네 가지 사활적 국익의 실현은 첫째는 반이민 등 인종적 민족주의, 둘째는 경제적 민족주의, 셋째는 전면적 군비증강, 넷째는 다자주의 부정이다.

5  한국, 일본, 나토 회원국 등 동맹국에 대해 안보 무임승차를 하고 있다고 지속적으로 비판하면서 방위비 분담금 증액을 요구하고 있다. 또한 안보와 경제를 연계하여 동맹국에 대해 미국 무기 수입을 촉구해 2018년도 미국 무기 수출액이 2016년 대비 80% 증가하였다.

안보는 동맹국 스스로가 책임을 지는 대외안보전략을 표명하고 있다. 미국의 2019년 회계연도 국방비는 전년대비 13% 증액되었지만 해외원조예산은 오히려 23% 삭감되었다. 동맹 강화가 아닌 미국 자신의 무력증강을 중시하고, 국제평화보다는 미국의 안전에 초점이 맞추어져 있다.

트럼프 행정부의 동아시아 전략은 인도-태평양 전략이라고 할 수 있다. 전임 오바마 행정부는 중국의 부상을 견제하고 아시아·태평양 지역에서 패권을 구축·방어하기 위해 재균형전략을 추진하면서 동맹 강화를 적극적으로 추진하였다. 미국은 지역차원에서 중국의 팽창을 견제하고 패권을 구축·방어하기 위해 한미동맹, 미일동맹, 한미일 삼각안보협력을 중요한 축으로 생각하고 있다. 여기에 트럼프 행정부는 동맹 강화에만 주력하지 않고 협력의 범위를 인도양으로까지 확장하여 인도-태평양 전략을 내세우고 있다. 미-일-호주-인도를 연결하는 인도-태평양 전략은 오바마 행정부의 재균형전략에 인도를 추가한 전략인 셈이다(Dept. of Defense, 2019).

2017년 가을 트럼프 대통령이 동아시아 순방 기간 중 인도-태평양 전략을 발표하였지만 이보다 먼저 일본 아베 총리가 제시한 것으로 알려져 있다. 일본은 동아시아를 출발점으로 중동, 아프리카로 이어지는 경제적 연대 구상으로 설명하고 있다. 그러나 해양세력이 손잡고 대륙세력과 맞서야 한다는 아베 총리의 정치적 신념에서 본다면 중국의 일대일로 전략에 대한 견제의 성격이 강하다. 인도-태평양 전략은 경제적 연대가 목적이 아니라 인도까지 끌어들여 중국을 포위 압박하겠다는 안보적 연대가 주된 목적으로 봐야 할 것이다(이서항, 2017: 2).

인도-태평양 전략은 미중 경쟁을 지역질서 차원에서 심화시켜나가고자 한다는 점에서 과거 오바마 행정부의 재균형 전략과 유사성을 가지고 있다. 트럼프 행정부는 인도-태평양 전략을 통해 중국의 팽창을 견제하고 미국이 자신의 주도권/영향력을 강화하고 하고 있다. 지역차원에서 미국이 동맹국들과 더불어 대중국 공동 전선을 구축하고 잠재적 협력국가들의 지지를 얻기 위한 정책 수단을 적극적으로 사용하려는 구상을 가지고 있다. 중국의 일대일로 전략의 본격화로 인해 미국 주도의 인도-태평양 전략도 가속화되고 있는 중이다. 2018년 5월 30일 미국은 태평양 사령부를 인도-태평양 사령부로 개칭했다. 이는 중국의 일대일로 전략에 대응하기 위해 인도양과 태평양의 연결성을 고려한 것이자 인도의 군사적 중요성에 대한 미국의 인식이 반영된 것이다.

이와 같은 중국의 일대일로(一帶一路)와 미국의 인도-태평양 전략으로 대표되는 미중 간 전략대결이 미중관계의 속성 변화를 야기했다고 볼 수 있다. 시진핑 시기 트럼프 대통령의 등장은 미중 전략대결과 군비 경쟁을 심화시키는 결과를 가져왔다. 트럼프 행정부는 명시적으로 중국을 '수정주의적 경쟁 강대국'으로 규정하고, 인도-태평양 지역에서 미국을 대신할 기회를 노리고 있으며, 국가주도 경제개발 모델인 베이징 컨센서스를 확산시켜 동아시아 지역질서를 재편하려는 것으로 본다(Dept. of Defense, 2018b: 2). 중국 외교부 대변인도 인도-태평양 전략이 가진 개념의 모호성을 지적하면서 "지역적 협력을 정치화하거나, 배타적으로 흘러서는 안 된다"며 경계심을 드러냈다. 미중관계의 변화는 향후 동북아 국제질서의 구조적 변화를 가져올 가능성이 높으며 중국의 동북아 역내 영향력 확대와 패권 장악에 결정적인 영향을 미치는 핵심 변수가 될 수 있다. 여전히 표면적으로 미중 간 협력관계가 유지되고 있다고는 하지만 무역 갈등 속에 대만문제와 함께 남중국해에서 군사적으로도 양국의 이익이 첨예하게 대립하고 있어 미중 간 군사적 갈등이 격화될 가능성을 높다.

# Ⅲ. 미국의 군사전략과 군사력 건설

## 1. 미국의 국방/군사전략

미국 트럼프 행정부의 국가안보전략은 "미국 우선주의"를 바탕으로 "힘을 통한 평화'(peace through strength)"를 강조하면서 군사력 투자 확대를 통해 미국을 다시 위대하게 만들겠다고 것이다. 미국은 과거 가졌던 군사적 우위가 약화되어 중국과 러시아 등 경쟁 국가들을 억제하기 쉽지 않다는 것을 스스로 인식하고 있다. 중국·러시아 등 강대국과의 군비경쟁을 염두에 두고 이에 대비하기 위한 전략을 구사하며 군사력을 재건하고 있다. 또한 직접 개입보다는 다른 어떤 국가도 지역패권국으로 해당 지역에서 힘을 행사하지 못하도록 하는 '역외균형'(offshore balancing) 전략과 동맹국에게 '책임전가'(buck passing) 전략을 취하며 선별적 개입으로 군사력을 낭비하지 않겠다는 구상을 가지고 있다(Mearsheimer, 2004: 314-316). 트럼프 행정부의 국방정책 변화에 있어 가장 중요한 가시적 지표는 국방비의 증액 수준이라고 할 만큼 국방력 강화는 트럼프 행정부의 국가안보전략을 뒷받침하는 가장 중요한 수단이자 트럼프 행정부의 성격을 가장 상징적으로 보여주고 있다.

트럼프 행정부는 2017년 12월 18일 국가안보전략서(*National Security Strategy of the United States of America*: NSS)를 발표한 데 이어 2018년 초에는 국방전략서(*National Defense Strategy of the United States of America*: NDS)와 핵태세검토보고서(*Nuclear Posture Review*: NPR)를 새롭게 발표했다. 국가안보전략서(NSS)와 국방전략서(NDS)에서는 중국을 러시아와 함께 수정주의 국가이자 전략적 경쟁자로 명시하고 있다. 기본적으로 중국의 부상을 위협으로 규정함으로써 미중 패권 경쟁의 가능성에 대한 우려와 대비하는 모습을 드러내고 있다. 2018년 1월 발표된 국방전략서(NDS)는 아시아·태평양 지역과 유럽에서 중국과 러시아에 대한 군사적 우위 확보를 전략적 중점으로 하고 있다. 모든 전장 영역에서 미국 군사력의 경쟁 우위가 잠식되고 있다고 평가하면서 미국이 중국과 러시아에 대한 군사적 우위를 재확립하기 위해 테러단체 등 비국가행위자들과의 전쟁을 축소하고 현대화와 전비태세 강화로 전략적 초점을 전환을 선언하고 있다.[6]

2018 핵태세검토보고서(NPR)에서도 중국의 핵무기 개발 및 기술적 진전을 위협으로 규정하고 있다. 미국 핵정책의 초점은 오바마 시기 비핵화(non-proliferation)에서 트럼프 시기에 들어와서는 억제(deterrence) 중심으로 전환되었다. 특히, 트럼프 행정부는 러시아·중국·북한 등 적대세력의 제한핵사용 가능성 증가에 대한 현실적 평가를 바탕으로 '유연한 맞춤형 핵전략(flexible, tailored nuclear strategy)'과 이를 뒷받침하기 위한 핵전력 현대화 계획을 제시하고 있다. 이를 위해 다양한 전술핵무기를 통한 '융통성 있고 제한적인 핵대응 옵션(flexible and limited nuclear response options)'과 잠수함발사탄도미사일(Submarine-Launched Ballistic Missile: SLBM)과 전략폭격기, 지상배치 대륙간탄도미사일(Intercontinental Ballistic Missile: ICBM)으로 구성된 삼원체계(triad) 유지, 그리고 잠재적 국의 중대한 비핵전략공격(non-nuclear strategic attacks)에 대해서도 미국이 핵무기를 사용할 수 있음을 경고하고 있다(Dept. of Defense, 2018a). 이는 핵무기의 사용 조건을 과거보다 더 확대시켰다고 볼 수 있다.

트럼프 행정부가 우주 및 사이버 공간에서의 위협을 21세기 새로운 위협으로 규정하고 대응 태세를 주문하고 있다는 점도 군사전략 변화에 있어 주목할 부분이다. 2018년 5월 사이버 사령부가 10번째 통합전투사령부(unified combatant command)로 승격되었다. 2019년 8월에는 이미 1985년에 창설되었다가 9·11테러 발생이후 2002년 미전략사령부

---

6    2018년 1월 발표된 국방전략서(NDS)는 과거와 달리 비밀로 작성되어 11페이지 평문 요약본만 공개하였다(Dept. of Defense, 2018b).

(USSTRATCOM)로 통합되었던 우주사령부(USSPACECOM)를 재창설하였다(*Star & Stripes*, 2019/08/22). 또한 트럼프 대통령은 우주 공간 상 미국의 압도적 우위를 확보하기 위해 제6번째 군인 우주군(Space Force)의 창설을 공표하고 '2020 회계연도 국방수권법(National Defense Authorization Act: NDAA)'에 우주군 창설 예산을 담았다. 2018년 핵태세보고서를 통해서도 사이버 및 우주 공간 상 핵지휘통제 관련 시설에 대한 잠재적국의 공격으로 미국의 핵억제력이 저하될 가능성에 대한 우려를 표명하고 있다. 그리고 이에 대한 대응으로 비핵전략공격을 억제 및 대응하기 위한 핵 및 비핵 군사작전의 통합 능력 제고 필요성을 강조하고 있다.

미사일방어태세의 강화는 최근 미국의 국방력 강화 정책의 핵심이다. 특히 미국은 중국과 러시아, 북한에 이르기까지 미사일 능력 향상으로 신뢰성 있는 핵억제력의 보유가 도전받고 있다는 인식하에 미사일방어 능력의 강화를 중점 추진하고 있다. 여기에 미국은 2019년 8월 2일 중거리핵전력조약(Intermediate-Range Nuclear Forces Treaty: INF Treaty)으로부터 공식적으로 탈퇴했다.[7] 이로써 미국은 지상발사 중거리 미사일을 생산·배치할 수 있게 되었다. 미국은 INF 조약 탈퇴에 대해 러시아의 조약 위반과 중국의 미사일 전력에 대한 우려 때문에 더 이상 미국만 일방적으로 조약을 준수하기 어렵게 됐다고 주장한다. 실제 러시아가 INF 조약을 위배하고 새로운 지상 발사 순항미사일인 SSC-8과 사거리 5,500km인 탄도미사일을 개발한 것은 미국의 조약탈퇴에 중요한 명분을 제공했다.

그러나 실제적인 이유는 중국의 미사일 전력 강화에 대응하기 위함이다. 중국은 현재 지역 내에서 중단거리 미사일 전력의 우위를 갖고 있다. 중국이 보유한 미사일은 지역 내 미군과 동맹국의 주요 기지를 타격

---

[7]  1987년 체결된 INF 조약은 미국과 러시아의 사거리 500~5,500km의 모든 지상 발사 탄도미사일 및 순항미사일의 시험 및 보유·생산을 금지하고 있다.

할 수 있는 능력을 갖고 있어 미국의 군사작전에 심각한 제약을 줄 수 있다. 중국이 미사일 전력 강화를 통해 반접근/지역거부(Anti-Access/Area Denial: A2/AD) 능력을 발전시킨 상황에서 미국이 지역 내에서 효과적인 작전을 수행하기 위해서는 지상발사 중거리 미사일의 배치가 필요하다고 판단한 때문이다(최우선, 2019: 4-5). 미국의 INF 조약 탈퇴에 따른 지역 내 중거리미사일 배치 가능성 증가는 미중 군사력 경쟁과 역내 불안정성을 일정 정도 증대시킬 것으로 보인다.

## 2. 미국의 군사작전 개념 변화와 군사력 건설

트럼프 대통령은 '힘의 시대'(the time for strength)를 대비하기 위한 군사력 재건을 시작했다. 트럼프 대통령은 2016년의 군사력이 1991년에 비해 1/2 또는 1/3 정도의 해·공군력 밖에 갖추지 못했다고 지적하면서 미군 재건을 주장했다. 오바마 행정부와 비교해 트럼프 행정부의 국방정책 변화에 있어 가장 중요한 가시적 지표는 국방비의 증액 수준이다. 우선 오바마 대통령이 추진해 왔던 연방예산자동삭감조치(defense sequester)를 종료시켰다. 트럼프 행정부의 국방비는 이라크 전쟁 중 국방비 수준을 능가하는 것이다. 첫해인 2018년도 국방예산은 2017년에 비해 13.1%가 증가된 7,000억 달러에 달했다. '2019 회계연도 국방수권법(NDAA)'의 국방예산은 총 7,170억 달러이고 지난 2019년 12월 20일 트럼프 대통령이 서명한 '2020 회계연도 국방수권법'을 통해 7천380억 달러 규모의 국방예산을 인가했다.[8] 트럼프 행정부 국방비 증액의 대부분이 기본예산 항목에 집중되어 있다는 점에서 국방비가 전력 확충 및 현

---

[8] 2019년 1월 9일 미 국무부기 발표한 「2019년 세계 국방비 및 무기거래 보고서(*World Military Expenditure and Arms Transfer*: WMEAT)」에 따르면 국방비는 미국이 7,410억 달러로 1위, 중국이 1,760억 달러로 2위, 러시아가 631억 달러로 3위, 일본은 509억 달러로 7위, 한국은 348억 달러로 10위이다(Dept. of State, 2019).

대화를 통한 실질적인 국방력 증가에 초점을 맞추고 있다는 것을 보여주고 있다.

2018년 국방전략서(NDS)는 동적전력운용(Dynamic Force Employment)과 범지구작전모델(Global Operating Model)이라는 새로운 전력 기동 및 작전 개념을 제시하고 있다. 2018년 국방전략서(NDS)에서는 전 세계에 분산된 미 군사력을 신속하게 기동 및 작전할 수 있는 혁신적 개념의 전력 태세 및 운용 개념 개발과 이행을 주문하고 있다(Dept. of Defense, 2018b). 이는 현재 미국이 발전시키고 있는 새로운 작전개념인 '국제공역에서의 접근과 기동을 위한 합동개념'(Joint Concept for Access and Maneuver in the Global Commons: JAM-GC)으로 구체화되고 있다. 미국은 미사일 방어 능력에 있어 독점적인 지위를 유지하면서 전반적으로 미군의 화력을 강화해 초기 공격과 방어에서 동시에 확고한 우위를 점하려는 것으로 보인다. 최근 미국은 미사일 방어 능력을 발사 후 상승하는 초기 부스터단계에서 파괴하는 방향으로 개발을 진행하고 있다. 더 나아가 레이저 무기 등의 개발을 통한 방어능력 강화를 추구하고 있다.

특히 초기 작전단계에서 중국의 반접근/지역거부(A2/AD) 환경 하에서는 해상 및 공중 전력들의 접근이 어려울 것을 대비해 주로 재래식 지상발사 중거리미사일 개발에 집중하고 있다. 우선적으로 해상 기반 토마호크(Tomahawk) 중거리 순항미사일을 지상발사체계로 개조하고 있다. 또 3,000~4,000km 사거리대의 중거리탄도미사일(Intermediate-Range Ballistic Missile: IRBM)은 이미 개발 중이며 1,000~3,000km 사거리의 새로운 미사일을 개발하기 위한 계획을 제안해 놓은 것으로 알려져 있다. 중국이 핵전력을 확장하고 있지만, 미국이 여전히 압도적인 핵 우위를 유지하고 있어 당분간 미국은 재래식 미사일 확충에 보다 관심을 가질 것으로 예상된다. 그럼에도 불구하고 미국은 유일한 전술핵탄두 개량형인 B61-12를 개발하고 있고, 미국 의회 자료에 따르면 2040년대 중반까지 핵전력 현대화에만 1조 달러를 투입할 것으로 보인다.

육군은 오바마 행정부에서 예산통제법에 의해 적용된 시퀘스터에 의거 45만 명까지 감축할 계획이었다. 그러나 트럼프 행정부에 들어와 다시 육군 병력을 증원시키고 있다.[9] 2019 국방수권법에 포함된 공군력 증강은 F-35 합동타격전투기, KC-46 공중 급유기, B-21 차세대 장거리 폭격기를 가장 중요한 항목으로 두고 우선 구매하는 것으로 되어있다. 미 공군의 근접항공지원(CAS) 능력을 향상시키기 위해 A-10기 대체기 개발계획에도 650억불을 배정했다. E-8C 합동감시표적 공격레이더 체계(JSTARS)의 개량 사업 대신에 미 공군 첨단 전장관리체계(ABMS) 개발에 추가 예산을 배정하고, ABMS가 전력화될 때까지 E-8C JSTARS 퇴역을 미루기로 하였다.

트럼프 행정부 시기에는 해군과 관련된 군사력 증강이 두드러진다. 2019년도 미 해군은 제32대 해군참모총장으로 마이크 길데이(Admiral Mike Gilday) 해군 대장 취임과 함께 '355척 해군(355-Ship Navy)'[10] 건설에 매진하면서도 건조비를 줄이기 위한 노력을 기울이고 있다. 트럼프 행정부 하에서도 '355척 해군' 건설 계획을 계속 추진하겠다는 것은 미래에도 미국이 지금처럼 적극적으로 범지구적 역할을 담당할 것임을 시사하는 중요한 지표라고 할 수 있다.

세부 전력으로 이미 지난 1월 차세대 항모 1번함인 제럴드 포드함(CVN-78)이 해군에 인도되어 전력화 과정을 거치고 있다. 2번함 존 에프 케네디함(CVN-79)은 진수식을 거쳐 해상 시운전에 들어갈 예정이다. 2028~32년에 인도될 3~4번 항모 역시 건조 계약을 마쳤다. 향후 미 해군은 항모를 고정 배치하는 개념에서 상황에 따라 다수 항모를 동시 배

---

9  2020 회계연도 국방수권법에 육군 현행병력을 15,000명 이상 증원시키며, 병사 봉급을 2.6% 인상시킨다고 되어 있다.

10  355척 해군 육성 계획은 오바마 행정부 말 2016년 12월 미 해군이 발표한 것으로 2015년 3월에 미 해군이 발표한 308척 전력 목표에 비해 15%, 47척이 증가된 계획이다.

치하여 위협을 제거하는 "역동적 배치(Dynamic Deployment)" 개념을 채택하여 항모 소요를 줄이는 방식으로 작전개념을 전환할 것으로 보인다. 미국은 항모 이외에도 차세대 콜롬비아급 전략핵잠수함(SSBN) 11척과 신형 알레이 버크급 탄도 미사일 방어 구축함 Flight Ⅲ 10척의 건조계획을 추진 중이나 건조비 증가가 문제가 되고 있다(*United States Naval Institute Newsletter*, 2019/12/18; *Jane's Defence Weekly*, 2019/12/11: 10-11).

미 해군력 건설에 있어서 흥미로운 것은 '유령함대(Phantom Fleet)' 건설이다. 2019년 5월 20일 미 해군은 '제1수상함 발전전대(SURFDEVON ONE)'을 창설하고, 2020년부터 중형 무인함 10척을 확보해 2025년부터 유령함대를 운용할 계획이라고 밝혔다. 미국은 중국의 반접근/지역거부(A2/AD) 환경 하에서 항모타격단(CSG) 또는 대형 강습상륙함(LHA)을 기함으로 하는 원정타격단(ESG)이 미사일 위협을 피해 연안으로부터 1,000마일 이상 떨어져 작전하는 상황이 도래하자 무인함정으로 구성된 유령함대로 이를 대체하려는 것으로 보인다. 미국 입장에서 지역 내 지상배치 중거리 미사일과 유령함대를 활용해 초기 주요 표적에 대한 집중 공격으로 보다 안전한 환경에서 공중 및 해상 전력이 작전을 수행할 수 있도록 만들 수 있다. 이는 중국의 적극적 방어 전략의 핵심 요소인 미사일 전력 장점을 상쇄하고 미중 재래식 군사력 균형을 보다 유리하게 변화시킬 수 있다.

## Ⅳ. 중국의 군사전략과 군비증강

### 1. 중국의 국방정책/군사전략

중국은 2015년 5월 발표한 국방백서 '중국의 군사전략(中國的軍事戰略)'을 통해 당면한 위협으로 신패권주의, 강권정치, 신개입주의를 제시했다. 신패권주의는 미일동맹이며, 강권정치는 미국의 군사력 재배치, 그리고 신개입주의는 중국해 영토분쟁에 대한 미국과 일본의 개입을 의미한다. 중국은 미국과 미일동맹을 실질적인 안보위협으로 간주하고 국가의 이익과 발전에 위협이 되거나 위해가 되는 것으로부터 안보를 책임지는 국방의 역할을 막중하게 여기고 있다. 또한 '중화민족의 위대한 부흥'이라는 국가목표 달성을 차질 없이 지원하기 위해 강한 군대를 만드는 '방어적 국방정책'을 내세우고 있다. 이는 군 현대화를 지속적으로 추진하고 지역 내 군사활동을 강화하여 대만과 남중국해, 그리고 한반도 등 주변지역에서 중국의 핵심이익을 수호하며, 나아가 중국의 대외 영향력 확보를 지원하는 것이다.

중국은 2013년 3월 12기 전인대 국방부 업무보고를 통해 국방과 군 현대화 추진 가속화, 공고한 국방 및 강력한 군대 건설, 국가주권·안보·영토의 굳건한 수호 그리고 국가의 평화와 안전보장을 방어적 국방정책의 과제로 제시하였다. 2019 국방백서에 나타난 신시대 중국의 방어적 국방정책은 국가주권과 국가안보, 국가발전이익을 결연히 수호하는 것을 국방의 근본 목표로 하고 있다. 중국 국방의 특징은 영원히 패권을 추구하지 않고, 영원히 세력을 확장하지 않으며, 영원히 세력범위를 추구하지 않는 다는 것이다. 또한 중국 국방의 전략적 지도는 새로운 시대의 군사전략방침을 충실히 관철하는 것이며 중국 국방의 발전 경로는 중국 특색의 강력한 군대로 가는 길을 고수하는 것이다. 이를 통해 중국 국방이 인류사회의 운명공동체를 구성하는데 세계사적 의의가 있다고 밝히고 있다(中华人民共和国 国务院新闻办公室, 2019/07).

중국 국방정책의 전략목표는 중국몽을 실현하기 위해서는 강군몽(強軍夢)을 실현하겠다는 것이다. 이를 위해 중국군은 2020년까지 기계화와 정보화를 실현하고 2035년까지 전반적 국방 및 군대 현대화를 달성하며 2050년까지 세계 일류 군대를 조직하는 3단계 로드맵을 제시하고 있다(김예경, 2017: 3). 중국은 이미 2004년 국방백서에서 군의 현대화의 방향을 '정보화'로 설정하고, 2006년 국방백서에서는 21세기 중반까지 정보화된 군사력을 건설한다는 목표를 설정했다. 시진핑 주석이 정보화군 건설을 2020년으로 앞당기고 군 현대화의 시점 역시 2035년으로 재설정함으로써 중국몽을 실현하는데 군사력을 얼마나 중요하게 생각하고 있는지를 잘 보여주고 있다.

〈표 1〉 중국몽·강군몽의 전략목표

| 달성년도 | 중국몽(中國夢) | 강군몽(强軍夢) |
|---|---|---|
| 2020년 | 전면적 소강(小康)사회 건설 | 기계화·정보화軍 건설 |
| 2035년 | 사회주의 현대화의 기본적 실현 | 전반적 국방·군 현대화 달성 |
| 2050년 | 사회주의 현대화 강국 건설 | 세계 일류 군대 조직 |

중국의 군사전략은 2014년 국방백서를 통해 '신형세하 적극방어 군사전략(新形勢下積極防禦軍事戰略)'을 실행함에 있어 군사투쟁 준비중점을 '정보화 국부전쟁에서 승리'라고 하면서 해상에서의 군사투쟁 준비를 강조하고 있다. 여기에서 '신형세'란 앞서 언급한 당면한 위협으로 ① 신패권주의, 강권정치, 신개입주의의 강화, ② 테러, 국토분쟁의 복잡다변, 분쟁 지속 및 위기 빈번의 상시화, ③ 국제관리, 전략균형, 세계경제와 관학기술, 군사경쟁 등 역사적 변화 발생 등을 포괄하고 있다. 그러나 무엇보다 미국 및 미일동맹의 위협이 가중되고 있는 상황을 의미한다. '적극방어'란 전략상 방어와 전역전투상 공격의 유기적인 결합과 조화를 통한 공세적인 방어 개념으로 방어와 자위, '후발제인(後發制人)'[11]의 원칙을 견지하는 것이다.

---

11  '순자' 의병편에 수록된 것으로 적을 상대할 때 한걸음 양보하여 그 우열을 살핀 후 약점을 공격함으로써 단번에 적을 제압하는 전략을 말한다.

중국은 '신형세하 적극방어 군사전략'에 따라 대만 및 남중국해 등 주변지역에서 위기가 고조될 경우 중국이 먼저 군사력을 사용하지는 않을 것이지만 상대가 먼저 군사적 행동이나 분쟁을 야기한다면 강력하게 대응할 것임을 분명히 하고 있다. 이 과정에서 미국이 개입한다면 반접근/지역거부(A2/AD) 전략으로 미군의 전력을 저지하면서 신속하게 승리를 거두고 정치적 목적을 달성한다는 것이다. 반접근/지역거부(A2/AD) 전략은 1996년 대만해협 위기[12] 이후 분쟁지역에 대한 외부 세력의 진입 및 전개를 지연 거부하고 작전을 방해하는 것으로 중국 해군의 '도련(島鏈, Island Chain) 전략'과 연관성이 깊다.

중국은 해양통제권의 확립을 위해 1982년 당시 해군총사령관이자 당 군사위 부주석이던 류화칭(刘华清)이 해군해양계획의 청사진인 3단계 '도련(島鏈, Island Chain) 전략'을 제시했다.[13] 이에 따라 중국 해군은 작전권역 단계별 확대계획 1단계로 1980년 중반부터 2000년까지 제1도련 내에서 초기 현대화 추진을 완료하고 2단계로 2020년까지 근해방어에서 제2도련까지 확대된 전진방어와 원해호위형으로의 점진적인 전환 및 원양기동작전 능력 향상을 추진 중이다.[14] 이후 2021년부터 2050년까지 강

---

12  1996년 3월 8일 중국이 대만 총통 직접선거를 겨냥해 대만 앞바다에 미사일을 발사하자 미국은 항보전단을 대만해협에 파견한다. 이에 대항에 중국은 인근해상에서 해상훈련을 실시하였으나 오히려 대만인들의 분노를 유발해 총통선거는 중국에 불리하게 작용하고 대규모 미 항모전단에 대항항수 없는 현실을 받아들여 군사행동을 스스로 중단한다.

13  도련전략의 원문은 "到二○一○年為止 , 確立第一島鏈內的制海權 , 使其內海化 ; 到二○二○年確保第二島鏈內的制海權 ; 到二○四○年為止取得可以遏制美國海軍在太平洋'印度洋支配權的力量."으로 2010년까지 제1도련 내에서 제해권을 확립하여 내해화, 2020년까지 제2도련 내의 제해권을 확립, 2040년까지 태평양과 인도양에서 개입능력을 확보하여 미 해군의 해양지배권을 억제하는 것이다(刘华清, 2004: 436).

14  제1도련은 일본~오키나와열도~대만~필피핀~보르네오~베트남, 제2도련은 일본~북마이라나제도~괌~미크로네시아~팔라우를 연결한 선이다.

대국에 부합하는 해군력 건설로 국가 핵심 이익 수호 및 역내 영향력 확대를 추진해 사실상 전 세계 해양을 범위에 둔 원양함대를 건설하겠다는 것이다.

중국은 전면적 소강사회 건설의 군사적 전제조건으로 제2도련선까지 배타적 영향권 수립을 상정하고 있다. 제2도련선은 미국의 태평양 지역 군사적 거점인 괌까지 포함하고 있어 미국과의 군사적 대결이 첨예하게 전개될 수밖에 없는 상황이다. 최근 중국은 남중국해에서 군사력을 사용하지 않고서 군사적 위협만으로 상대를 굴복시키는 '강압전략'에 주안을 두고 있다. 군사적 행동으로까지 확전되지 않는 가운데 분쟁지역에 대한 유리한 여건을 조성하고 영유권을 기정사실화하려는 정치적 목적을 달성하기 위해 무력시위를 하는 경우가 늘어나고 있다. 이는 2014년 남사군도에 군사시설을 설치하고 최근 순항미사일을 배치한 것이나, 하이난 다오(海南島) 싼야(三亞) 해군기지 건설과 같이 남중국해를 군사화하여 이를 거점으로 서태평양과 인도양으로 지정학적 공간을 확대하려는 의도와 무관하지 않다.

중국은 시진핑 취임 후 일대일로 정책을 중국몽의 핵심전략으로 추진해 오면서 이 전략의 구현을 위해 해군력 건설을 추진하고 있다. 중국은 2015년 국방백서에서도 "해양은 국가의 장기적인 안정과 지속적인 발전에 관계된다"며 "국가안전 및 발전이익에 부합하는 현대 해상 군사역량 체계를 건설하고, 국가주권 및 해양권익을 수호하며 해양 구제협력에 참여하여 해양강국 건설에 뒷받침을 제공해야 한다"고 밝히고 있다. 중국 해군의 추구목표 역시 인접해역 지배의 절대화 및 제1도련 내측의 내해화, 해양기반의 신국가발전전략 일대로 추구, 연내 기존질서(현상유지) 타파 시도, 강대국으로서 위상확립을 내세우고 있다.

중국은 '적극방어 군사전략' 방침 하에 힘의 투사범위를 점진적으로 확대해 왔다. 시진핑의 국방 및 군 현대화 건설 소위 강군몽(強軍夢) 3단계 발전전략 이후에는 실전태세 구비를 강조하고 있다. 최근 국방개혁을 실시하면서 중국군의 초점은 싸워서 이기는 군사력 건설이라는 목표아래 실전준비 강화로 차츰 전환되고 있다. 향후 중국군은 이전보다 더 강화된 시진핑 주석의 지도력을 중심으로 본격적으로 중국 특색에 맞는 군사강국을 건설하기 위한 국방개혁과 군사력 건설에 박차를 가할 것으로 예상된다.

## 2. 중국의 국방개혁과 군비증강

시진핑 주석은 군 현대화를 위해 고강도 국방개혁을 추진하고 있다. 중국의 국방개혁은 2015년 9월 전승절 70주년 기념 열병식 연설에서 중국군 병력 30만 명 감축을 선언하면서 본격화되었다. 중국의 국방개혁 배경은 신장된 중국의 국력을 지속 유지하기 위해서 강력한 군사력이 뒷받침되어야 하고 정보화 국지전쟁에서 승리라는 군사전략목표 달성에 적합한 군 군조가 필요하며 강력한 중앙집권체제 확립과 합동작전 수행 능력 향상을 위한 지휘체계가 요구되기 때문이다.

중국은 국방개혁을 통해 지도관리체계와 합동작전 지휘체계를 개선하고 유명무실했던 중앙군사위원회 주석 책임제를 실질화하고자 하였다. 즉 군에 대한 공산당의 통제를 보다 확고히 하는 것을 목표로 설정했다. 중앙군사위원회가 총괄하고, 전구가 작전을 담당하며 각 군종이 관리를 맡는 방향으로 추진되었다. 그 결과 기존 7개 군구(軍區)를 5개 전구(戰區)로 전환하고 육군, 해군, 공군, 로켓군, 전략지원부대 총 5개 군종(4개 군종, 1개 특수병종) 체계를 구축했다. 과거 제2포병을 로켓군으로 재편한 것은 미국과 일본의 미사일 공격에 대한 방어체계를 강화하고 미국과의 핵무기 경쟁에 적극적으로 대처하겠다는 의지를 나타낸 것이다. 전략지원부대는 정보, 기술정찰, 전자전, 사이버, 심리전 등 새로운 5대 작전영역을 담당하게끔 하였다.

중국은 도련전략의 쟁취를 위해 항공모함, 잠수함 등 해군전력을 강화하는 한편, 비대칭전 능력 향상에도 주력하고 있다. 중국은 경제성장 지속의 생명선인 자원수송 및 무역로 보호를 위해 미국 군사력 접근과 기동을 차단하고 방해하기 위한 군사력 건설을 최대의 목표로 하고 있으며 다양한 사거리의 탄도미사일 전력을 구비하고 네트워크 중심전 구현을 통한 합동작전 능력 강화를 강력히 추진하고 있다. 이는 '정보화 국부전쟁 승리 전략'으로 표명되는바 미국을 상대로 전면전을 벌이기보다 사태 발생 시 신속한 국지적 승리 획득을 목표로 하고 있다. 중국은 이러한 재래식 군사전략과 함께 비대칭전략으로 우주 및 사이버, 각종 첨단 무기 개발에도 박차를 가하고 있다. 또한 재래식 분쟁에서 위기가 격상될 경우 핵 전역으로 전환될 가능성이 존재하기 때문에 핵탄두 증산 및 현대화도 추진하고 있다.

중국 육군은 기존 18개 집단군에서 5개를 해체하여 13개 집단군으로 재편되었으며 30만 감군을 완료했다. 기존의 재래식 전력뿐만 아니라 윙룽-Ⅱ 무인기, 무인전차, 무인장갑차 등을 개발해 실전 배치해 운용하고 있다. 공군은 2010년 처음 식별된 J-20 스텔스전투기가 2017년 공군에 실전배치되어 20대 이상 운영 중인 것으로 알려져 있다. 최근에는 6세대 J-31 스텔스 전투기를 개발 중으로 2030년 배치될 계획이다. 여기에 러시아제 Su-35를 24대 도입하였고 핵탑재가 가능한 H-20 스텔스전략폭격기의 초도비행 모습이 2018년 8월 중국중앙TV(CCTV)에 공개되기도 하였다.

중국의 군사력 건설 중에 가장 두드러진 분야는 해군력의 증강이다. 이는 중국이 '일대일로'를 통해 해양지정학적 영향력을 강화하고 있는 가운데, 이를 뒷받침할 원해투사전력을 강화하는 것으로 평가할 수 있다. 특히 최근 중국은 항공모함 건조에 열을 올리고 있다. 첫 번째 함공모함인 랴오닝함에 이어 2019년 12월 17일 시진핑(習近平) 주석이 참석

---

15  길이 315m, 폭 75m, 총 배수톤수 7만 톤, 스팀보일러추진체계, 최대속력 31노트, 함재기 44대 탑재.

한 가운데 2번째 항모 산둥(山東)함(CNS-17)[15]을 남부전구사령부 예하인 하이난성(海南省) 산야(三亞) 해군기지에 배치하는 행사를 하였다.

지난 12월 18일자 『환구시보(環球時報)』는 중국해군의 3번째 항모이자 최초 독자형인 Type 002형 항모[16]가 향후 2년 내에 진수되며, 2025년에는 실전에 배치될 예정이라고 보도했다. 새로 개발되고 있는 차세대 항모에는 6세대 J-31 스텔스 전투기와 각종 무인기가 함재기로 사용될 가능성이 높다. 3번째 항모까지는 핵추진체계가 아니나 4번째 항모는 핵추진항모가 될 것으로 보이며 현재 중국은 북극항로를 개척하기 위해 핵추진 쇄빙선까지 먼저 건조하고 있는 것으로 알려져 있다. 그 외에도 중국 항공모함을 호위하는 핵심적 역할을 할 1만t급 055형 구축함인 난창(南昌)함이 정식으로 취역했고 094형(진급) 최신 핵잠수함 운용에 이어 095형(수급)과 096형(탕급) 신형 핵잠수함도 건조 계획을 추진하고 있다. 2019년 12월에는 094형(진급) 잠수함에서 SLBM인 쥐랑(巨浪 ·JL)-3을 시험 발사하여 중국 신장자치구의 고비사막에 떨어져 JL-3의 사거리는 1만 km에 달할 것으로 추산된다.

중국의 반접근/지역거부(A2/AD) 전략에 로켓군 역시 주요한 핵심 전력이다. 중국 로켓군은 2,500~3,500기에 달하는 미사일과 500여대의 발사 차량을 보유하고 있고 핵 공격으로부터 방호가 가능한 20여개의 지하 만리장성 갱도를 구축하고 있는 것으로 알려져 있다. 중국은 2018년 4월 지상 및 해상 표적을 정밀타격할 수 있는 DF-26 신형중거리 탄도미사일을 로켓군에 배치했다고 발표했다. DF-26 탄도미사일은 신속한 핵 반격 뿐 아니라 해상의 항모와 상륙함을 타격할 수 있는 능력을 보유하고 있다.

2019년 기준 중국은 약 290발의 핵탄두를 보유하고 있는 것으로 추정된다.[17] 이 가운데 약 130여발은 지상기반 탄도미사일로, 50여발은 해

---

16   길이 310m, 폭 80m, 배수톤수 약 8만 톤으로 함재기는 약 60~70대로 예상된다.

양기반 탄도미사일 및 폭격기로 투발된다. 중국은 투발 수단을 다종화하여 DF-5A를 다탄두화 한 사거리 10,000km로 10개의 개별 유도 탄두를 장착한 극초음속 DF-5C를 개발하여 배치하였다. 2017년에는 사거리 11,000km에 6개의 개별 유도 탄두 탑재가 가능한 DF-31AG를 추가로 배치했다. 최근에는 사거리 15,000km에 10개의 탄두를 장착 할 수 있는 마하 25의 다탄두각개돌입미사일(Multiple Independently Targetable Reentry Vehicle: MIRV) DF-41을 시험하고 있다. 중국이 탄도미사일을 다탄두화하는 것은 미국의 미사일 방어체제를 무력화시키기 위한 의도로 볼 수 있다.

2018년 중국의 국방예산은 전년 대비 8.1% 늘어난 1조 1,289억 위안으로 예상을 뛰어넘는 증가율을 보이고 있다. 2019년 국방비 역시 3월 13기 전국인민대표대회 2차 회의 개막을 앞두고 발표된 초안에 따르면 7.5% 증가한 1조 1천900억 위안이다. 중국 경제성장률이 둔화되면서 국방예산 역시 증가율이 떨어지고 있는 추세이기는 하지만 여전히 국방예산의 증가율이 경제성장률보다 높게 나타나고 있다. 이는 항공모함 건조와 스텔스 전투기 양산, 최신 장비 도입 등을 통해 시 주석이 제시한 2050년 세계 1위 군사대국 의지를 드러낸 것이다. 리커창 총리 역시 2018년 3월 전국인민대표대회에서 "국방 및 군대 건설에서 시진핑의 강군 사상을 토대로 중국 특색 강군의 길로 나아가야 한다"고 강조했다. 이는 중국의 국방 및 군 현대화를 완성하기 위해 지속적으로 국방예산을 증액하겠다는 의도로 풀이할 수 있다는 점에서 중국의 국방예산 증가와 군비증강은 당분간 지속될 것이다.

---

17   2018년에는 280개였다(SIPRI, 2019).

# V. 결론

　현재 국제구조는 미국과 중국의 양강 체제로 이행되는 과정에 있다. 미국과 중국의 패권 경쟁이 이제는 구체적인 모습으로 나타나고 있다. 미국의 트럼프 행정부는 미국을 다시 위대하게 만들기(Make America Great Again) 위해 미국 우선주의(America First)를 실천해 나가고 있다. 군사력과 경제력 재건이 핵심이다. 중국의 시진핑 지도부 역시 위대한 중화민족의 부흥을 외치며 중국의 꿈(中國夢)을 실현하고자 한다. 신형국제관계 구축과 인류 운명공동체를 강조하면서 미국을 대신하여 국제질서의 수호자가 되겠다는 의지를 감추지 않고 있다. 이로 인해 중국의 일대일로 전략과 미국의 인도-태평양 전략이 서로 군사적으로 맞부딪힐 조짐마저 보인다. 미국과 중국의 대립과 갈등은 단순히 무역 분쟁의 수준을 넘어섰다. 미중 간 군비경쟁은 이미 초기단계를 넘어 가속화되고 있어 멈추기 어려운 상황이다. 미중 군비경쟁이 증대되고 있는 상황에서 한반도와 역내 군비통제를 추진한다는 것은 대단히 풀기 어려운 난제이다.

　향후 미중관계에 대해서는 이견이 분분하다. 미중관계의 불확실성으로 인해 주변국들은 국가안보와 국익을 중심으로 합종연횡을 꾀하고 있다. 멀지않은 미래 중국이 미국을 지위를 대신하게 될 것이라고 누구도 단정할 수 없다. 일반적으로 미중 간 경제적 규모를 넘어 영향력 측면에서까지도 역전은 시간문제라고 보는 시각이 우세하다. 그럼에도 불구하고 군사력과 사회문화적인 영향력 측면에서 미국의 우위가 장기간 지속될 것이라는 의견이 지배적이다. 반면 미중 간 패권경쟁은 결국 전쟁까지 포함한 심각한 대립과 갈등을 초래할 가능성도 있다. 종합적으로 당분간은 미국의 우위가 지속될 것이라는 시각과 함께 미중 간 패권경쟁은 불가피하며 이는 평화적일 가능성 보다 전쟁을 포함해 평화적이지 않은 상황으로 이어질 가능성도 배제할 수 없다.

미중 간 갈등의 심화 속에 동북아시아 지역은 미국과 중국의 이해가 첨예하게 대립되는 지역으로 부상하고 있다. 중국은 일대일로를 앞세워 동중국해, 남중국해를 넘어 인도양과 서태평양으로 자신의 이익 영역을 확장해 나가고 있다. 미국은 인도-태평양 전략을 통해 중국의 부상을 견제하고 압박하는 공세적인 정책을 펼치고 있다. 군사적으로 중국은 유사시 미군과 미국 동맹군의 행동을 억지하기 위해 반접근/지역거부(A2/AD) 전략을 강화하며 군비증강으로 맞대응하고 있어 동북아 지역의 불안정성이 증대되고 있다. 미중 간 힘의 분포 변화라는 국제구조의 변동이 양국 간 갈등을 증폭시키고 한반도와 동북아의 안정과 평화에 부정적인 영향을 미치고 있다.

한반도와 동북아의 평화 번영을 위해서는 미중관계가 협력을 중심으로 나아가야 하겠지만 현실은 희망적이지 않다. 미중 간 갈등과 관계 악화는 한반도 미래의 불확실성으로 이어질 수 있으며 동북아의 평화와 번영을 저해하는 중요한 요인이 될 수 있다. 미국이 중국의 중단거리 미사일의 사정권 내에 있는 주한미군을 고려할 때 한국에 중거리 미사일 배치를 요구할 가능성도 배제할 수 없다. 실제 미국과 중국 간 무력충돌과 전쟁의 가능성이 높지 않다고 할지라도 미중 간 갈등이 작은 규모라도 군사적 충돌로 치닫게 된다면 한국은 동맹의 연루로 인해 원치않는 분쟁에 휘말리게 될 수도 있다. 미중관계의 변화에 따른 선택의 가능성은 열어두어야겠지만 그렇다고 양자택일이나 모호한 태도는 한미관계와 한중관계에 불필요한 오해를 만들 수 있다는 점도 명심해야 한다.

미중 간 패권경쟁이 가속화되고 있는 가운데 한반도에는 평화를 향한 대전환이 일어나기 시작했다. 남북관계를 선두로 한반도 비핵화와 북미관계 개선, 한반도 평화체제 구축을 향한 작은 움직임들이 여기저기서 동시 다발적으로 일어나고 있다. 남북 정상회담, 북중 정상회담, 그리고 북미 정상회담이 앞서거니 뒤서거니 하면서 개최되었다. 아직 결과를 예단하기는 시기상조이나 분명한 것은 지금의 한반도와 동북아 상황은 과거와는 상당히 다르게 진행되고 있다. 현재의 변화를 한반도와 동북아의 평화 번영의 길로 이어나가기 위해서는 무엇보다 향후 전개될 미중관계와 함께 미중 군비경쟁에 대한 객관적인 이해가 필요할 때이다.

# 참고문헌

그레이엄 앨리슨(Graham Allison) 저, 정혜윤 역. 2018, 『예정된 전쟁』(서울: 세종서적).

김동성. 2018, 『미중 패권 경쟁과 한국의 대응전략』(수원: 경기연구원).

김동엽. 2019, "미중관계와 한반도 미래," 박재규 외. 『새로운 동북아 질서와 한반도 미래』(파주: 한울아카데미).

김예경. 2017, "시진핑 주석의 중국 19차 당대회 보고 주요 내용과 시사점," 『이슈와 논점』, 1370호.

박건영. 2013, "오바마의 주판과 긴 파장?: 재균형과 한반도에 대한 함의," 『한국과 국제정치』, 29권 3호.

박창희. 2013, "중국의 군사력 증강 평가와 우리의 대응방향," 『전략연구』, 57호.

이서항. 2017, "미국의 인도-태평양 구상과 한국의 과제," 『KIMS Periscope』, 105호.

이창주. 2017, 『일대일로의 모든 것』(파주: 서해문집).

임혁백. 2014, 『한반도와 동아시아의 안보와 평화: 불가능주의에서 가능주의로』(파주: 한울아카데미).

존 J. 미어샤이머(John J. Mearsheimer) 저, 이춘근 역. 2004, 『강대국 국제정치의 비극』(서울: 나남출판).

최우선. 2019, 『미국의 INF 조약 탈퇴와 미중 군사경쟁』(서울: 국립외교원 외교안보연구소).

투퀴디데스(Thoukydides) 저, 천병희 역. 2011, 『펠로폰네소스 전쟁사』(서울: 숲).

폴 케네디(Paul Kennedy) 저, 이일수 역. 1989, 『강대국의 흥망』(서울: 한국경제신문사).

황재호. 2014, "시진핑 시대 중국의 군사력 평가와 전망," 『전략연구』, 62호.

Art, Robert J.. 2010, "The United States and the Rise of China: Implications for the Long Haul," *Political Science Quarterly*, Vol. 125.

Mearsheimer, John J.. 2010, "The Gathering Storm: China's Challenge to US Power in Asia," *The Chinese Journal of International Politics*, Vol. 3.

Kennedy, Paul. *The Rise and Fall of Great Powers* (New York: Random House).

*Jane's Defence Weekly*. 2019/12/11.

Organski, A. F. K. and Jacek Kugler. 1980, *The War Ledger* (Chicago: University of Chicago Press).

SIPRI. 2019, *Yearbook 2019.*

*Stars & Stripes.* 2019/08/22.

The White House. 2017, *National Security Strategy of the United States of America*, December.

U.S. Department of Defense. 2018a, *2018 Nuclear Posture Review.* February 2.

_____. 2018b, *Summary of the 2018 National Defense Strategy of The United States of America Sharpening the American Military's Competitive Edge.*

_____. 2019, *Indo-Pacific Strategy Report Preparedness, Partnerships, and Promoting a Networked Region*, June 1.

U.S. Department of State. 2019, *World Military Expenditures and Arms Transfer.*

*United States Naval Institute Newsletter.* 2019/12/18.

Waltz, Kenneth N.. 1979, *Theory of International Politics* (New York: McGraw-Hill).

刘华清.『刘华清回忆录』. 北京: 解放軍出版社, 2004.

中华人民共和国 国务院新闻办公室.『新时代的中国国防』. 2019.

# 3장

## 미중 무역/통화경쟁

**이왕휘**
아주대학교 정치외교학과 교수

IFES

경남대 극동문제연구소
국제관계연구 시리즈 36

# Ⅰ. 머리말

21세기 들어 미국과 중국 사이의 패권경쟁이 심화되고 있다. 2007년 세계금융위기 이후 미국 경제가 침체하고 중국 경제가 급성장하여 양국 사이의 국내총생산(Gross Domestic Product: GDP) 격차가 급속히 줄어들자, 미국은 중국은 잠재적인 경쟁자로 간주하면서 중국의 부상을 억제하기 위한 대응 전략인 동아시아 회귀(Pivot to Asia)/재균형(Rebalancing) 전략을 도입하였다. 2013년 시진핑 주석이 집권한 이후 중국이 '일대일로 구상'을 통해 대외진출을 가속화한 이후, 트럼프 행정부는 중국을 가장 심각한 위협으로 간주하고 중국의 봉쇄를 위한 인도-태평양 전략(Indo-Pacific Strategy)을 추진하고 있다.

2018년 3월 미국이 중국에 보복관세를 부과하고 중국도 미국에 맞대응함으로써, 양국은 무역전쟁을 시작하였다. 2019년 8월 5일 중국인민은행이 위안화의 가치를 1달러 당 7위안 이하로 용인한 직후 미국이 중국을 환율조작국으로 지정하면서 무역전쟁은 통화전쟁으로 확산되었다. 미국이 화웨이를 비롯한 중국 IT 기업들을 국가안보 위협으로 제재함으로써, 4차 산업혁명에 핵심적인 인공지능(AI), 5세대 통신기술(5G), 블록체인, 핀테크, 빅데이터 등을 포괄하는 과학기술 분야로 확산되고 있다(Bannon, 2019; 余永定, 2019).

무역/통화경쟁의 측면서 트럼프 행정부의 대중 압박은 조지 W. 부시 및 버락 오바마 행정부와는 근본적 차이가 있다(Blustein, 2019). 무역전쟁 전까지 미국의 대중 정책은 개입(engagement)을 통한 개방에 기반을 두고 있었다. 이 당시 미국은 중국을 경쟁자나 도전자로 간주하지 않으며 사회주의에서 자본주의로 이행이 세계화에 도움을 준다고 생각했기 때문에, 중국을 강력하게 몰아붙이지 않았다. 오히려 중국이 미국 중심의 규칙 기반 질서(rule-based order)를 준수할 것이라는 기대 속에서 미국은 중국이 세계무역기구(World Trade Organization: WTO)에 가입을 유도하였다. 반면 트럼프 행정부는 미국과 중국의 경제력 격차가 역전이 되는 것을 막기 위해 봉쇄(containment)까지 고려하고 있다. 그동안 다자적 차원의 압박이 효과가 없었다고 평가한 트럼프 행정부는 개방 확대 및 위안화 환율 평가절상에다가 불공정 무역관행(보조금 지급, 지적재산권 침해, 강제적인 기술 이전 등)의 시정을 위한 경제구조 개혁까지 요구하고 있다.

13차에 걸린 고위급 협상을 통해 2019년 12월 13일 양국이 1단계 합의에 도달함으로써, 무역/통화경쟁은 당분간 더 격화되지 않을 것으로 예상된다. 그러나 모든 쟁점을 해소하는 일괄타결이 아니라 당장 이행할 수 있는 사항에만 한정되는 부분타결이기 때문에, 1단계 합의는 무역/통화전쟁의 종전이 아니라 휴전으로 평가되고 있다. 양보하기 어려운 문제들이 남아 있기 때문에, 2단계 합의를 위한 협상은 더 험난하고 지난할 수 있다. 또한 1단계 합의가 제대로 이행되지 않을 경우, 무역/통화전쟁은 재개될 것이다. 이럴 경우 양국 관계는 무역전쟁 이전과 같이 공동의 이익을 공유하는 차이메리카(Chimerica)/공동의존(codependency)으로 복귀하는 것은 사실상 불가능할 것으로 예상된다.

무역/통화경쟁이 디지털 보호주의(digital protectionism)/기술민족주의(techno-nationalism)와 연계되면 양국 사이의 상호의존 구조는 약화될 수밖에 없다. 트럼프 행정부 이후에도 미국우선주의가 지속될 경우, 중국은 중국제조 2025 및 인터넷 플러스(+)와 같이 수입대체를 위한 산업정책을 포기하기 어려울 것이다. 그 결과 미국의 기술과 중국의 제조가 결합된된 글로벌 가치사슬이 점차 해체되어 무역은 물론 금융거래도 축소되는 디커플링(decoupling, 脫钩) 현상이 심화될 수밖에 없다. 디커플링이 완화되거나 역전되지 않으면, 미국과 중국이 서로를 배제하는 독자적인 경제권을 형성하는 신냉전(또는 냉전 2.0)이 불가피할 것이다.

# Ⅱ. 무역/통화경쟁의 원인과 결과

미중 무역/통화경쟁의 근본적인 원인은 미국의 대중 무역적자(또는 중국의 대미 무역흑자)라고 할 수 있다. 〈그림 1〉에서 알 수 있듯이, 21세기 들어 미국의 대미 상품 무역수지 적자는 급속하게 증가하였다. 2007～2008년 세계금융위기를 제외하면 무역전쟁 발발 이전까지 이 추세는 유지되었다.

〈그림 1〉 미국의 대중 상품 무역수지 적자

(단위: 백만 달러)

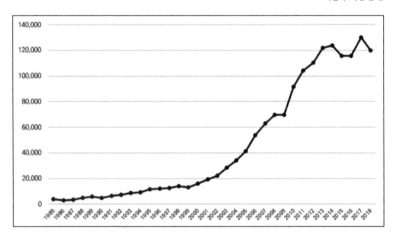

출처: Dept. of Commerce (2019).

미국의 무역적자는 서비스교역이 아니라 상품교역에 집중되어 있다. 〈표 1〉에 나와 있듯이, 미국의 상품 무역적자를 국가별로 살펴보면 1990년대에는 일본의 비중이 거의 50%에 육박했으며, 중국의 비중 점점 높아져 세계금융위기의 여파가 최고조에 이른 2009년에는 70%를 넘어섰다. 2013년을 기점으로 중국의 비중은 점점 낮아져 왔지만, 무역전쟁

직전까지 50% 이상을 유지했었다.

〈표 1〉 미국의 상품 무역수지 적자 비중: 주요 교역국

(단위: %)

| | 캐나다 | 일본 | 신흥산업국 | 독일 | 멕시코 | ASEAN 9* | 중국 |
|---|---|---|---|---|---|---|---|
| **1990** | 7.5 | 49.4 | 25.7 | 10.2 | -1.9 | 6.1 | 10.3 |
| **1995** | 6.7 | 45.3 | 10.8 | 10.0 | 5.7 | 13.1 | 24.2 |
| **2000** | 6.2 | 24.9 | 9.1 | 8.3 | 3.6 | 11.5 | 25.5 |
| **2005** | 4.1 | 15.1 | 3.7 | 8.5 | 4.2 | 9.4 | 37.0 |
| **2008** | -2.2 | 16.5 | 1.6 | 8.6 | 5.8 | 11.1 | 57.6 |
| **2009** | -7.0 | 14.6 | 1.7 | 8.0 | 6.8 | 13.0 | 70.5 |
| **2010** | -5.9 | 15.1 | -0.2 | 7.9 | 8.1 | 11.0 | 67.1 |
| **2011** | -7.5 | 15.0 | -0.2 | 10.4 | 6.1 | 11.1 | 67.6 |
| **2012** | -8.6 | 16.9 | 0.1 | 12.2 | 5.6 | 11.7 | 70.6 |
| **2013** | -9.5 | 16.4 | -1.4 | 13.8 | 5.2 | 12.8 | 72.6 |
| **2014** | -8.4 | 13.5 | 0.4 | 13.2 | 5.2 | 13.6 | 67.7 |
| **2015** | -5.1 | 11.2 | 1.7 | 11.1 | 7.3 | 13.6 | 59.5 |
| **2016** | -4.5 | 11.0 | 1.9 | 9.2 | 8.2 | 14.3 | 55.4 |
| **2017** | -4.7 | 10.5 | 1.2 | 8.5 | 8.1 | 14.7 | 56.1 |

\* ASEAN 9 (싱가포르 제외)
출처: WTO(2019: 35).

　무역적자의 축소를 위해 미국은 중국에 시장개방과 위안화 평가절
상을 요구해왔다. 1997년 동아시아 금융위기 직후 미국은 중국에 평가
절하를 통해 수출을 증가시키는 근린궁핍화정책(beggar-thy-neighbour
policy)의 자제를 요청하였다. 중국은 위안화를 평가절하하지 않음으로
써 동아시아 금융위기의 극복에 기여했다는 평가를 받았다.

　중국이 WTO의 회원국이 된 후 미국의 상품 무역수지 적자에서 일본
의 비중이 줄어들고 중국의 비중이 늘어나는 현상이 등장하였다. 미국은
대중 무역적자의 증가세를 제어하기 위해 중국에 시장개방 및 위안화 평
가절상을 강력하게 촉구하였다. 벤 버냉키 연방준비제도 이사회 의장은

중국이 생산만 하고 소비를 하지 않는 방식으로 무역흑자를 축적함으로써 세계적 저축 과잉'(global saving glut, 全球儲蓄过剩) 문제가 심각해졌다고 주장하였다. 국제통화기금(International Monetary Fund: IMF)은 중국의 무역흑자가 세계경제 불균형(global imbalances, 全球不平衡)의 주요 원인이라고 지적하였다. 2007년 세계금융위기가 발발한 이후 미국의 대중 압박은 훨씬 더 강력해졌다.

　중국은 위안화를 점진적으로 평가절상하고 시장개방을 함으로써 대미 흑자의 축소를 추진하였다. 중국의 노력은 어느 정도 성과를 거두었다. 〈그림 2〉처럼 2000년대 중반 5%에 거의 도달했던 GDP 대비 경상흑자는 줄어들어 2018년에는 0.36%까지 낮아졌다.

〈그림 2〉 중국의 GDP 대비 경상수지(1975~2018년)

(단위: %)

출처: World Bank(2019).

　중국의 무역수지가 균형에 근접함으로써 세계경제 불균형에 대한 우려는 거의 해소되었다. 그러나 〈그림 1〉에 나와 있듯이, 중국의 대미 무역흑자 규모는 줄어들지 않았다. 이 문제는 21세기 세계무역질서의 변화에서 기인한다고 할 수 있다. 1980년대 세계화가 시작된 이후 가치사슬(value chain)— 또는 생산네트워크(production network) —이 발전하면서, 부가가치가 높은 연구개발과 디자인에 장점을 가진 미국은 중간재(부품 및 소재)를 공급하는 일본, 한국 등은 부가가치(value added)가 낮은 생산과정을 노동력이 저렴한 중국으로 이전시켰다. 그 결과 표1에 나와 있듯이 미국의 상품 무역수지 적자에서 일본의 비중이 줄고 중국의 비중이 올라가게 되었던 것이다.

상품 무역수지 적자에 대한 평가는 시각에 따라 다르다. 중상주의적 관점에서 무역적자를 국부의 유출이라고 보고 있다. 또한 상품 무역수지 적자는 제조업의 약화와 연계되어 있다는 점에서 부정적으로 간주된다. 반면, 글로벌 가치사슬에 중점을 두는 부가가치 무역(Trade in Value-Added: TiVA)은 무역수지가 아니라 부가가치를 기준으로 제시한다(Jones and Demirkaya et al., 2019). 미국 기업은 부가가치가 높은 생산과정(연구개발 및 디자인)에 집중함으로써 훨씬 더 많은 수익을 창출했기 때문에, 미국의 대중 상품 무역수지 적자는 문제가 아니다.

이러한 시각의 차이는 통계방식에도 반영되어 있다. 완제품 기준으로 집계한 무역 총액(gross trade) 통계는 부가가치 기준으로 작성한 부가가치 무역(value added trade) 통계와는 근본적으로 다르다. 완제품을 기준으로 집계된 무역통계에서는 중국이 한국, 일본, 독일 등에서 중간재를 수입해서 조립·가공한 후 미국으로 수출하는 상품은 중국산으로 집계된다. 그러나 완제품의 재료와 부품을 원산지별로 구분해서 측정하는 TiVA의 관점에서 본다면, 완제품을 만드는데 중국이 생산한 부가가치만 중국산으로 분류된다. 부가가치 기준으로 집계한 중국의 대미 무역적자는 완제품 기준으로 집계된 것보다 훨씬 적어진다(Xing and Detert, 2014).

애플 아이폰의 생산과정을 부가가치 기준으로 분석을 해보면, 부품을 수입해서 조립한 후 완제품을 수출을 중국 기업들은 물론 중간재를 수출하는 한국, 일본, 대만, 독일 기업들보다도 소프트웨어를 개발하고 디자인을 설계하는 애플이 더 많은 부가가치를 창출한다. 이렇게 미국 기업은 부가가치가 높은 생산과정에 특화하고 부가가치가 낮은 공정으로 중국 기업에 위탁함으로써 이전보다 더 많은 수익을 올리고 있다(Xing, 2010).

## Ⅲ. 무역전쟁

대통령 선거 유세에서 중국이 미국을 강간하고 있다고 비난했던 트럼프 대통령은 취임 직후부터 중국에 대한 공격을 시작하였다. 트럼프 행정부의 경제정책인 미국우선주의는 제2차 세계대전 이후 유지되어온 브레튼우즈 체제와는 여러 가지 측면에서 차이가 있다. 미국 무역대표부(U.S. Trade Representative: USTR)이 발간한 『2018년 무역의제』 보고서에 트럼프 행정부는 (1) 국가안보 정책을 지원하는 무역정책, (2) 미국 경제의 강화, (3) 모든 미국인들에게 도움을 주는 더 좋은 무역 거래를 위한 협상, (4) 미국 무역법과 기존 무역협정에서 미국의 권리를 공세적으로 강제, (5) 다자 무역체제의 개혁을 정책과제로 제시하였다(USTR, 2018).

다섯 가지 과제를 관통하는 두 가지 핵심적인 이념은 보호주의와 국가안보이다. 트럼프 행정부는 무역정책 기조를 자유무역이 아니라 보호주의에 두고 있다. 무역을 확대하기 위해 WTO를 중심으로 다자주의를 지향했던 것과 달리, 트럼프 행정부는 미국의 국가이익을 보호하기 위해 메가 자유무역협정(FTA)인 환태평양 전략적 경제동반자협약(Trans-Pacific Strategic Economic Partnership: TPP)에서 탈퇴하는 것은 물론 북미자유무역협정(North American Free Trade Agreement: NAFTA)을 폐기하고 미국-멕시코-캐나다 협정(The United States-Mexico-Canada Agreement: USMCA)을 체결하였다. 또한 트럼프 행정부는 보호주의를 국가안보의 측면에서 정당화하고 있다. 트럼프 대통령은 취임 이후 미국의 국가안보에 위협을 주는 국가에 대한 제재를 위해 관세는 물론 비관세 장벽을 적극적으로 활용하고 있다. 따라서 USTR뿐만 아니라 상무부, 미국국제무역위원회(USITC), 외국인투자심의위원회(CFIUS)도 무역정책의 집행과정에서 중요한 역할을 하고 있다.

트럼프 행정부에게 최대의 국가안보 위협은 중국이다. "트럼프 대통령의 지도력 하에 우리는 중국— 또는 그 정책을 따라하는 어떤 국가 —이 진정한 시장 경쟁을 침하는 것을 좌절시키기 위해 가진 모든 수단을 사용할 것이다. 우리는 중국— 또는 어떤 국가든 —이 해외에서 벌어지는 불공정한 관행에 대응하기 위해 필요시 강력한 행동을 하는 미국의 능력을 방해하기 위해 국제기구의 뒤에 숨으려는 노력을 저지할 것이다 (USTR, 2018: 4)."

이런 정책기조 속에서 트럼프 행정부는 기존 행정부와는 근본적으로 다른 대중 정책을 추진하고 있다. 첫째, 정책의 우선순위가 무역적자 축소에서 불공정 행위 근절— 외국기업에 대한 기술이전 강요, 외국기업에 대한 차별적 허가 규제, 선진기술 확보를 위한 중국기업의 해외투자 장려, 불법적인 지적재산권 및 민감 상업정보 침탈, 반독점법, 인력 유출 등 기타 관행 —로 이동하였다. 이러한 정책 전환은 중국 정부가 중국 기업에 부여한 부당한 특권을 제거하지 않는 한 미국의 대중 무역적자가 줄어들지 않을 것이라는 인식에 기반을 두고 있다. 둘째, 시장개방 및 위안화 평가절상만으로 불공정 행위를 근절할 수가 없다고 보는 트럼프 행정부는 중국 경제구조의 개혁을 요구하고 있다. 미국은 중국 정부의 중국 기업에 대한 부당한 지원을 철폐를 위해 중국 국내법의 개정까지 압박하고 있다. 셋째, 미국은 2001년 중국이 WTO에 가입한 이후 WTO 분쟁해결제도에 제소하는 방식을 통해 중국의 불공정 관행을 시정하려고 노력해왔다. 그러나 트럼프 행정부는 고위급 대표가 참석하는 양자 협상을 통해 중국을 직접 상대하고 있다. 넷째, 합의의 이행 및 검증에 대해서도 트럼프 행정부는 이전 행정부와 뚜렷한 차별성을 보여주고 있다.

트럼프 행정부는 중국이 합의한 내용을 충실하게 집행하는가를 확인하기 위해 이행기제(enforcement mechanism, 实施机制)의 설치를 강력히 주장하고 있다(이왕휘, 2018b, 2019).

〈표 2〉 트럼프 행정부의 전략 및 정책 전환

| | 트럼프 이전 | 트럼프 이후 |
|---|---|---|
| 정책목표 | 무역적자 축소 | 불공정 행위 근절 |
| 요구사항 | 시장개방 및 위안화 평가절상 | 중국 경제구조의 개혁 |
| 방식 | 다자 (WTO) | 양자 (고위급협상) |
| 합의 이행 및 검증 | | 미국이 중국 국내법의 변경을 강제하는 이행기제를 설치 |

트럼프 대통령은 2017년 4월 7일 첫 번째 미중 정상회담에서 시진핑 주석과 대중 무역적자 축소를 위한 '100일 행동계획'(100 day action plan, 百日计划)에 합의하였다. 이 계획은 미국이 요구사항(미국산 소고기 수입 재개, 미국산 유전자조작 농산물 승인절차 가속화, 중국 내 100% 외자 금융서비스 기업에 신용평가서비스 허가, 미국 지급결제서비스 기업 중국 진출 허가, 미국 금융기관의 채권 거래 허가)과 중국의 요구사항(중국의 미국 LNG 수입 확대, 상하이 청산소 '적용유예'기간 연장, 중국산 조리 가금류에 대한 수입규제 해제방안 마련, 미국 내 중국은행에 타 외국계 은행과 동등 지위 부여, 일대일로 포럼에 美 고위 당국자 참석)으로 구성되었다.

USTR은 4월 1962년 무역확장법 232조에 따른 철강 및 알루미늄 수입품에 대한 조사를 개시하였다. 또한 USTR은 트럼프 대통령 지시에 따라 8월 1974년 통상법(Trade Act of 1974) 301조에 의거 중국의 불공정 무역관행에 대한 조사에 착수하였다. 이 조사가 마무리된 2018년 3월 23일 USTR은 무역확장법 232조 조사 결과에 따라 중국산을 포함한 철강 및 알루미늄 수입품에 10~25% 보복관세 부과를 발표하였다. 미국은 4월 3일에는 통상법 301조 조사 결과에 따라 500억 달러 규모 1,333개 관세 부과 품목을 발표하였다.

2018년 2월부터 미국과 고위급 협상을 통해 분쟁을 해결하려던 중국 정부는 3월 27일 상무부를 통해 "무역전쟁에서 싸우길 원하지는 않지만, 그것을 절대적으로 두려워하지 않는다(中方不希望打贸易战, 但绝不害怕 贸易战)"(商务部, 2018)라고 보복을 선언하였다. 동일한 규모, 금액 및 강도라는 대등보복원칙(对等报复原则)에 따라 중국은 미국산 수입품에 관세를 부과하였다. 4월 3일 철강 및 알루미늄 관세에 대해 30억 달러 규모 128개 세목 15~25% 보복관세, 4일 106개 품목에 대한 25% 2차 보복관세 부과 계획을 발표하였다.

양국은 관세뿐만 아니라 비관세 장벽도 보복에 동원하였다. 미국 상무부 산업보안국은 실체 목록(entity list, 实体清单)을 통해 중국 기업(대표적으로 화웨이)의 미국 기업과 거래를 제한하고 있다. 또한 미국 재무부는 중국을 환율조작 관찰대상국으로 지정함으로써 위안화의 평가절하를 감시하고 있으며, 외국인투자심의위원회(CFIUS)를 통해 중국 기업의 미국 기업 인수 합병을 엄격하게 심사하고 있다. 이외에도 연방수사국(FBI), 교육부 및 과학재단은 중국 출신 연구자와 학생의 기술탈취를 조사하고 있다.

반면, 중국의 대응은 수세적이며 제한적이다. 중국 정부는 국유기업은 물론 민간기업에 대두, 수수, 옥수수, 돼지고기 등의 농수산물과 액화천연가스(LNG)를 비롯한 에너지 자원의 수입의 축소를 유도하고 있다. 상무부도 미국의 실체목록과 유사한 '신뢰할 수 없는 실체목록(不可靠实体清单)'을 도입을 준비하고 있다. 또한 공공부문은 물론 민간부문에서 미국 여행 제한, 미국 상품 불매운동 등을 통해 미국 기업을 압박하고 있다. 또한 중국 정부는 2010년 일관 영토분쟁 직후 도입했던 희토류 수출제한 조치를 검토하였다.

2018년 2월 27일~3월 3일 제1차 고위급 협상부터 6월까지 미국의 스티븐 므누신 재무장관과 중국의 류허 국무원 부총리가 네 차례 고위급 협상을 진행하였다. 5월 15~19일 워싱턴 DC에서 열린 제3차 협상에서 양국은 합의에 도달하였으나 29일 트럼프 대통령이 합의 내용이 충분하지 않다고 일방적으로 파기를 선언하였다. 6월 2~4일 윌버 로스 상무장관이 베이징을 방문하였으나 합의안은 물론 공동성명도 채택하지 못하고 결렬되었다.

대중강경파 피터 나바로가 이끄는 무역제조정책국은 2018년 6월 『중국의 경제적 침략은 어떻게 미국과 세계의 기술과 지식재산권을 위협하는가』 보고서를 통해 중국이 자국 시장의 보호, 세계시장에서 중국 비중 확대, 천연자원의 안정적 확보 및 전통적 제조업에서 우위 유지를 위해 미국 기업과 연구기관의 지적 재산권을 침해하고, 기술이전을 강제적으로 요구하는 것은 물론 불법적인 간첩활동을 하고 비난하였다(Office of Trade & Manufacturing Policy, 2018). 이에 중국 정부는 9월 24일 '중미 경제무역 마찰에 관한 사실과 중국의 입장'(关于中美经贸摩擦的事实与中方立场)을 통해 합의 실패의 원인이 중국이 아니라 미국에 있음을 분명히 하였다(国务院新闻办公室, 2018).

12월 1일 아르헨티나 부에노스아이레스 정상회담에서 양국은 추가 관세 부과를 90일간 연기하고 협상을 연장하기로 합의한 후, 2019년에는 1월부터 10월까지 아홉 차례 고위급 협상이 개최되었다. 미국 협상대표가 므누신 장관에서 로버트 라이트하이저 USTR 대표로 교체되었다. 이는 1980년대 USTR 부대표로 대일 무역 협상을 주도했던 라이트하이저 대표가 중국을 더 효과적으로 압박할 수 있다는 의도로 간주되었다. 중국에서는 7월 초부터 상무부장 중산(钟山)이 협상에 참여하였다. 중산 부장은 시좌진(习家军)으로 저장성과 상무부에서 해외투자 및 무역 협상 등 다양한 실무경험을 하였다.

1월 30~31일 워싱턴 DC에서 열린 제5차 고위급 협상부터 미국은 불공정 행위 근절을 더욱 더 강조하기 시작하였다. 이에 따라 협상에서 중국에 강압적 기술이전 금지, 지적 재산권의 더 강력한 보호와 집행, 미국

회사에 대한 관세 및 비관세 장벽 철폐, 미국 상업적 재산에 대한 중국의 사이버 탈취 중단, 보조금 지원과 국유기업을 통한 시장 왜곡 시정 등이 우선적으로 논의되었다. 또한 미국은 협상에서 합의한 내용을 충실히 이행하기 위한 이행기제의 필요성도 제기하였다.

양국 대표단은 2월 14~15일 베이징 제6차 고위급 협상에서는 시진핑 주석, 2월 21~22일 워싱턴 DC 제7차 고위급 협상에서는 트럼프 대통령을 각각 면담하였다. 트럼프 대통령은 류허 부총리에게 양해각서(memorandum of understanding)가 아닌 무역협정(trade agreement)의 체결을 목표로 협상을 해야 한다고 촉구하였다.

3월 28~29일 베이징에서 열린 제8차 고위급 협상부터 양국 대표단은 합의문 초안을 본격적으로 검토하였다. 4월 30일~5월 1일 베이징에서 열린 제10차 고위급 협상에서 중국은 미국에 150쪽 분량의 최종합의문 초안을 105쪽으로 축소하는 근본적 수정을 요구하였다. 중국은 지식재산권 침해, 강제적인 기술이전 및 정부 보조금 제공 등의 금지를 명확하게 보장하기 위해 국무원(행정부)이 아니라 전국인민대표자회의(입법부)를 통해 국내법을 개정하라는 미국의 요구를 거부한 것이다. 5월 4일 "아주 역사적인 거래가 거의 끝나가고 있다"고 발언했던 도널드 트럼프 미국 대통령은 이 협상 결과를 보고 받은 6일 트위터에 중국이 역주행(backpedaling, 开倒车)했다고 비판하였다.

5월 9~10일 워싱턴 DC에서 열린 제11차 고위급 협상은 미국의 강경한 분위기에 중국 대표단은 협상의 연기를 검토하는 바람에 예정보다 하루 늦게 개최되었다. 미국은 중국의 수정 요구를 거부하는 것은 물론 2,000억 달러 규모의 중국 수입품에 대한 관세율을 10일부터 10%에서 25%로 인상하겠다고 발표하였다.

중국 정부는 6월 2일 '중미 경제·무역 협상에 관한 중국의 입장'(关于中美经贸磋商的中方立场)을 통해 미국이 상호존중, 평등 및 호혜의 원칙을 존중하지 않고 있다고 비판하였다. 미국이 중국의 존중을 받기 위해서는 미국은 중국의 사회제도, 경제체제, 발전 경로와 권리, 핵심이익을 인정해야 한다는 것이다(国务院新闻办公室, 2019).

6월 29일 일본 오사카에서 열린 미중 정상회담에서 미국은 화웨이 제재의 완화, 중국은 미국산 농산물의 대량 수입 재개에 합의한 후 7월 30~31일 상하이에서 열린 제12차 고위급 협상에서 양국은 오사카 정상회담의 합의가 이행되고 있지 않다고 상호비난하였다. 협상이 타결되지 않자 협상이 특별한 성과가 없이 끝나자 미국은 8월 1일 3,000억 달러 규모의 중국산 수입품에 10%를 관세를 9월 1일부터 부과하겠다고 발표하였다.

10월 10~11일 워싱턴DC에서 열린 제13차 고위급 협상에서 양국은 당장 양보할 수 있는 부분에 대해서 논의를 하고 나머지 문제에 대해서는 나중에 협상을 하기로 합의하였다. 12월 13일 1단계(Phase One) 합의가 공표된 후, 미국은 12월 15일 발효 예정이었던 1,600억 달러 규모의 중국산 제품에 대한 추가관세 부과 계획을 무기한 연기하고, 기존 대중 관세 부과 건 가운데 9월 1일에 부과된 1,100억 달러 규모 품목에 대한 관세를 15%에서 7.5%로 인하하기로 하였다. 그러나 2,500억 달러 규모의 중국산 제품에 대한 추가관세 25%에는 변화가 없다. 중국도 12월 15일 발효 예정이었던 3,361개 품목에 대한 4차 추가 관세 부과를 보류하고, 12월 15일에 예정된 미국산 자동차 및 부품에 대한 추가관세도 중단하기로 하였다. 그렇지만 9월 1일에 발동한 미국산 제품에 대한 최대 10%의 추가관세를 포함한 기존의 추가관세는 계속 유지되었다.

양국은 번역과 법률 검토를 한 후 2020년 1월 15일 백악관에서 트럼프 대통령과 류허 부총리가 합의문에 서명을 하였다. 중국은 미국 기업들에 대한 기술 이전 강요 금지, 미국 지식재산권의 보호 강화, 금융시장 개방, 및 거시경제정책 환율조작 금지는 물론 농산물, 공산품, 서비스 등 분야에서 2천억 달러 규모의 미국산 제품 구매 등을 받아들였다. 또한 중국은 국내법을 개정하지는 않았지만 분쟁해결 절차를 신설함으로써 이행기제를 부분적으로 수용하였다. 그러나 중국은 국유기업에 대한 보조금 지원 및 경제구조 개편을 다음 협상 의제로 넘기는데 성공하였다 (USTR, 2020; 商务部, 2020).

1단계 합의에서 모든 쟁점들이 해소된 것이 아니기 때문에, 무역전쟁의 향방은 향후 협상 결과에 달려 있다. 1단계 합의가 불충분하다고 평가가 지배적인 미국에서는 중국이 제도 개혁은 물론 상품 구매에 대한 약속을 얼마나 잘 지킬 수 있을 것인가에 대한 회의론이 제기되었다 (Goodman, Kennedy et al., 2020; Reade, 2020). 중국은 미국과 합의한 사항이 개혁 심화, 개방 확대 및 경제의 질 향상에 기여한다는 점에서 약속을 지킬 것이라고 반박하고 있다. 이런 맥락에서 중국은 시진핑 주석이 2017년 1월 다보스 포럼에서 제시한 것처럼 세계화를 선도하고 수호하는 역할을 계속 강조하고 있다(人民日報, 2020a, 2020b).

〈그림 3〉 미국과 중국의 보복관세: 평균 및 인상률(%)

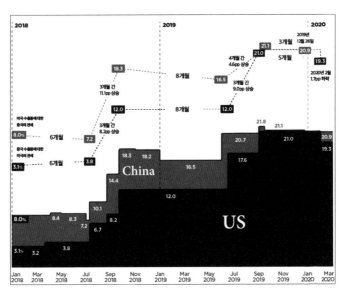

출처: Bown (2019).

# Ⅳ. 통화경쟁

1990년대 말 이후 미국은 무역적자의 축소를 위해 중국에 위안화 평가절상과 자본시장 개방을 지속적으로 요구해왔다. 미국의 강력한 압박에도 불구하고, 1985년 플라자 합의(Plaza Accord) 이후 급속히 가치가 절상되었던 엔화처럼 될 경우 거품이 발생할 수 있다고 우려했던 중국은 위안화 가치를 점진적으로 상승시키는 전략을 추구해 왔다. 미국은 중국이 무역흑자의 20% 정도를 미국 국공채를 구매하는데 사용하였기 때문에 일본처럼 강압적인 방식을 적용하지는 않았다. 이런 점에서 미국의 대중 무역적자와 중국의 대미 무역흑자 사이에는 차이메리카(Chimerica)나 공동의존(codependency)으로 불리는 상호보완적인 선순환 구조라고 평가되었다. IMF도 2015년 4월 정책협의 보고서에서 "과거 위안화의 저평가는 거대한 불균형을 일으키는 요소였으나, IMF의 현재 평가는 작년 실질실효 평가절상으로 환율이 더 이상 평가절하되어 있지 않다"(IMF, 2015: 7)고 평가하였다.

2010년대 이후 미국은 무역적자를 줄이기 위해 흑자국을 제재할 수 있는 제도를 도입하였다. 2015년 무역촉진법(Trade Facilitation and Trade Enforcement Act of 2015) 제7편 환율 조작(Title Ⅶ: Currency Manipulation)에 따라 미국 재무부는 180일마다 '주요 교역 대상국의 환율정책 보고서'를 발표해왔다. 이 보고서는 200억 달러 이상(약 미국 GDP의 0.1%) 무역수지 흑자, 국내총생산(GDP)의 3% 이상 경상수지 흑자, 평가절상을 막기 위해 연간 GDP의 2% 이상 외화 순매입(12개월 중 8개월)이라는 세 가지로 환율조작을 평가한다. 세 가지 기준에 다 저촉되는 경우 심층분석 대상, 두 가지 기준에 해당되는 경우 관찰 대상으로 지정된다. 심층분석(enhanced analysis) 대상(즉 환율조작국)에 대해서는 (1) 해외민간투자공사(Overseas Private Investment Corporation: OPIC)의 자금 지원이나 보험 및 보증 거부, (2) 미국 정부 조달 배제, (3) IMF에 감시 강화 요구, (4) USTR

이 환율 조작국과 새로운 무역협정을 체결하거나 협상할 때 환율 정책을 반영하는 조치라는 제재가 부과될 수 있다(Dept. of the Treasury, 2016a).

중국은 2016년 4월 첫 보고서에서는 첫 번째 및 두 번째에 해당되어 관찰대상으로 지정되었다. 그 이후 중국은 2016년 10월부터는 첫 번째 기준에만 저촉되고 있다. 그럼에도 불구하고 미국은 관찰대상국 기준을 강화하는 방식으로 중국을 관찰대상으로 계속 지정해왔다. 즉 2016년 10월 보고서는 한 번 관찰대상국으로 지정된 국가는 적어도 2회까지 관찰대상으로 유지된다는 문항이 추가되었다(Dept. of the Treasury, 2016: 1). 2017년 4월에는 미국 무역적자 총액 중 대부분을 차지하는 국가는 한 가지 기준만 충족해도 관찰대상국으로 지정될 수 있다는 문구가 삽입되었다(Dept. of the Treasury, 2017: 2). 2019년 5월에는 두 번째 기준인 GDP의 3%를 2%, 세 번째 기준인 12개월 중 8개월을 12개월 중 6개월로 수정하였다(Dept. of the Treasury, 2019: 3).

트럼프 대통령은 대통령 선거유세에서부터 중국을 환율조작국이라고 맹비난해왔다. 이 때문에 미국은 고위급 협상에서 중국의 위안화 환율, 외환시장 개입 및 환율결정 방식의 불투명성 문제를 지속적으로 제기해왔다. 이런 맥락에서 2019년 8월 5일 위안화가 달러 당 7위안 이상으로 평가절하(속칭 破七)되자마자 미국 재무부는 2015년 무역촉진법이 아닌 1988년 종합무역법(Omnibus Trade and Competitiveness Act)에 따라 중국을 환율조작국으로 지정한 것은 우연이 아니다. 미국이 중국을 환율조작국으로 지정함으로써 무역전쟁은 환율전쟁으로 비화되었다(Dept. of Treasury, 2019; 안성배·정영식 외, 2019; 조고운, 2019).

보복관세로 맞대응을 했던 무역전쟁과 달리 중국은 통화전쟁에서 별다른 보복조치를 취하지 못하고 있다. 가장 근본적인 원인은 중국 금융산업과 제도의 낙후에 있다. 1978년 개혁개방이 시작된 이후 금융 시장과 산업의 발전은 상당히 점진적으로 진행되었다. 중국 정부는 금융업을 독자적인 산업으로 발전시키기보다는 산업화에 필요한 재원을 조달하는

데 중점을 두었다. 또한 정부 주도의 산업화 방식 때문에 주식시장과 채권시장으로 구성되는 자본시장보다 정책성은행(政策性銀行)을 중심으로 하는 자금시장이 더 주도적인 역할을 해왔다. 그 결과 금융자산 규모에서는 중국이 미국에 어느 정도 근접하였지만, 금융 제도와 산업경쟁력에서는 미국에 비견될 수 있는 수준에 도달하려면 아직도 갈 길이 멀다(이왕휘, 2018).

20세기 말까지 중국의 통화 및 외환정책은 미국의 위안화 평가절상 압력에 대응하는데 급급하였다고 할 수 있다. 경제적 부상이 가속화된 21세기 초부터 중국의 태도는 수세적에서 공세적으로 전환되었다. 2001년 WTO 가입 이후 중국은 금융개혁을 추진하면서 2006년부터 해외 금융기관의 중국 진출과 중국 금융기관의 해외 진출을 단계적으로 확대해왔다. 이로써 해외자본유치를 위한 '인진래'(引進來) 정책은 해외투자 확대를 위한 '주출거'(走出去) 정책에 밀려나게 되었다. 2007년 미국에서 발생한 세계금융위기는 세계통화금융체제에서 중국의 역할이 확대될 수 있는 계기가 되었다. 2010년대 중국은 위안화(인민폐: 人民幣)의 국제화 및 국제금융기구의 지분 확대를 적극적으로 추진하였다(서봉교, 2018).

2007년 중국은 미국 중심의 브레튼우즈 체제를 개혁하기 위한 시도를 하고 있다. 이를 위해서 중국은 달러화를 대체할 수 있는 대안적 기축통화를 모색하고 있다. 2009년 3월 중국인민은행 저우샤오촨(周小川) 총재는 IMF의 특별인출권(Special Drawing Right: SDR)에 기반을 둔 '초주권 준비통화'(super-sovereign reserve currency, 超主权储备货币)를 달러화의 대안으로 제시하였다(Zhou, 2009a, 2009b).

2009년 7월 「위안화역외무역결제시범시행관리방법」 이후 중국은 위안화 국제화 전략을 추진해왔다. 중국은 위안화를 기축통화로 만듦으로써 미국 달러화에 대한 의존도를 낮추는 것을 목표로 하였다. 이를 위해 중국은 금융 자유화는 물론 자본계정 자유화를 위한 계획을 차근차근 진행하고 있다. 이러한 노력의 결과 중국의 위안화는 2016년 10월 SDR 통화바스켓— 달러화(41.73%), 유로화(30.93%), 위안화(10.92%), 엔화(8.33%), 파운드화(8.09%) —에 편입되었다. 자본계정 자유화가 되지 않아 아직도 세계금융시장에서 자유롭게 거래되지 않는 위안화에게 엔화와 파운드화보다 더 큰 비중을 부여했다는 것은 중국의 영향력이 얼마나 빠르게 증가하고 있는가를 여실히 보여주고 있다(Agarwal and Gu et al., 2019).

또한 중국은 2009년 이후 주변 개발도상국들뿐만 아니라 유럽 선진국들까지 포함한 32개국과 양자 통화스왑(currency swap) 협정을 체결하였다. 위안화를 기반으로 하고 있어 금융위기에 처한 국가들이 실제로 활용을 한 적은 없지만, 통화스왑은 중국의 무역 및 투자를 촉진하는데 기여를 하고 있다(Steil, 2019).

중국이 가장 큰 성과를 내고 있는 분야는 다자개발은행(Multilateral Development Bank: MDB)의 신설이다. 2013년 일대일로 구상(一帶一路倡议)이 발표된 이후 중국은 브릭스와 함께 신개발은행(新开发银行, New Development Bank) 및 위기대응기금(金砖国家应急储备基金, Contingent Reserve Arrangement), 독자적으로 아시아인프라투자은행(亚洲基础设施投资银行, Asia Infrastructure Investment Bank: AIIB)을 창설하였다. 이중에서 가장 성공적인 MDB는 AIIB라고 할 수 있다. 설립된 지 3년밖에 지나지 않았지만, 회원국 수에서 AIIB는 미국과 일본이 주도하는 ADB를 훨씬 능가하였다(Y. Wang, 2019).

〈표 3〉 세계통화금융질서의 대립: 중국 대 미국

| | NDB | 세계은행 | CRA * | IMF | AIIB | ADB |
|---|---|---|---|---|---|---|
| 주요국<br>지분 | 중국(20)<br>러시아(20)<br>인도(20)<br>브라질(20)<br>남아프리카(20) | 미국(16.05)<br>일본(8.94)<br>중국(5.76) | 중국(410)<br>러시아(180)<br>인도(180)<br>브라질(180)<br>남아프리카(50) | 미국(17.69)<br>일본(6.56)<br>중국(4.00) | 중국(30.34)<br>인도(8.52)<br>러시아(6.66)<br>독일(4.57)<br>한국(3.81) | 미국(15.6)<br>일본(15.7)<br>중국(6.47) |
| 총재 | 순환(현재 인도) | 미국 | 순환 | 유럽 | 순환(중국) | 일본 |
| 회원국 | 5 | 188 | 5 | 188 | 100 | 67 |
| 자본금 | 500억 $ | 2232억 $ | 1,000억 $ | 3620억 $ | 1000억 $ | 1628억 $ |
| 설립<br>목적 | 사회간접자본<br>지속가능한 성장 수요<br>충족 | 전쟁 복구<br>개발 지원 | 외환 위기 대비 | 외환 위기<br>대비 | 사회간접자본<br>투자 | 빈곤퇴치 |

* 현재까지 미설립: 자본 분담금
출처: 각 기관 홈페이지 및 언론 보도 필자 종합.

이런 성과에도 불구하고, 미국과 본격적인 통화경쟁을 할 정도로 발전했다고 볼 수 없다. 달러화의 경쟁자로 간주되어 왔던 유로화가 2010년 유럽연합(EU) 회원국의 재정위기 이후 약화되면서 미국 달러화의 비중이 더 커지는 추세가 등장하였다(Prasad, 2019). 그림 4에서 나와 있듯이, 중국인민대학 국제화폐연구소는 2015년 주식시장 폭락 이후 자본통제 강화로 위안화 국제화가 2017년까지 후퇴한 것으로 평가하였다. 그림 5의 스탠다드차타드은행의 위안화 국제화지수도 2015년 이후 진전되지 않았다.

<〈그림 4〉 위안화 국제화 지수

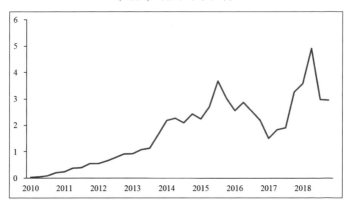

출처: International Monetary Institute (2019: 11).

〈그림 5〉 위안화 세계화 지수

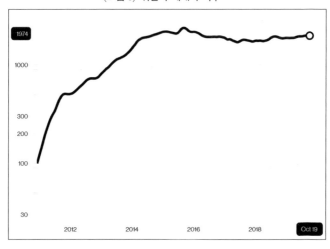

출처: Standard Chartered Global Research (2019).

중국이 미국에 영향력을 미칠 수 있는 수단은 외환보유고가 거의 유일하다. 대미 무역흑자가 누적되면서 중국의 외환보유고는 2015년부터 계속 증가되었다. 외환보유고 운영을 직접 책임지는 중앙은행 산하의 중국 국가외환관리국(國家外匯管理局, State Administration of Foreign Exchange)은 물론 재무부가 설립한 국부펀드인 중국투자공사(中国投资有限责任公司, China Investment Corporation)는 막대한 재원을 전 세계에 전략적으로 투자하고 있다. 중국 정부와 중앙은행이 공식적으로 의지를 표명한 적은 없지만, 전현직 고위관리들이 중국이 보유하고 있는 미국의 국채를 투매할 수 있다는 위협을 한 적이 있다. 중국의 위협에 대응하기 위해 미국은 2012년 중국이 가지고 있는 미국 국채를 국가안보 차원에서 의무적으로 위험을 평가해야 하는 조항을 국방수권법(National Defense Authorization Act) 개정안에 삽입하였다(Office of the Secretary of Defense, 2012). 또한 중국은 외환보유고의 약 60% 내외로 추정되는 달러화 자산의 비중을 줄이기 위한 노력을 추진하고 있다. 최근에 중국이 세계금융시장에서 달러화의 대안으로 취급되는 금 구매량을 증가시키고 있다. 탈(脫)달러화 정책은 미국의 압박에 대한 정치적 대응인 동시에 달러화 가치가 하락할 것에 대비한 투자 전략이라는 점에서 지속될 가능성이 높다.

전통적 방식으로 달러화에 도전하는 것이 사실상 불가능하다고 판단한 중국은 핀테크와 디지털통화를 활용하는 방법을 모색하고 있다. 세계 최대의 디지털 경제를 보유한 중국은 핀테크의 거래 및 투자 규모에서 미국에 앞서 있다. 특히 중국을 대표하는 알리바바와 텐센트는 중국뿐만 아니라 해외에서 모바일결제를 할 수 있는 네트워크를 구축 중이다(Zhang and Chen, 2019; Fannin, 2019; 이왕휘, 2018a). 중국이 추진하는 디지털 실크로드가 확장되면 이 네트워크는 위안화 블록을 형성할 수도 있을 것이다.

현재 중국인민은행이 개발한 중앙은행디지털통화(central bank digital currency: CBDC)은 위안화 국제화의 새로운 수단이 될 것으로 전망된다(Yao, 2018). 중국이 2013~17년 비트코인의 최대 채굴국이자 최대 거래국이었다는 사실을 볼 때, 중국은 CBDC를 사용할 수 있는 여건이 상당히 좋은 편이라고 할 수 있다. 2015년 이후 자본도피의 통로로 악용되었다는 점에서 암호자산에 대한 규제가 강화되어 왔지만, 중국 정부는 핀테크산업과 암호자산의 원천 기술인 블록체인의 연구개발을 적극적으로 지원해 왔다(Jie, 2018). 가장 상징적인 사례는 시진핑 주석이 직접 주재한 2019년 10월 24일 제18차 공산당 중앙정치국 집체학습에서 제시된 '블록체인 플러스'(区块链＋) 계획이다(新华社, 2019).

미국의 IT기업인 페이스북이 개발한 디지털통화인 리브라(libra)는 중국이 위안화로 표시된 CBDC의 해외 사용을 적극적으로 추진하는 계기를 제공하고 있다(J. Wang, 2019). 물론 리브라는 민간기업이 수익을 목적으로 발행한 암호자산이라는 점에서 법정통화인 CBDC와는 근본적 차이가 있다. 그러나 리브라가 미국 달러화의 패권을 확대하는데 기여할 것이라는 페이스북 창업자 마크 저커버그의 미국 하원 금융서비스 위원회 청문회에서 증언은 리브라가 CBDC의 경쟁자가 될 수 있는 가능성을 시사한다(Zuckerberg, 2019). 실제로 리브라의 가치는 달러화 비중이 50%인 통화바스켓— 유로(18%), 일본 엔(14%), 영국 파운드(11%), 싱가포르 달러(7%) —에 의해 결정된다. 리브라는 IMF의 SDR에 비해 달러와 파운드는 과대평가, 유로와 엔은 과소평가하고 있으며, 위안을 대신에 싱가포르 달러를 포함하고 있다(*Reuters*, 2019).


## V. 맺음말

향후 무역/통화경쟁은 세 가지 방향으로 진행될 수 있을 것으로 예상된다. 첫 번째는 협상을 통한 타협이다. 미국에 대해 등가성 원칙에 따라 보복 조치를 취해 왔지만, 중국은 상호존중, 평등 및 호혜의 원칙에 기초한 합의를 지속적으로 강조해 왔다. 2019년 12월 13일 1단계 합의를 기초로 양국이 2단계 합의를 성사시킨다면, 무역/통화경쟁은 완선히 해소되지 않더라도 상당히 완화될 것이다. 지난 2월 미국이 처음 제시했던 150쪽 합의문 초안은 1단계 합의 과정에서 86쪽으로 축소되었다(Kennedy, 2019). 따라서 2단계 합의의 관건은 나머지 64쪽에 담겨진 쟁점들을 중국이 얼마만큼 수용할 것인가에 좌우될 것이다.

2단계 합의에 도달하는데 가장 큰 장애물은 합의사항을 얼마나 성실하게 준수하고 있는가를 평가하고 감독할 수 있는 이행기제에 달려 있다. 미국은 중국 경제제도의 근본적 변화 없이는 지적 재산권 침해, 강제적인 기술 이전, 국영기업에 대한 보조금 지급 등과 같은 불공정 관행의 개선이 불가능하다고 주장하고 있다. 이런 이유에서 미국은 중국이 제시한 최고국가행정기관인 국무원의 행정법규의 개정을 거부하고 유일한 국가입법권을 가진 전국인민대표대회의 법률 제정을 요구하고 있는 것이다(Horsley, 2019). 중국은 미국의 요구가 상호존중, 평등 및 호혜의 원칙에 부합하지 않는다고 반박하고 있다. 실제로 미국의 주장과 같이 경제제도를 변화시킬 경우 개방개혁 이후 발전해온 중국적 특색의 사회주의적 시장경제의 제도적 기반이 침식될 수 있다. 이런 배경에서, 라이트하이저 USTR 대표는 앞으로 진행될 2단계 협상의 성공 여부는 미국과 중국의 대결이 아니라 중국 내 보수파와 개혁파의 승부에 달려 있다고 주장하였다(*CBS News*, 2019).

그렇다고 중국이 미국의 요구를 수용할 가능성을 전면적으로 배제할 수는 없다. 미국의 요구사항 중 일부는 경제 및 산업 구조를 수출에서 내수, 제조업에서 서비스업, 국가 주도에서 민간주도로 전환하는 공급측개혁(供給側改革)에 부합하기 때문이다. 1990년대 말 중국이 세계무역기구(WTO)에 가입할 때 서구의 경제적 식민지로 전락할 수 있다는 우려가 제기되었지만, WTO 가입한 지 20년도 되기 전에 세계 1위의 상품무역국으로 부상하였다. 단기적으로는 외압에 굴복한다는 정치적 비판을 피할 수 없겠지만, 장기적으로는 지적 재산권 강화 및 자본시장 추가개방 등과 같은 조치는 중국의 경제구조를 고도화하는데 도움이 될 수도 있다. 이렇게 중국이 미국의 요구를 구조개혁을 강화하는 계기로 활용한다면, 미국과 무역전쟁은 중국에게 불행으로 위장된 축복이 될 수도 있다(Jin, 2018).

두 번째는 이행기제에 대한 합의를 하지 못할 경우 미국과 중국 사이의 상호의존을 해체하는 디커플링 현상이 심화될 것이다(Pollack and Bader, 2019; W. Li, 2019). 화웨이 제재에 나타나 있듯이, 미국은 국가안보를 위해 무역, 투자 및 생산 모두에서 중국 의존도를 줄이기 위한 제도를 강화하고 있다. 중국 역시 미국의 보복에 대한 취약성과 민감성을 축소하기 위해 중국제조 2025, 인터넷 플러스(+)와 같은 수입대체전략을 강력하게 추진하고 있다(S. Li, 2019; 최계영, 2019). 중국이 중진국 함정을 피한다면, 중국은 경제성장을 위해 미국 시장에 상품을 수출해야 할 필요가 대폭 축소된다(Koopman and Bekkers et al., 2019; Lund and Manyika et al., 2019). 이럴 경우, 미국이 현재와 같이 중국을 압박할 수 있는 지렛대가 없어진다.

세 번째는 마이크 펜스 부통령이 경고한 신냉전(또는 냉전 2.0)의 가능성이다(Pence, 2018, 2019). 미중 사이의 전략적 갈등 속에서 무역전쟁이 경제-안보 연계를 상승시키면서 양국 모두 '호랑이 두 마리가 하나의 산자락에서 함께 살 수 없다'(一山不容二虎)는 인식에 도달한 것으로 보인다(Pu, 2019). 미국이 인도-태평양 전략을 통해 중국의 일대일로 구상을 봉쇄하려는 의도를 가지고 있기 때문에, 무역전쟁은 패권경쟁의 전초전이라고 평가되고 있다. 무역전쟁에서 지는 국가는 패권경쟁에서 불리한 상황에 처할 수밖에 없기 때문에, 미국과 중국 모두 일방적인 양보를 통해 타협을 하는 것이 매우 어렵게 되었다. 미국은 인도-태평양 전략, 중국은 일대일로 구상을 통해 독자적인 세력권을 형성하고 교류를 중단한다면, 세계경제가 미국 블록과 중국 블록으로 양분될 수도 있다.

디커플링과 신냉전이 어느 국가에 유리한가에 대해서는 논쟁의 여지가 있다. 무역/환율경쟁에 결정적 영향을 미치는 미국과 중국의 경제력 격차가 어떻게 변할 것인지가 확실하지 않기 때문이다. 만약 중국이 현재와 같은 성장률을 유지할 경우, 중국은 2030년을 전후 명목 GDP에서도 미국을 제치고 세계 1위가 될 것으로 추정된다. 중국경제의 규모가 커지게 되면 중국의 대외의존도가 낮아지고 대신 나머지 국가들의 대중 의존도가 상승할 것이다(Woetzel and Seong et al., 2019). 이렇게 될 경우 세계무역/통화금융질서는 미국 중심에서 중국 중심으로 이행될 것으로 전망된다(Mattoo and Staiger, 2019).

# 참고문헌

서봉교. 2018, 『중국경제와 금융의 이해: 국유은행과 핀테크 은행의 공존』(서울: 오래)

안성배·정영식·강태수·김효상·이천기·양다영·조고운. 2019, "미국의 중국 환율조작국 지정 전개와 영향,"『오늘의 세계경제』, Vol. 19, No. 20.

이왕휘. 2017, "세계금융위기 이후 미중 통화금융 패권 경쟁과 통화전쟁: 통화금융 책략의 관점," 하영선 편,『미중의 아태질서 건축 경쟁』(서울: 동아시아연구원).

_____. 2018a, "핀테크(金融科技)의 국제정치경제: 미국과 중국의 경쟁,"『국가전략』, 24권 2호.

_____. 2018b, "미중 무역전쟁: 미국 내에서 보호주의에 대한 저항과 중국의 대미 로비," 『국방연구』, 61권 4호.

_____. 2019, "미중 무역전쟁 - 원인·경과·쟁점·평가 및 전망,"『인차이나브리프』, No. 374.

조고운. 2019, "환율조작국 지정에 대한 중국의 입장과 대응,"『세계경제 포커스』, Vol. 2, No. 31.

최계영. 2019, "미·중 ICT 기술패권 경쟁과 상호의존성의 무기화,"『KISDI Premium Report』19-05.

余永定. 2019, "中美贸易战的回顾与展望,"『新金融评论』, 2019年03期.

商务部. 2018, "商务部新闻发言人就美301调查决定发表\谈话", 2018年3月23日.

国务院新闻办公室. 2018,『关于中美经贸摩擦的事实与中方立场』.

_____. 2019,『关于中美经贸磋商的中方立场』.

商务部. 2020,『中华人民共和国政府和美利坚合众国政府经济贸易协议』.

人民日报. 2020a, "钟声: 朝着解决问题的方向前进了一步," 1月16日.

_____. 2020b, "钟声: 在经济全球化进程中破解难题: 读习近平主席"达沃斯演讲"," 1月20日.

Agarwal, Isha, Grace Weishi Gu, Eswar S Prasad. 2019. "China's Impact on Global Financial Markets," *NBER Working Paper*, No. 26311.

Bannon, Stephen K.. 2019, "We're in an Economic War with China: It's Futile to Compromise," *Washington Post*, May 6.

Koopman, Robert, Eddy Bekkers, and Carolina Lemos Rego. 2019, "Structural Change in the Chinese Economy and Changing Trade Relations with the World," *CEPR Discussion Papers*, No. 13721.

Blustein, Paul. 2019, *Schism: China, America, and the Fracturing of the Global Trading System* (Waterloo: CIGI Press).

Bown, Chad P. 2019, "Phase One China Deal: Steep Tariffs Are the New Normal" (Peterson Institute for International Economics, December 19).

*CBS News*. 2019, "Transcript: Robert Lighthizer on 'Face the Nation,'" December 15.

Fannin, Rebecca A. 2019. *Tech Titans of China: How China's Tech Sector is Challenging the World by Innovating Faster, Working Harder, and Going Global* (Boston: Nicholas Brealey).

Horsley, Jamie P. 2019, "A Primer on How Chinese Law Might Enforce a US-China Trade Deal" (Brookings Institution, May 15).

International Monetary Institute. 2019, "RMB Internationalization Report 2019: High-quality Development and High-level Financial Opening up (Press Release)."

Jin, Keyu. 2018, "A US Trade War Could Propel China to Hasten Reforms at Home," *Financial Times*, April 30.

Jie, Jiang. 2018, "China Says "No" to Bitcoin, "Yes" to Blockchain Technology," *People's Daily*, February 9.

Jones, Lin, Meryem Demirkaya, and Erika Bethmann. 2019, "Global Value Chain Analysis: Concepts and Approaches," *Journal of International Commerce and Economics*, April.

Kennedy, Scott. 2019, "The Challenges of the 'Crazy Uncle' Strategy" (Center for Strategic and International Studies, May 7).

Li, Shaomin. 2019. "The Relocation of Supply Chains from China and the Impact on the Chinese Economy," *China Leadership Monitor*, No. 62.

Li, Wei. 2019, "Towards Economic Decoupling? Mapping Chinese Discourse on the China–US Trade War," *Chinese Journal of International Politics*, Vol. 12, No. 4.

Lund, Susan, James Manyika, Jonathan Woetzel, Jacques Bughin, Mekala Krishnan, Jeongmin Seong, and Mac Muir. 2019. *Globalization in Transition: The Future of Trade and Value Chains* (McKinsey Global Institute, January).

Mattoo, Aaditya and Robert W. Staiger. 2019. "Trade Wars: What do They Mean? Why are They Happening Now? What are the Costs?," *World Bank Policy Research Working Paper*, No. 8829.

Office of Trade & Manufacturing Policy. 2018. "How China's Economic Aggression Threatens the Technologies and Intellectual Property of the United States and the World" (Washington DC: The White House).

Pence, Mike. 2018, "Remarks on the Administration's Policy Toward China Foreign Policy" (Hudson Institute, October 4).

_____. 2019, "Remarks by Vice President Pence at the Frederic V. Malek Memorial Lecture" (Wilson Center, October 24).

Pollack, Jonathan D. and Jeffrey A. Bader. 2019, "Looking Before We Leap: Weighing the Risks of US-China Disengagement," Brookings Institution.

Prasad, Eswar. 2019, "Has the Dollar Lost Ground as the Dominant International Currency?," Brookings Institute.

Pu, Xiaoyu. 2019, "One Mountain, Two Tigers: China, the United States, and the Status Dilemma in the Indo-Pacific," *Asia Policy*, Vol. 14, No. 3.

*Reuters.* 2019, "U.S. Dollar to be Main Currency Underpinning Facebook's Libra: Spiegel," September 20.

Standard Chartered Global Research. 2019, "Renminbi Globalisation Index," https://www.sc.com/BeyondBorders/infographics/rgi-tracker/ (2019/12/30).

Steil, Benn. 2019, "Central Bank Currency Swaps Tracker," https://www.cfr.org/article/central-bank-currency-swaps-tracker (2019/12/30).

U.S. Department of Commerce. 2019, "Trade in Goods with China," https://www.census. gov/foreign-trade/balance/c5700.html (2019/12/30).

U.S. Department of Treasury. 2016~2019, *Macroeconomic and Foreign Exchange Policies of Major Trading Partners of the United States.*

_____. 2019, "Treasury Designates China as a Currency Manipulator," August 5.

U.S. Trade Representative (USTR). 2018. *The 2018 Trade Policy Agenda and 2017 Annual Report.*

Wang, Jiamei. 2019, "China cannot be Absent from the Era of Global Digital Currency Competition," *Global Times*, June 24.

Wang, Yong. 2019, "China's New Concept of Global Governance and Action Plan for International Cooperation," *CIGI Papers*, No. 233.

Woetzel, Jonathan, Jeongmin Seong, Nick Leung, Joe Ngai, James Manyika, Anu Madgavkar, Susan Lund, and Andrey Mironenko. 2019, "China and the World Inside the Dynamics of a Changing Relationship," McKinsey Global Institute.

World Bank. 2019, "Current account balance (% of GDP)," https://data.worldbank.org/indicator/BN.CAB.XOKA.GD.ZS (2019/12/30).

Xing, Yuqing and Neal Detert. 2010, "How the iPhone Widens the United States Trade Deficit with the People's Republic of China," *ADBI Working Papers*, No. 257.

Xing, Yuqing. 2014, "Measuring Value Added in the People's Republic of China's Exports: A Direct Approach," *ADBI Working Paper*, No. 493.

Yao, Qian. 2018, "Technical Aspects of CBDC in a Two-tiered System," *ITU Workshop on Standardizing Digital Fiat Currency(DFC) and its Applications* (New York City: July 18–19).

Zhang, Longmei and Sally Chen. 2019, "China's Digital Economy: Opportunities and Risks," *IMF Working Paper*, No. 19/16.

Zhou, Xiaochuan. 2009a. "Reform the International Monetary System," http://www.pbc. gov.cn/english//detail.asp?col=6500&ID=178 (2019/12/30).

_____. 2009b, "On Savings Ratio," http://www.pbc.gov.cn/english//detail.asp?col=6500&ID=179 (2019/12/30).

Zuckerberg, Mark. 2019, "Hearings before the United States House of Representatives Committee on Financial Services," October 23.

# 4장

## 미중 패권경쟁과 동아시아 해양분쟁

**최지현**

한국해양수산개발원 부연구위원

**IFES**

경남대 극동문제연구소
국제관계연구 시리즈 36

# I. 미중 패권경쟁과 동아시아 해양분쟁의 특징

미국은 이 지역의 중요한 행위자이지만 연안국은 아니다. 이 점은 다른 분야에 있어서 미중 간의 패권경쟁과 다른 차이를 가져온다. 동시에 그만큼 양자에게 다가오는 무게감의 차이가 다르다. 한 국가(중국)에게는 '핵심이익'에 해당하는 영역이지만 다른 한 국가(미국)에게는 '법의 지배'(Rule of Law)를 주장하는 것으로 충분한 영역이 되게 한다. 미중 사이에 유엔해양법협약으로 대표되는 '해양법'에 따른 관할권 분쟁은 존재하지 않는다. 다만 중국이 연안국과 벌이고 있는 해양 분쟁에 대해서 미국은 후견인적인 입장에서 공세를 취하거나 혹은 중국을 상대로 국제법에 따른 해결을 요구하는 방식으로 벌어지고 있다.

미중 패권이 해양에서 부딪히는 양상은 다음과 같이 분류할 수 있다. 첫 번째는 진영 간 세력 및 전략 대결이다. 중국은 일대일로라는 전략을 통하여 유라시아를 하나의 경제권으로 묶으려는 계획을 추진하고 있다. 이에 반해서 미국을 위시한 일본, 호주가 인도-태평양 전략을 취하고 있다. 이러한 진영 간 대결 구도 안에서 미중의 패권이 해양에서 부딪히고 있다. 특히 미국은 일본, 인도, 호주 등의 국가들과 해양에서 안보적 협력 및 동맹 관계를 강화하고 있으며, 해양을 중국을 포위하는 전략 공간으로 보고 있는 경향이 강하다. 중국 역시 러시아 등 우방국과의 협력을 강화하면서도 해상을 통한 무역로 확보에 심혈을 기울이고 있다.[1]

두 번째는 지역국가 분쟁의 뒤에 미국의 후견인으로 역할을 하는 것이다. 남중국해 분쟁이나 동중국해 분쟁이 여기에 해당한다. 남중국해 분쟁의 경우는 미국이 조금 더 적극적인 역할을 하는 분쟁으로 볼 수 있다. 남중국해에서 중국을 직접적으로 대면하고 있는 국가는 베트남과 필리

---

1    이 부분에 대해서는 이 책의 1장에서 검토하고 있으므로 구체적인 설명은 1장을 참고하는 것으로 이 장에서는 설명하지 않는 것으로 한다.

핀을 위시한 아세안 소속 국가들이기 때문에 미국의 역할이 더 두드러지게 나타난다. 이와 다르게 동중국해 분쟁의 경우는 중국의 반대 당사자로 일본이 존재하고 있기 때문에 미국의 지원은 간접적인 방식으로 나타나고, 이 해역에서 중국과 미국이 직접적인 충돌을 잘 보이지 않는다. 다만 동중국해 분쟁의 경우에는 중국과 일본 사이 지역주의 패권 전쟁의 성격이 공존하고 있어 그 성격이 다층적 구조를 가지고 있다. 그 만큼 미국의 역할이 감소되는 것이지만 분쟁의 강도는 더 강하게 나타나기도 한다.

이러한 미중 간의 해양에서 이루어지는 패권전쟁은 현 지역에서 민족주의 구도와 섞이면서 갈등의 스펙트럼을 강화 및 굴절시키는 현상을 보이고 있다. 특히 해양에서 벌어지는 섬의 영유권 귀속과 관련한 영토 분쟁, 배타적 경제수역 및 대륙붕 등 관할권 다툼, 그리고 그 해역에 잠재되어 있는 천연자원의 개발 및 개발 활동에서 기인하는 갈등은 동아시아 지역에서는 민족주의와 융합되어 있다. 민족적 색채가 강하게 남아 있는 동아시아 지역에서 중국의 일방적인 해양 활동은 베트남과 필리핀 등지에서 민족주의를 강화시키고 있으며, 이러한 민족주의 경향이 강화되면 될 수록 해당 분쟁의 뒤에서 미국이 중국을 압박할 수 있는 기회는 증대된다.

반대로 민족주의 경향이 이 지역의 미중 간의 대치구도를 완화하는 역할을 하기도 한다. 미국은 동북아시아 지역에서 미국과 일본 및 한국을 하나의 연합체로 하여 중국에 대해서 대항할 수 있기를 원하지만 미국의 생각만큼 일본과 한국 사이의 협력이 이루어지지는 않고 있다. 그 이유는 한국과 일본 사이 식민지배로 인한 과거사 문제, 즉 위안부 문제, 강제징용문제, 식민지배 사과 및 불법지배 인정 문제, 독도문제 등의 문제로 일본과 한국 사이에는 2000년대 이래로 매년 그 관계가 틀어지고 있기 때문이다. 사실상 과거사 문제를 가지고 있는 우리는 일본과 대항해서 중국과 동일한 입장을 취하는 것이 다반사이다. 이러한 복잡한 지역

구도는 미중 간의 대치를 약화시키는 역할을 하기도 한다.

이와 별개로 미국과 중국이 예외적으로 해상에서 직접적으로 대면하거나 대치하는 상황이 발생하기도 한다. 이는 해상작전 중에 함대 간 혹은 해군 선박을 통한 충돌로 나타나는데 미국이 현재 벌이고 있는 항해의 자유 작전 및 2016년에 발생했던 중국 해군의 미 해군 무인잠수정(혹은 수중 드론) 나포 사건 등이 여기에 해당한다.

## Ⅱ. 미중 패권경쟁 구도에서 벌어지는 해양분쟁

### 1. 남중국해 분쟁

#### 1) 기본구도

미국에서 오바마 정부가 출범하면서 미국은 동아시아 지역에 대한 재관여를 시사하였다. 1기 오바마 행정부 국무장관이었던, 힐러리 클린턴 국무장관은 재임기간 중에 아세안 지역 포럼 등에서 남중국해 문제를 적극적으로 제기하면서 미국과 중국 사이 남중국해 문제가 고조되기 시작하였다. 2011년 7월 22일 미국의 힐러리 클린턴 장관은 중국과 아세안의 2002년 '남중국해 행동 선언(Declaration of the Conduct: DOC)' 채택을 평가하면서 중국의 9단선 주장이 유엔해양법협약(United Nations Convention on the Law of the Sea)에 따른 것이어야 한다고 하여 9단선을 통한 중국의 과도한 해역 주장에 대해서 비판적 입장을 표시하였다(Dept. of State, 2011a). 이후 7월 24일 클린턴 장관은 성명서를 통해 양자의 남중국해 관련 주장에 대해서 미국이 특별히 입장을 취하는 것은 없으며, 각자가 상호 주장을 공개적이고 구체적으로 제시하는 것이 필요하다고 하여(Dept. of State, 2011b) 한편으로는 중국에게 9단선의 법적 근거가 상당히 불분명하다는 점을 우회적으로 비판하였고, 다른 한편 아세안

국가들을 상대로는 200해리 배타적 경제수역 및 대륙붕에 대한 권리를 토대로 중국에게 해양법상의 권원을 주장할 필요가 있다는 점을 지적하였다.

이러한 상황에서 2013년 1월 22일 필리핀은 남중국해 문제와 관련하여 중국을 상대로 유엔해양법협약 위반을 이유로 협약상의 분쟁해결기관(이 사건의 경우 중재재판)[2]에 제소하였고, 필리핀은 유엔해양법협약 제7부속서 상의 중재재판을 제기하여, 중국의 남중국해에서의 9단선 주장 및 섬에 대한 간척행위, 어업 방해 행위 등을 지적하며 유엔해양법협약 위반을 주장하였다. 필리핀의 소제기 뒤에는 미국이 입김이 있었다는 것이 중국의 주장이었다. 미국은 항상 남중국해 문제를 지적하면서 항상 유엔해양법협약에 기반한 문제해결을 강조하여 왔으며 이러한 점은 충분히 중국이 그 배후에 미국에 있다는 점을 의심하기에 충분한 것이었다.

남중국해 분쟁은 오바마 행정부 아래에서 미국과 중국이 가장 격렬하게 대치했던 해역이면서도 동시에 미국이 분쟁의 당사자가 아님에도 불구하고 이 해역에서 자신의 국익을 강조하여 충돌하였던 해역이다. 특히 항해의 자유 활동을 포함한 미 해군의 군사활동 과정 중에서는 중국과 직접적으로 충돌했던 해상 분쟁이다.

2) 분쟁의 배경 및 경과

남중국해 분쟁의 본질은 미국과 중국의 패권 대결로 이해하는 것이 타당하다. 그러나 남중국해 분쟁의 출발은 중국의 9단선 주장과 이에 따른

---

2  「유엔해양법협약」에 따르면 협약상의 분쟁을 해결하기 위한 재판기관으로는 국제해양법재판소(International Tribunal for the Law of the Sea), 국제사법재판소(International Court of Justice), 중재재판, 특별중재재판이 있다. 당사국들이 동일한 재판기관을 선택하지 않은 경우라면 중재재판에 따라 분쟁을 해결하도록 하였다(협약 제287조 참조).

영유권 분쟁 및 해상 관할권 분쟁이다. 중국이 9단선을 처음 주장했던 것은 1947년에서 1948이다. 당시 중국의 국민당 정부는 서사·남사군도에 출병하여 남중국해의 도서를 국가의 경계로 제정하여 남해(남중국해) 지도를 출판하였다. 1933년 4월 베트남을 식민지배하고 있던 프랑스가 탐험대를 보내 남사군도의 주도(主島)를 포함하여 남사·서사군도의 6개의 섬을 강제로 점령했다가 이후 9개로 늘리는 사태가 발생하였다. 이후 중국 국민당 정부는 국민정부에서는 신속하게 "수륙지도심사위원회(水陆地图审查委员会)"를 만들었고, 동사·서사·남사·중사 군도를 표기한 〈중국 남해 각 도서 지도(中國南海各島嶼圖)〉를 게재하였다(주타이베이대표부, 2014/05/13). 이후 1946년 9월 25일 국민당 정부는 위의 1935년 지도에 기반하여 〈중화민국령 남중국해 주요 도서 위치 지도〉를 발표했고 11단선(Eleven Dash-Line, U-shape Line)을 처음으로 표기하였다(주타이베이대표부, 2014/05/13). 이후 1953년 중국은 9단선을 확정하면서 통킹만을 제외하였다(주타이베이대표부, 2014/05/13).

9단선의 법적 성격이 무엇인지와 관련하여 4가지 견해가 존재한다(新浪军事, 2014/02/07). ⅰ) 국경선이며, 그 밖은 공해라는 견해, ⅱ) 중국이 역사적 수역선을 보여주는 선이라는 견해, ⅲ) 9단선이 중국의 역사적 소유권을 보여주며, 선 내부의 섬, 암초, 모래사구는 중국의 영토에 귀속되며 내수 이외의 수역은 중국의 배타적 경제수역과 대륙붕이라는 역사적 권리라는 견해. ⅳ) 선 내부의 도서가 중국의 섬이라는 점을 보여주는 것이라는 견해가 있다.

〈그림 1〉 9단선 위치

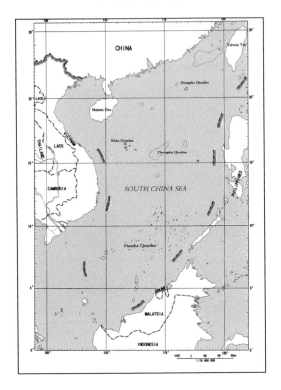

출처: UN DOALOS (2009/05/07).

중국은 필리핀의 남중국해 중재재판에 관한 소제기에 대해서 중재재판소의 관할권 부존재를 주장하며, 재판에 불출석하였다. 그러나 "필리핀 공화국이 회부한 남중국해 중재 관할권 문제에 관한 중화인민공화국 정부의 입장"(Ministry of Foreign Affairs, PRC, 2014/12/07)이라는 성명을 발표하면서, 사실상 필리핀의 제소 및 주장에 대해서 자신의 입장을 피력하였다. 9단선과 관련하여 그 성명서는 중국이 "중국은 남중국해 도서(Dongsha Islands, the Xisha Islands, the Zhongsha Islands and the Nansha Islands) 및 인접 수역(adjacent waters)에 관한 명백한 주권을 갖고 있다"

고 하였으며, 1948년 남중국해에 단선을 표시한 공식 지도를 발행하였다는 점과 이것이 남중국해에서 중국의 영토 주권과 관련 해양 권리 및 이익을 확인시켜 준다고 하였다(UN DOALOS, 2009/05/07). 즉, 이러한 입장은 해당 수역에 대한 중국의 권리를 주장할 뿐만 아니라 남중국해 도서에 대해서도 자신의 영유권을 주장한 것으로 이해할 수 있다.

현재 서사군도(영어, Paracel Islands)에 대해서는 중국과 베트남이 각각 권원을 주장하고 있다. 서사군도에 대해서 베트남 전쟁 중에 남베트남은 Crescent Group에 기상관측소를 유지하면서 다수의 군인들을 주둔시켰다. 중국은 1974년 1월 소규모 남베트남 군대가 주둔한 Crescent Group을 무력으로 점령하였다. 남북으로 베트남이 분단되었을 당시 현재 북베트남 공산정부는 중국의 서사군도에 관한 지배에 대해서 공식적으로 항의하지 않았으나, 현재는 1974년에 중국의 무력점령이 국제법상 무효라고 주장하고 있다. 중국 정부는 2012년 해남도 아래에 싼사시(市) 행정구역을 창설하고 서사군도와 중사군도, 남사군도 등 남중국해 3개 군도 지역을 관할하는 것으로 하였다.

남사군도(영어, Spratly Islands)에 대해서 중국은 모든 남사군도 내의 도서에 관해서 주권을 주장하고 있다. 베트남과 필리핀, 말레이시아, 브루나이가 일부 섬에 대해서 영유권을 주장하고 있으며, 대만의 경우는 현재 남사군도의 가장 큰 섬인 태평도(영어, Itu Aba)에 군대를 보내고, 사실상 지배하고 있는 상황이다. 반면 인도네시아는 영유권 주장을 하고 있지 않은 상황이다.

스카보러섬의 경우에는 중국과 필리핀이 강력하게 부딪치고 있으며, 중국은 중사군도(Zhongsha islands)의 일부 섬으로 간주하여 배타적 경제수역 및 대륙붕을 가지는 섬이라는 입장인 반면, 필리핀 해역 내의 섬이 아닌 바위들로 구성된 암초(Reef)라는 입장이다.

## 3) 남중국해 중재재판 사건

남중국해 중재재판이라는 법률 분쟁을 촉발시킨 것은 2009년 말레이시아와 베트남이나. 유엔해양법협약 제76조에 따르면 연안국이 200해리 이원까지 대륙붕의 한계를 확장하기 위해서는 대륙붕한계위원회(Commission on the Limits of the Continental Shelf: CLCS) 관련 정보를 제출하여야 한다. 2009년 말레이시아와 베트남은 중국의 9단선 내부 해역의 상당 부분을 포함하는 해역에 대해서 200해리 이원 대륙붕에 관한 정보를 공동으로 제출했다. 중국은 이에 항의하는 구상서를 제출했고 이 내용 중에 소위 '9단선'이 표시된 지도가 첨부되어 있었다. 중국은 "남중국해 도서와 인접 수역에 대하여 주권을 가지며, 해저 및 하층토와 관련 수역에 대하여 주권적 권리 및 관할권을 가진다"고 주장하였다.[3] 이후 중국은 스카보러섬 주변의 필리핀 어민을 강제로 축출하였고, 2013년부터 본격적으로 남사군도에서 대규모 간척사업을 진행하면서, 활주로와 항구를 건설하고 군사 요새를 건설하였다.

남중국해에서 중국이 일방적 활동을 지속하자, 필리핀은 2013년 1월 22일 유엔해양법협약 제7부속서상의 중재재판을 제기하였다. 중국은 재판관할권이 없다고 반대주장을 펼치면서도 동시에 재판 절차에 참여하지 않겠다는 입장을 취하였다. 즉 관할권이 없다는 항변을 소송상 제기한 것은 아니었던 것이다. 이에 대해서 중재재판부는 중국의 공식적인 소송상 관할권 부존재 항변이 없음에도 직권으로 절차를 분리해서 관할권 및 소송적격에 관한 요건만 따로 판단하기로 결정하였으며, 2015년

---

3    서사군도는 약 130여개의 소도서로 구성되어 있으며, 이는 둘로 나눠지는데 하나가 Northeast Amphitrite Group이고, 다른 하나는 Western Crescent Group이다.

10월에는 관할권 및 소송적격의 존재를 인정하는 판결을 내렸다.[4] 더 나아가 2016년 7월 12일에는 본안에 관한 판결을 내리면서 필리핀이 제기한 청구 대부분을 인용하는 중재판정을 내렸다.[5] 중국이 제기한 청구는 15가지였으며, 중재재판소는 일부 청구를 제외한 대부분을 인용하였다.[6] 일단 중국의 9단선 주장 및 과도한 해양관할권 주장에 대해서 중국이 9단선 주장을 할 수 있는 유엔해양법협약상 권원은 존재하지 않는다고 하였다. 또한 중국의 대규모 간척 행위 등이 필리핀의 배타적 경제수역 및 대륙붕을 침해하는 행위라고 하였다. 이어서 중국의 필리핀 배타적 경제수역 및 대륙붕 등에서 필리핀의 조업을 방해하는 행위를 확인하고, 중국의 어업 행위가 해양환경을 침해하는 행위라는 점을 인정하였다.

2016년 7월 중재판정에 대해서 중국 정부는 일관되게 그 효력을 부인하고 있다. 일단 중국 국무원 판공실에서는 판정이 내려진 12일에서 하루 지난 13일 성명을 통해 그 중재판정의 효력을 부인하고 중국과 필리핀 사이의 양자 협상에 의하여 해당 분쟁이 해결되어야 한다는 입장을 발표하였다(The State Council Information Office, PRC, 2016/07/13).[7] 특히 남사군도가 중국의 고유영토(inherent territory)라는 점을 주장하고,[8] 사실상 남중국해 중재재판에 분쟁의 대상은 영토 분쟁이라는 점을 지적하였

---

[4]　Note Verbale CML/8/2011 from the Permanent Mission of the People's Republic of China to the UN Secretary-General with regard to the joint submission made by Malaysia and Viet Nam to the Commission on the Limits of the Continental Shelf (May 7, 2009).

[5]　The Republic of Philippines v. The People's Republic of China, Award on Jurisdiction and Admissibility, October 29, 2015.

[6]　The Republic of Philippines v. The People's Republic of China, Award on the Merits, July 12, 2016.

[7]　15개 청구 및 중재재판소의 본안 인용에 관해서는 김원희(2016: 76-77)를 참조.

[8]　"China Adheres to the Position of Settling Through Negotiation the Relevant Disputes Between China and the Philippines in the South China Sea" (The State Council Information Office, PRC, 2016/07/13).

다.[9] 다만, 유엔해양법협약의 발전으로 해당 분쟁이 중국과 필리핀 사이의 경계획정에 관한 문제로 발전되어 갔다고 주장하였다.[10] 이러한 상황에서 필리핀과 중국은 상호 간의 분쟁을 협상을 통해서 해결하기로 합의하였으며, 해당 문제를 원만하게 해결하고 관리하기로 합의한 바 있다는 점을 강조하였다.[11] 또한 해당 분쟁은 양자가 이미 합의한 분쟁해결 방식인 협상을 통해서 해결되어야 한다는 입장을 취하고, 그럼에도 필리핀이 분쟁을 가중시키면서 결국 일방적으로 중재재판을 제기했다고 하여 비난의 화살을 필리핀에게로 돌렸다.[12] 동시에 중국은 자신들을 지지하는 국가가 다수라고 선전하였으나, 실상 중재판정의 효력을 부인한 중국의 입장을 지지한 국가는 거의 없었다. 중국의 주장은 과장된 주장이었으며 오히려 서방 선진국들의 모임인 G7에서는 2017년 4월 외교 장관회의에서 중재재판의 판정 이행을 촉구하는 성명을 낸 바 있다(*CNN Philippines*, 2017/04/20).

4) 현황

(1) 중국과 아세안 국가들의 분쟁 해결 노력 현황

중재판정이 내려진 이후 중국은 개별 국가와의 관계 개선을 위하여 노력하였다. 때마침 들어선 필리핀의 두테르테 대통령이 일단 경제 협력을 위하여 중재판정은 "치워두자(set aside)"(*South China Morning Post*, 2016/12/17)고 하면서 양국 사이 협력을 강조하는 입장을 취하였다. 이에 따라 중국은 필리핀 정부와 협력을 통하여 일단 상호간 경제 개발을 추진하는 정책을 취하였다. 중국과 베트남은 공산당의 내부 협력을 통하여 양국 간 긴장을 해소하려고 노력하고 있다. 하지만 남중국해 9단선을 둘

---

9    The State Council Information Office, PRC, 2016/07/13: para. 8.

10   The State Council Information Office, PRC, 2016/07/13: para. 55.

11   The State Council Information Office, PRC, 2016/07/13: paras. 69-72.

12   The State Council Information Office, PRC, 2016/07/13: paras. 73-91.

러싼 양국 사이 분쟁은 악화일로에 있으며 양자간의 국민감정은 갈수록 나빠지고 있는 상황이다. 특히 2019년에는 베트남 대륙붕에서 (중국의 9단선 내측) 석유 탐사 작업을 진행하였다. 이로 인하여 한때 베트남은 필리핀의 경우처럼 유엔해양법협약상의 국제재판을 제기하는 방안을 심각하게 고민한 적도 있었다.

중국과 아세안의 다자관계 틀 내에서도 이 문제 해결을 위한 노력이 진행되고 있다. 아세안 소속 국가들과는 '남중국해 행동 강령(Code of Conduct: COC)' 체결을 위하여 준비하고 있으며(中华人民共和国外交部, 2017/03/08), 2017년 5월 18일에는 아세안과 중국이 행동강령에 초안에 서명하고 양자 간의 협력을 진행한다고 합의하였다. 2019년까지 DOC 실천을 위한 17차 고위급 회담이 진행되었으며, 이를 통하여 COC 채택을 위한 노력이 상호간에 계속되고 있다.[13] 또한 2019년 7월 31일에는 중국과 아세안 외교장관 회담 이후 왕이 외교부장은 국내외 언론 인터뷰를 통하여 아세안과 중국 사이 'COC' 단일 합의문 초안에 대한 제1차 심사가 완료되었다는 점을 발표한 바 있다(中华人民共和国外交部, 2019/08/01). 그러나 언제 COC 합의가 완료될 것인지에 대해서는 명확한 일자를 밝히지는 않아 향후 최종 협상 타결을 위하여 얼마나 오랜 시간이 소요될 것인지는 예상할 수 없는 상황에 놓여 있다.

(2) 중국과 미국의 남중국해 대립 양상

이러한 개별 국가들과 중국의 남중국해 논의 상황에 대해서 미국은 중립적인 입장을 취하면서도 자신의 역할을 증대하는 전략을 취하고 있다. 일단 미국은 중국을 상대로 유엔해양법협약을 위시한 해양법 및 국제법을 준수할 것을 요구하고 있다. 중재판정이 내려진 이후인 2016년 9월 4일 오바마 대통령은 중국 항저우에서 개최되는 G20 정상회담 참석 이

---

13    The State Council Information Office, PRC, 2016/07/13: paras. 92-118.

전 CNN과의 인터뷰에서 남중국해에서 중국의 힘의 과시에 경고하고, 국제법을 지킬 것을 강조한 바 있다(*The Guardian*, 2016/09/03).

다른 한편으로 미국은 '항해의 자유 작전'(Freedom of Navigation Operations: FONOPs)을 실시하면서 남중국해에서 영향력을 확대하려고 하였다. 미국이 자신의 해양법 상의 권리 증진을 위하여 벌이는 활동이며, 주로 해군이 이러한 작전을 벌이고 있다. 유엔해양법협약이 채택된 이래로 미국은 해군을 위시한 자신들의 해양에서의 영향력이 약화될 것을 염려하여, 다른 국가의 관할해역에서 다양한 작전을 벌여 왔다. 특히 미국은 다른 국가들과는 비견되게 영해에서 군함의 무해통항권을 주장하고 있으며, 또한 특정 해역 및 해협에서 자신들 군함의 자유로운 통항권을 주장하고 있는 상황이다. 이를 위하여 매해 군함을 위한 통항 작전을 전 세계 곳곳에서 벌이고 있으며, 이러한 사실을 미 국방부 홈페이지에[14] 공개하는 방식을 통하여 자신의 국제법상의 입장을 강화해 왔다.[15] 그러나 일반적인 항해의 자유 작전과는 다른 방식을 남중국해에서는 취하였다. 남중국해에서 미국은 자신이 '항해의 자유 작전'을 실시할 것이라는 점과 실시한 사실에 대해서 대대적으로 언론을 통하여 공표하는 방식을 취하였다. 중재판정이 내려진 이후인 2016년 7월 26일, 미 해군 참모총장 존 리차드슨(John Richardson) 제독은 남중국해에서 미 해군이 '항해의 자유 작전'을 계속하겠다는 점을 천명하였다(*CNN*, 2016/07/26; *Foreign Policy*, 2016/07/26). 이미 미국은 2015년 10월 23일 1차 '항해의 자

---

14  2019년 12월까지 최종회담은 2019년 5월 18일 항저우에서 개최되었다.

15  미 국방부 항해의 자유 작전 관련 보고서(*DoD Annual Freedom of Navigation (FON) Reports*), https://policy.defense.gov/OUSDP-Offices/FON/

유 작전',[16] 2016년 1월 29일, 2차 '항해의 자유 작전',[17] 2016년 5월 10일 3차 '항해의 자유 작전'을 시행한 뒤였다.[18] 이후 미국은 2016년 10월 21일에 4차 '항해의 자유 작전'을 벌였다.[19]

2016년 대선에서 당선된 트럼프는 중국을 상대로 유화적인 제스처를 취하며 군이 중국과의 대결 노선을 택하지 않을 수 있다는 입장을 취하기도 하였다. 그러나 중국을 통한 북한 압박이 실패로 돌아가자 남중국해에서 이전 오바마 행정부의 전략으로 회귀하여 항해의 자유 작전을 새롭게 시작하였다. 2017년 5월 24일 미 해군 구축함 듀이함이 남중국해 남사군도 제도 주변 미스치프 리프 12해리 이내 해역을 항해하며, '항해의 자유 작전'을 재개하면서 트럼프 대통령 취임 이후 첫 훈련(5차 항해의 자유 작전)을 새롭게 재개하였다(Reuters, 2017/05/25). 이후 미국은 지속적으로 '항해의 자유 작전'을 현재까지 수행하고 있다.

미국이 바다에서 해군 활동을 강화하고 있다면, 중국은 남사군도에서 자신이 점령하고 있는 섬의 지배권을 강화하는 방향으로 자신의 전략을

---

16  이러한 실행은 유엔해양법협약으로 자신들의 기존 입장과 배치되는 조약이 체결되고 이를 통하여 자신들의 입장과 배치되는 국제관습법이 형성된다고 하더라도 이에 구속되지 않으려는 법적 효과를 의도하고 있다. 일단 미국은 유엔해양법협약의 당사국이 아니므로 조약은 유엔해양법협약에 구속되지 아니한다. 또한 유엔해양법협약이 전 세계 대다수의 국가들에 의하여 준수되어서 그것이 전 세계 국가 일반을 구속하는 국제관습법이 된다고 하더라도 자신은 지속적으로 이와 반대되는 입장을 지속적으로 명백하게 보여 왔기 때문에 이에 구소되지 않는다는 점(소위 국제법상, '지속적 반대적 이론')을 확인받기 위한 행동이다.

17  미 해국 구축함 Lassen호가 중국이 인공 섬을 건설한 수비 리프와 미스치프 리프 12해리 이내를 통과했던 사건을 말한다(The Diplomat, 2015/10/07 참조).

18  서사군도 인근에서 미 해군 구축함인 Curtis Wilbur가 사전 통보 없이 파라셀 군도(시사군도) 중젠다오(中建島) 12해리 해역으로 진입하였던 사건을 말한다(Reuters, 2016/01/30).

19  미 구축함 William P. Lawrence호가 남중국해 남사군도 및 피어리크로스 암초 12해리 안을 항해하였던 사건을 말한다(The Diplomat, 2016/05/10 참조).

발전시켰다. 남중국해 중재판정의 경우 유엔해양법협약의 위반 여부만을 판단한 것이기 때문에 영유권 문제에 대해서는 판단을 하지 않았다. 비록 남중국해 중재판정은 중국의 대규모 간척행위가 필리핀 200해리 이내 배타적 경제수역 상에 존재하는 수중암초에서 행해졌기 때문에 해양환경을 침해한다는 이유로 유엔해양법협약 위반이라는 판단을 하였었다.[20] 이에 반해서 중국은 필리핀 중재판정이 재판의 관할대상이 아닌 다른 문제, 즉 영유권 귀속 문제를 판단한다는 주장을 중재재판 제소 시점부터 판정이 내려진 이후까지 지속적으로 하였다. 또한 중재판정이 내려진 이후에는 섬에 대한 지배를 오히려 강화하고 있는 상황이다.

중국이 섬에 대한 지배를 강화하고 있는 것은 남중국해라는 거대한 해역에서 해상작전을 벌일 경우 이 지역 연안국이 아님에도 불구하고 미국이 중국에 대해서 우위에 있다는 점도 감안한 것으로 보인다. 중국은 군사전략상의 열세를 만회하기 위하여 남사군도 상에 자신이 점유하고 있는 7개의 해양 지형물[21]에 대규모 간척 사업을 추진하면서 군사요새화를 진행하고 있다. 해당 수역에 단순히 구조물을 세우는 수준을 넘어서, 대규모 토목 공사를 통하여 주변 해역 바닥에서 긁어온 토사 등을 거대하게 매립하는 방식으로 '섬 건조(Island Building)' 행위를 하였다.[22] 그리고 새롭게 건설된 섬에는 여러 군사장비 및 군사시설을 구비해 놓고 있는 상황이다.

---

20  미 구축함 Decatur호가 서사군도에 중국이 과도하게 설정한 직선기선을 항해하였던 사건을 말한다.

21  간조노출지란 유엔해양법협약상 만조 시에는 수면아래 간조 시에는 수면 위로 드러나는 육지 부분을 이야기하며, 이러한 간조노출지는 섬(협약 제121조)이 아니기 때문에 간조노출지에 대해서는 연안국의 영유권(주권)이 설정될 수 없으며, 영해, 배타적 경제수역, 대륙붕도 발생시키지 못한다.

22  쿠아테론 리프(Cuarteron Reef), 피어리 크로스 리프(Fiery Cross Reef), 가벤 리프(Gaven Reef), 휴이 리프(Hughes Reef), 존슨 리프(Johnson Reef), 미스치프 리프(Mischief Reef), 수비 리프(Subi Reef).

## 5) 미중 패권구도의 이 지역에 대한 영향

트럼프 행정부가 들어선 이후로도 미국은 오바마 행정부 때와는 달리 남중국해 문제를 전면에 거론하지 않고 있다. 그러나 미국이 항해의 자유 작전을 지속적으로 벌이고 있다는 점에서는 차이가 없다. 미국의 남중국해 전략에 변화가 있다면 이는 동아시아에 대한 미국의 전체적인 대외정책 기조의 변화와 관련이 있는 것이며, 남중국해에서 미중 간의 해상 분쟁 양상은 이에 연동해서 변화하고 있는 것으로 보는 것이 타당하다. 필리핀과 베트남이라는 남중국해 연안 최대 당사국이 중국을 상대로 어떠한 입장을 취하는지에 따라서 대중국 정책에 있어서 남중국해 문제를 활용하는 미국의 입장이 변화할 것이다. 필리핀의 경우 두테르테 대통령이 실용주의 노선을 포기하지 않고, 중국과의 경제 관계를 중시하는 입장을 변화시키지 않는 이상 이전의 베니그노 아키노 대통령(2010~2016년) 시절과 같은 협력관계를 기대할 수는 없을 것이다. 베트남의 경우 중국의 남중국해 정책에 대해서 가장 크게 반발하는 국가이기는 하지만 미국과의 협력을 통하여 이를 대응하겠다는 입장을 취하고 있지도 않다. 다만 갈수록 베트남과 중국사이의 남중국해를 둘러싼 감정의 골이 깊어지고 있으며, 2019년에는 중국이 남중국해 9단선 안쪽 수역이지만 베트남의 200해리 이내 해역에서 석유 탐사 활동을 벌이면서 약 3개월간(2019년 7월 4일-10월 24일) 대치하는 상황이 발생하였다. 당시 베트남은 유엔해양법협약 상의 국제재판을 활용하는 방안을 심각하게 고민하였다(*Reuters*, 2019/11/06). 비록 중국이 철수한 상황에서 상호간에 평화적으로 사건을 해결하자는 논의를 진행하고 있지만 언제든 중국이 2019년과 같은 상황을 유발시킬 경우 베트남으로서는 또 다시 국제재판을 고려하게 될 것이다. 실제 베트남이 국제재판을 고려하게 될 경우 9단선이라는 과도한 중국의 주장이 국제재판에서 다시 한 번 배척당하게 될 것임으로 미국으로서는 필리핀에 이어서 또 다시 남중국해 해상에서 중국을 공략할 수 있는 지점이 생기는 것이다.

## 2. 동중국해 분쟁

### 1) 기본구도

동중국해 분쟁은 중일간의 지역패권적 성격을 가진 분쟁이지만, 미일 동맹을 기초로 미국이 일본과 연합하고 있기 때문에 미중 간 패권 분쟁의 성격도 함께 가진다는 특징을 가진다. 기본적으로 동중국해에서 가장 중요한 분쟁 사안은 일본과 중국 사이 센카쿠제도(열도)/댜오위다오 영유권 분쟁이다. 현재 일본이 점유하고 있는 것으로 평가받고 있다. 하지만 중국은 지속적으로 중국의 고유영토를 주장하며, 현상을 변경하기 위하여 다방면으로 분쟁을 유발시키고 있다. 또한 동중국해에서는 석유 및 가스 자원이 대륙붕에서 발견되고 있으며, 일부 유정에서는 중국이 석유 가스 자원을 개발 및 이용하고 있는 상황이다. 이러한 자원분쟁의 성격은 동중국해에서 해당 분쟁을 더욱 복합적으로 만든다.

### 2) 분쟁의 배경 및 경과

센카쿠제도는 5개의 도서 댜오위/우오쓰리, 황웨이/구바섬, 츠웨이/다이쇼, 난샤오/미나미코, 베이샤오/기타코 섬으로 이루어져 있다. 이 중 가장 큰 섬인 '댜오위' 다오(섬)을 대표적으로 선택하여 센카쿠제도/댜오위다오 분쟁으로 부른다. 일본은 청일전쟁에 승전한 이후 시모네세키 조약을 통하여 대만을 중국으로부터 할양받으면서 센카쿠제도/댜오위다오의 영유권 역시도 할양받았다는 기본입장을 취한다(양희철·김진욱, 2014: 263). 일본외무성에서는 1895년 1월 14일 일본 각의 결정을 통해 "단지 무인도일 뿐 아니라, 청국의 지배가 미친 흔적이 없다는 것을 신중히 확인한 다음" 일본 영토로 편입되었다고 주장하고 있다(外務省, 2013/05/08). 샌프란시스코 대일 평화조약을 통해서 일본의 주권이 회복되었으나, 미국의 시정아래 놓여 있었고, 1971년 6월 미일 간 체결된 오키나와반환협정에 따라서 오키나와 함께 센카쿠제도/댜오위다오에 대한 시정권(administration)도 일본에 반환되었다고 주장하고 있다. 이에 반하여 중국은 자신의 역사적 권원을 주장하고 있다.

이 영토 분쟁이 격화된 것은 1970년대 이후로 주변 해역에서 석유 및 가스 자원이 발견되었기 때문이다. 현재 중국은 동중국해 가상 중간선을 기준으로 중국 측 해역에서 약 16개의 해상구조물을 통하여 석유 및 가스 개발 활동을 하고 있는 상황이다(Ministry of Foreign Affairs of Japan, 2019/09/27). 2008년 양국은 공동개발에 관한 '일종의 합의'[23]를 하였으나, 상호간의 이를 위한 구체적 이행은 아직 진전되고 있지 않은 상황이다.

### 3) 현황

중국과 일본 사이에서는 여전히 센카쿠제도/댜오위다오를 두고 이전 투구가 벌어지고 있는 상황이다. 이러한 영향으로 2008년의 동중국해 공동개발에 관한 합의 역시도 진행되지 않고 있는 상황이다. 다만 최근 들어서 일본은 영토분쟁과 관련하여 미국으로부터의 지지를 얻게 되었다. 이전까지 중일간의 센카쿠제도/댜오위다오 분쟁에 대해서 미국은 중립적인 입장을 취하였다. 다른 국가들 사이 영유권 분쟁에 관여하지 않는다는 것이 미국의 입장이었다. 근래에 들어 미국은 자신의 입장을 일정 정도 수정한다. 2015년 4월 28일, 오바마 대통령은 일본의 아베 신조 총리와의 합동연설에서 미일안보조약 제5조의 대상 영토에 센카쿠제도를 포함한 일본의 행정관할 하에 있는 모든 영토를 포괄하겠다는 입장을 천명하였다. 물론 이것이 센카쿠제도가 일본의 영토라는 점을 지지하는 것은 아니지만 일단 중국이 센카쿠제도를 무력으로 공격하게 되면 미일상호방위조약에 따라서 즉각적으로 공동방어 활동을 벌이겠다는 점을

---

23 섬에 대한 자세한 간척 및 구조물, 군사시설 건설 현황은 다음을 참조하라. CSIS. 2018 "Comparing Aerial And Satellite Images of China's Spratly Outposts," *Asia Maritime Transparency Initiative* (February 16).

천명한 것이다.[24] 이러한 미국과 일본 사이 협력 노선은 같은 합동연설에 나타난 남중국해에 관한 공동 입장 표명에서도 확인할 수 있다. 이 합동연설에서 미국과 일본은 남중국해에서 중국의 간척사업과 건설 활동에 관하여 함께 우려를 나타내며, 항해의 자유 및 국제법을 존중하며 강제없이 평화적으로 분쟁이 해결되기를 원한다고 발표하였다.[25] 즉 동중국해 문제를 계기로 미국과 일본이 동중국해 비롯한 남중국해 일대에서 상호간의 공동 보조를 맞추겠다는 입장을 취한 것이다.

### 4) 미중 패권구도의 추후 영향

동중국해 분쟁은 중일 간의 분쟁이지만, 오바마 대통령이 미일 안보조약의 대상 영토에 영유권 분쟁 대상 영토인 '센카쿠제도'를 포함시킴으로써 미중 간의 분쟁 대결 구도로 포섭되게 되었다. 반대로 남중국해 문제와 관련하여 미국은 일본이라는 최대 협력자를 얻게 되었다. 일본은 함선외교를 통하여 아세안 소속 국가들에게 지속적으로 자신의 중고 해군선박 및 경비선박을 지원하는 활동을 하고 있다. 더 나아가 자신의 해군활동 영역을 남중국해로까지 확대하고 있는 상황이다. 2016년 8월에는 일본에 해상보안청 순시정 10척을 제공하였다. 2017년에는 말레이시아에 순시선을 공여하였으며(海上保安庁, 2018), 또한 필리핀에는 해상자위대 연습기를 공여한 바 있다(海上自衛隊, 2018/04/04). 2017년에는 아베 총리가 베트남에게 6척의 신규 해상보안선박을 판매하겠다는 계획을 발표한 적도 있다(The Diplomat, 2017/01/17).

---

24  둘 사이의 합의문 혹은 조약문은 공개되지 않았다. 다만, 언론보도를 통하여 각각의 입장을 공표하였을 뿐이다. 따라서 원칙적으로 합의가 존재하는지 여부는 확실하지 않은 상황이다. 다만, 일본은 이를 '2008년 합의'(2008 Agreement)라고 부르고 있다(Ministry of Foreign Affairs of Japan, 2019/09/27).

25  "Remarks by President Obama and Prime Minister Abe of Japan in Joint Press Conference" (The White House, 2015/04/28).

동중국해 문제를 기반으로 일본의 영향력 강화는 이 지역에서 일본의 군사적 역할을 확대하는 방향으로 발전할 수 있으며, 결국 일본의 재무장 및 개헌의 근거 논리로 작용할 가능성이 매우 크다. 미국 역시도 중국을 견제하기 위하여 이 지역에서 일본의 역할을 확대하는 것이 자신에게 유리하다고 판단하고 있다. 미중의 패권 경쟁 강화가 일본의 이 지역에서 정치적 군사적 입지 강화로 이어지고 있는 것이다.

## 3. 미중 해군의 작전 중 충돌

### 1) 수중 드론 나포 사건

2016년 12월 15일 중국은 미 해군의 연구용 수중 드론을 나포하였다가 12월 20일 드론을 미국 측에 반환하는 사건이 발생하였다(Maritime Awareness Project, 2016/12/21). 중국이 드론을 포획하였던 곳은 필리핀 수빅만에서 50해리 떨어진 곳으로 중국의 9단선 외측에 위치하고, 필리핀 군도기선을 기준으로 약 12해리 밖의 육지로부터 50해리 떨어진 지점이다. 당시 중국의 나포 행위가 정당한 것인지와 관련하여 국제법상 논란이 존재하였다. 왜냐하면 국제법상 군함에 대한 나포는 불가능한 것인데, 과연 수중드론을 해군의 군함과 동일하게 볼 수 있을지에 대해서 의문이 제기되었기 때문이다. 이러한 점 때문에 중국과 미국은 수중드론의 나포 행위에 대해서 상호간의 입장이 달랐던 것이었다. 당시 대통령 당선자 신분이었던 트럼프는 12월 18일 SNS를 통해 중국이 미국의 드론을 훔쳐갔다고 표현했으며, 돌려받지 않겠으니 그냥 놔두라며 강한 어조로 비판하였다. 결국 중국이 이를 미국에 돌려줌으로써 분쟁은 일단락되었다.

이 사건은 남중국해에서 미국과 중국이 직접적으로 대치하였던 사건이었다. 미국은 자신들의 드론이 나포되자 바로 항해의 자유 및 군함의 면제를 주장하며 '해양법'을 무기로 중국을 압박하였다. 중국과 미국이 직접적으로 해상에서 대치했던 소수의 사례 중의 하나이면서 동시에 양자가 상대방에 대한 공격수단으로 유엔해양법협약을 위시한 해양법을 사용하였던 상징적인 사건이다. 중국과 미국의 해양분쟁이 법률전(lawfare)의 양성을 가지고 있다는 점을 확인하게 해주는 사례이다.

### 2) 자유 항해 및 군함 간 대치 사건

미국 군함이 남중국해에서 항해의 자유 작전을 벌이던 도중 중국 군함과 대치했던 사건도 있다(*The Diplomat*, 2018/10/02). 2018년 9월 30일 미 해군 구축함 디케이터(USS Decatur)호가 항해의 자유 작전을 수행하던 중에 중국 구축함과 충돌 직전까지 가는 상황이 발생하였었다. 디케이터호는 남사군도 내의 가벤 리프(Gaven Reef)와 존슨 리프(Johnson Reef) 12해리 이내 해역에서 '항해의 자유 작전'을 수행하고 있었다. 한동안 관망자세를 유지하던 중국 군함이 어느 순간 빠르게 디케이터 호를 향하여 돌진하게 되었고, 충돌을 피하기 위하여 디케이터호가 급변침을 함으로써 충돌 상황을 가까스로 모면했다. 중국이 계속된 미국의 항해의 자유 작전에 대해서 처음으로 실력행사를 벌였던 사건이다. 중국은 언론 브리핑을 통하여 문제된 영토에 대해서 중국이 영유권을 가지고 있다고 주장하였으며, 미국의 항해의 자유 작전에 대해서 비난하는 입장을 취한바 있다(Ministry of National Defense, PRC, 2018/10/02).

## Ⅲ. 미중 패권과 동아시아 해양협력

### 1. 동아시아 해양협력의 특징

미국은 남중국해 및 동중국해 분쟁상 중국의 반대 당사국들 뒤에서 숨어 중국에 유엔해양법협약 준수를 압박하는 모양새를 취하고 있다. 해상에서 중국과의 직접적인 충돌을 피하면서 중국에 대한 전략적 공략지점을 늘릴 수 있다는 이점이 있다. 그러나 사실상 미국의 국익에 즉각적으로 플러스 요인이 되는 부분은 없다. 최대 경쟁자인 중국을 견제하는 효과를 가지는 것 뿐이다. 이러한 점 때문에 중국과 미국은 이 지역에서 해상협력을 추진하지 않는다. 미국이 이 지역의 연안국가가 아니라는 점이 이러한 상황을 불러일으키는 것이다.

이러한 점을 아세안 소속 국가들이 잘 알고 있기 때문에 미국을 무한정으로 신뢰하지 않는 것이다. 미국을 배경 삼아서 자신들이 중국과 직접적으로 대치하는 상황은 개별 국가 내부의 반중국 정서에 만족감을 줄 수 있으며 개별 국가들로 하여금 일종의 카타르시스를 느끼게 할 수 있다. 미국이 이러한 상황을 이용만 하게 될 경우 고스란히 그 손실은 자신들에게 돌아오게 될 것이라는 점을 아세안 소속 국가들은 너무 잘 알고 있다. 이러한 점은 아세안 소속 국가들이 남중국해 문제와 관련하여 '아세안'이라는 다자틀을 통하여 중국과 해결을 보려는 내부적 협력 요인으로 작용하게 한다.

반면 일본은 중국과 대항할 수 있는 몇 안 되는 동아시아 국가 중의 하나이며 오히려 미중 간의 분쟁을 자신의 지역 내에 위상 강화에 활용하는 국가이다. 그럼에도 불구하고 일본은 동아시아 지역의 연안국으로서 관할해역(배타적 경제수역 및 대륙붕)을 맞대고 있기 때문에 한편으로 중국과 지속적인 협력을 추진하고 있다.

## 2. 중일 간 해양사무 고위급협상회의

중국과 일본의 해양사무 고위급협상회의는 2011년 12월 중일 양국은 동중국해 방위 업무, 법 집행, 석유 가스, 조사, 어업 등 해양 사무에 대해서 포괄적으로 협의하기 위하여 중-일 해양사무 고위급 협상 체제를 구축하기로 합의했으며 2012년 5월 15일 1차 회의가 개최되었다. 그해 9월 일본정부의 센카쿠제도 국유화에 중국이 반발해서 2년간 협상이 중단되었다가 2014년 9월 23~24일 제2회 중일해양사무고위급협상 회의를 재개하면서 연2회 정기적으로 개최되어 2019년 5월까지 모두 11회 개최되었다. 중일 해양사무 고위급 협상제도는 중일 양국 사이의 해양문제를 종합적으로 치리하는 플랫폼이고, 양국 간에 존재하는 분쟁을 다루기 위해 포괄적인 의사결정 시나리오를 제공하고 구체적으로 건의한다.

중일 해양사무 고위급 협상제도는 양국의 해양사무를 주관하는 기관이 참여하여 다양한 의제를 다루는 회의체이다. 참가하는 기관은 중국측은 외교부, 중공중앙대외연락부(中共中央对外联络部), 국방부, 공안부, 국토자원부, 교통운수부, 농업부, 국가해양국, 중국해경국 등이다. 일본측은, 외무성, 내각관방, 수산청, 자원에너지청, 해상보안청, 환경성 및 방위성 등이다. 이 회의체에서는 해공안전연락메커니즘, 해상범죄, 해상법집행, 해상구조, 해양정책 및 해양법교류, 자원개발, 해양쓰레기관리, 해양어업양식보호 및 관리, 해양오염과 동중국해 문제 원칙 합의 등 해양과 관련한 다양한 내용이 논의되어 왔다. 협상은 구체적으로 조율이 쉬운 해양영역에서부터 시작하여 점차 어려운 의제를 다루는 방법을 취하여 구체적이고 단계적인 성과를 이루려고 노력하고 있다. 여기에는 해양쓰레기 조사협력, 해상법집행 정보교환, 해상구조와 해공안전연락메커니즘의 중요성에 대한 인식 등이 포함된다.

## 3. 진영 내부의 협력

일본과 미국은 인도-태평양 전략을 통하여 협력하고 있다(*South China Morning Post*, 2017/11/07). 반면 중국과 러시아는 이에 맞설 수 있는 자신들만의 협력 체제를 수립하기 위해 노력하고 있다. 해양 군사력을 각각 개별적으로 행사하던 방식에서 벗어나서 양국 해군간의 긴밀한 협력을 추진하고 있다(Maritime Awareness Project, 2019/05/26). 2016년 센카쿠제도/댜오위다오 인근에서 중국과 러시아 군함이 상호 공동 훈련 과정에서 해상에서 조우하는 상황이 연출되었고 그 과정에서 중국 군함이 센카쿠제도/댜오위댜오 인근 24해리 접속수역을 침범하는 사건이 발생한다 (Maritime Awareness Project, 2019/05/26). 중국이 자신의 해양영토 이슈에 러시아를 자신 측의 우군으로 끌어들이고 있다는 점을 보여주는 장면이다. 이렇게 미일과 중러는 동아시아 해양을 둘러싸고 진영 간의 협력을 강화하고 있는 상황이다.

진영 내부에서 하위 인자를 포섭하기 위한 협력도 꾸준히 지속되고 있다. 특히 일본의 경우 해양경찰외교라는 이름으로 동아시아 해역에서 자신의 영향력을 강화하고 있다. 해상보안청은 2차 세계대전 이후인 1948년 창설되었고 근해 경비를 주임무로 하였다. 이후 2001년 해상보안청법이 개정되면서 침략 억지 및 일본 본토 보호임무를 수행할 수 있게 되었다고 평가받는다. 이에 따라서 일본 내각은 전폭적인 예산 및 장비 지원을 할 수 있게 되었다. 결국 해상보안청은 일본 근해의 경비에서 나아가 동아시아 해역에서 활동할 수 있는 역량을 갖추게 된 것이다. 일본 해상보안청은 냉전 이후부터 말라카 해협 해적 퇴치를 이유로 남중국해를 비롯한 동남아시아 해역에 진출하였었다. 이후 지속적으로 말레이시아, 필리핀, 베트남의 해양경찰들과 협력하고 있으며 장비 및 함선 지원뿐만 아니라 훈련 프로그램도 공동으로 진행하고 있다. 이러한 일본의 대외진출을 19세기 중반 페리 제독이 군함을 끌고 와 일본을 강제로 개항했었던 Gunboat Diplomacy에 비교하여 Coast Guard Diplomacy라고 부르기도 한다. 이러한 해상 활동을 통하여 일본은 자신들의 영향력을 아세안 소속 국가들과 남중국해를 포함한 동아시아 전체 해역에 투사하기 위한 노력을 기울이고 있다.

# Ⅳ. 시사점

미중 간의 해양 패권 분쟁은 미국이 이 해역의 연안국이 아니라는 점에서 독특한 구조를 가지고 있다. 미국은 자신들이 아시아·태평양 국가라는 점을 강조하면서 이 해역에서 자신의 역할을 강조하고 있다. '아시아·태평양 국가'란 말을 통하여 미국이 이 동아시아 해역의 외부자가 아니라는 입장을 강조하고 있는 것이다(Indo-Pacific Strategy Report, 2019). 특히나 태평양 지역에서 자신들이 투자하는 비중이 중국과 일본 한국을 능가한다고 주장하고 있다(Indo-Pacific Strategy Report, 2019). 그러나 이러한 주장이 분쟁의 본질을 바꾸지는 못한다. 미중 간의 패권경쟁은 여러 측면이 있겠지만 해양분쟁에 있어서 미국은 중국과 직접 대면하는 방식이 아니라 간접적으로 대면하는 방식을 취하고 있다. 일부 해상작전 과정에서 중국과 미국이 간혹 상호 충돌하는 상황이 발생하기도 하지만 전면적인 대결이 발생하고 있는 것은 아니다.

미국이 중국을 간접적으로 대면할 때 사용하는 무기는 법적 비난이다. 국제사회에 확립되어 있는 국제법 및 해양법에 기반하여 중국이 행동하지 않는다고 중국을 비난하는 방식으로 공격하고 있다. 물론 중국도 이에 대응하고 있다. 미국은 남중국해에서 중국의 9단선 주장이 유엔해양법협약에 기반하지 않고 있다는 점을 부각시키고 있다. 동시에 중국이 협약과 배치되는 방식으로 주변국(특히, 필리핀, 베트남)과 문제를 일으키고 있다는 점을 지적하고 법적인 비난을 가하며 중국을 압박하고 있다. 유엔해양법협약을 비롯한 국제법을 근거로 상대방의 불법성을 부각시키고 비난을 가하는 방식의 다툼은 중국과 미국에서 공히 법률전, 法律戰, Lawfare라고 불리우고 있으며 이는 새로운 양상의 분쟁 형태로 봐도 무방하게 되었다. 미국은 국제법을 가지고 상대방인 중국에게 법적 비난을 가하고 있는 반면 중국은 국제법을 자신들의 이익을 보호하고 옹호하는 방어적 기제로 활용하고 있다. 국제법상 해석의 여지가 있는 부분에 대해서 중국식의 국제법 및 해양법 해석 및 주장을 적극 활용하는 방식이다. 유엔해양법협약 상 근거가 없음에도 불구하고 남중국해 9단선을 주장하고, 이를 '역사적 수역' 등의 방식으로 국제법적으로 정당화하는 것, 보하이만을 역사적 만으로 주장하는 것, 서사군도에 직선기선을 설정하는 것이 여기에 해당한다.

미국은 중국을 상대로 국제법을 적극 활용하는 방식을 취하는 동시에 역내 지역 구도를 자신에게 유리하게 형성하려는 노력을 하고 있다. 하지만 역내 지역 동맹이나 파트너들로부터 미국이 기대하는 반응이 항상 나오는 것은 아니다. 미국은 우리나라를 미국과 일본이 중심이 되어 추진하고 있는 인도-태평양 전략에 포함시키길 원한다. 그러나 우리나라는 중국과 한국의 경제적 의존도, 그리고 일본과 아직도 해결되지 않은 과거사 문제가 있기 때문에 무조건 미국이 원하는 역내 구도로 편입될 수 없는 상황이다. 반면 우리나라는 미중 간의 해양 패권 분쟁의 틈바구니에서 상호간의 분쟁의 중량감을 완화 및 완충하는 역할을 담당하고 있다. 다만 지역적 불안 요소인 북한의 핵문제 때문에 미국과 동맹관계에 좀 더 강하게 예속되고 안보 분야에서 중국과 대치하는 상황(그러한 예는 사드 미사일 배치와 이후 벌어졌던 중국과 우리나라의 긴장 상황을 통해서 확인할 수 있음)이 발생하기도 하는 것이다. 아세안 소속 국가들의 경우도 미국만을 전적으로 의지할 수 없기는 마찬가지이다. 지역 내 국가로서 중국의 존재는 분명 위협요인이기는 하지만 동시에 변화될 수 없는 지정학적 고려 요인이다. 반면 미국은 근래 20세기 들어서 이 지역에 나타난 패권국이며 현재는 아세안 국가들에게 우호적인 세력이지만 언제 이 해역을 떠날지 알 수 없는 그러한 존재이다. 미국이 아세안 소속 국가들로부터 전적인 지지를 받지 못한다는 사실은 필리핀 사례를 통하여 확인할 수 있다. 2016년 남중국해 중재판정이 내려지기까지 필리핀의 미국에 대한 의존도는 상당히 컸지만 두테르테 정권이 들어선 이후로는 중국이 가지는 경제적 중요성 때문에 필리핀은 미국의 대외정책 노선과는 다른 선택을 하고 있다.

미국과 중국은 자신들을 정점으로 하는 지역 구도를 형성하려고 하고 있다. 그러나 개별 국가의 민족주의 경향 및 과거사 문제, 이 지역의 역동적인 경제성장 구도와 얽혀서 미국과 중국의 의도대로 진행되고 있지만은 않다. 이러한 점 때문에 미국과 중국이라는 강대국의 존재에도 불구하고 우리나라를 비롯한 역내 국가들이 어느 나라를 일방적으로 편들 수 없는 모호함과 불확실성을 피할 수 없게 되었다. 그러나 오히려 이러한 국제환경이 필연적으로 우리에게 새로운 전략적 기회를 열어주는 측면도 존재한다. 또한 우리나라를 비롯한 지역국가들의 역내 협력이 어느 때보다 중요해지는 상황이 된 것이다. 해양에서의 갈등이 확산되고 있는 동아시아 해역에서 이와 비례해서 협력의 필요성은 증가하고 있다는 점을 보여주는 대목이다.

# 참고문헌

김원희. 2016, "남중국해 해양분쟁 관련 국제법 전쟁(Lawfare)의 성과와 과제: 남중국해 중
재사건 본안판정의 국제법적 검토와 한국에 대한 함의," 『국제법학회논총』, 61권
4호: 69-119.

양희철·김진욱. 2014, "조어대(센카쿠열도)의 영유권 분쟁과 당사국간 법리에 관한 연구,"
『Ocean and Polar Research』, 36권 3호: 255-276.

유엔해양법협약(United Nations Convention on the Law of the Sea).

주 타이베이 대한민국 대표부. 2014, "(중국 동향) 대만의 남중국해 11단선 유래 및 최
근 논의 동향" (주 타이베이 대한민국 대표부, 5월 13일), http://overseas.mofa.go.kr/
tw-ko/brd/m_1456/view.do?seq=1070299&srchFr=&srchTo=&srch-
Word=&srchTp=&multi_itm_seq=0&itm_seq_1=0&itm_
seq_2=0&company_cd=&company_nm= (2019/12/31).

中华人民共和国外交部. 2017, "王毅谈南海：局势已趋平静，再生事端不得人心," 3月8日,
http://www.fmprc.gov.cn/web/zyxw/t1444014.shtml (2019/12/18).

_____. 2019, "王毅回应对COC磋商的四个疑问," 8月1日, https://www.fmprc.gov.cn/web/
wjbzhd/t1685094.shtml (2019/12/03).

日本 外務省. 2013, "日本の領土をめぐる情勢: 尖閣諸島," 5月8日, http://www.mofa.go.jp/
mofaj/area/senkaku/kenkai.html (2019/12/26).

日本 海上保安庁. 2018, "広報資料," https://www.kaiho.mlit.go.jp/info/kouhou/h30/index.
html (2018/10/26).

日本 海上自衛隊. 2018, "フィリピン共和国海軍司令官の訪日について," 4月4日, http://
www.mod.go.jp/msdf/release/201804/20180404.pdf (2019/12/08).

新浪军事. 2014, "解析中国南海九段线的前世今生", 2月7日, http://mil.news.sina.com.
cn/2014-02-07/1022763069.html (2019/12/31).

Center for Strategic and International Studies (CSIS). 2018, "Comparing Aerial And Sat-
ellite Images of China's Spratly Outposts," *Asia Maritime Transparency Initiative*

(February 16), https://amti.csis.org/comparing-aerial-satellite-images-chinas-sprat-ly-outposts/ (2019/12/26).

CNN. 2016, "US Navy to China: We'll continue operations in South China Sea," July 27, http://edition.cnn.com/2016/07/26/politics/china-us-navy-chief-south-china-sea/ (2016/12/13).

CNN Philippines. 2017, "G7: PH case vs. China a 'useful basis' to resolve disputes in South China Sea," April 20, http://cnnphilippines.com/news/2017/04/20/philippines-china-south-china-sea-arbitral-ruling-g7.html (2019/12/24).

Foreign Policy. 2016, "U.S. Navy Chief Says He'll Keep Sailing in South China Sea," July 26, http://foreignpolicy.com/2016/07/26/u-s-navy-chief-says-hell-keep-sailing-in-south-china-sea/ (2016/12/13)

Maritime Awareness Project. 2016, "The Implications of China's Seizure of a U.S. Navy Drone," December 21, http://maritimeawarenessproject.org/2016/12/21/the-implications-of-chinas-seizure-of-a-u-s-navy-drone/ (2019/12/13).

_____. 2019, "China-Russia Naval Cooperation in East Asia: Implications for Japan," March 26, https://www.nbr.org/wp-content/uploads/pdfs/publications/analysis_brown_032619.pdf (2019/12/24).

Ministry of Foreign Affairs of the People's Republic of China. 2014, "Position Paper of the Government of the People's Republic of China on the Matter of Jurisdiction in the South China Sea Arbitration Initiated by the Republic of the Philippines," December 7, http://www.fmprc.gov.cn/mfa_eng/zxxx_662805/t1217147.shtml (2019/12/21).

Ministry of National Defense of the People's Republic of China. 2018, "Chinese military opposes US provocation in South China Sea," October 2, http://eng.mod.gov.cn/news/2018-10/02/content_4826092.htm (2019/12/13).

Ministry of Foreign Affairs of Japan. 2019, "The Current Status of China's Unilateral Development of Natural Resources in the East China Sea," September 27, https://

www.mofa.go.jp/a_o/c_m1/page3e_000356.html (2019/12/26).

The Diplomat. 2015 "After Months of Waiting, US Finally Begins Freedom of Naviga-
tion Patrols Near China's Man-Made Islands," October 27, https://thediplomat.
com/2015/10/after-months-of-waiting-us-finally-begins-freedom-of-navigation-
patrols-near-chinas-man-made-islands/ (2019/12/23).

_____. 2016, "South China Sea: US Navy Destroyer Asserts Freedom of Navigation Near
Fiery Cross Reef," May 10, https://thediplomat.com/2015/10/after-months-of-
waiting-us-finally-begins-freedom-of-navigation-patrols-near-chinas-man-made-
islands/ (2019/12/23).

_____. 2018, "Pentagon: Chinese Warship in 'Unsafe' Encounter With US Destroyer
During Freedom of Navigation Operation," October 2, https://thediplomat.
com/2018/10/pentagon-chinese-warship-in-unsafe-encounter-with-us-destroy-
er-during-freedom-of-navigation-operation/ (2019/12/ 13).

_____. 2017, "Japan Pledges 6 New Patrol Boats for Vietnam Coast Guard," January 17.
https://thediplomat.com/2017/01/japan-pledges-6-new-patrol-boats-for-vietnam-
coast-guard/ (2019/12/26).

The Guardian. 2016, "G20: Obama warns Beijing against South China Sea aggression,"
September 3, https://www.theguardian.com/world/2016/sep/03/g20-obama-
warns-beijing-against-south-china-sea-aggression (2019/12/14).

The State Council Information Office of the People's Republic of China. 2016, "China
Adheres to the Position of Settling Through Negotiation the Relevant Disputes Be-
tween China and the Philippines in the South China Sea," July 13, http://www.scio.
gov.cn/zfbps/ndhf/34120/Document/1483617/1483617.htm (2019/12/23).

Reuters. 2016, "U.S. warship sails near island claimed by China in South China Sea,"
January 30, https://www.reuters.com/article/us-usa-southchinasea-china/u-s-
warship-sails-near-island-claimed-by-china-in-south-china-sea-idUSKCN0V8093
(2019/12/23).

_____. 2017, "U.S. warship drill meant to defy China's claim over artificial island: officials," https://www.reuters.com/article/us-usa-southchinasea-navy/u-s-warship-drill-meant-to-defy-chinas-claim-over-artificial-island-officials-idUSKBN18K353 (2019/12/23).

_____. 2018, "Vietnam mulls legal action over South China Sea dispute," November 6, https://www.reuters.com/article/us-vietnam-southchinasea/vietnam-mulls-legal-action-over-south-china-sea-dispute-idUSKBN1XG1D6 (2019/12/26).

*South China Morning Post.* 2016, "Duterte says he'll set aside South China Sea feud ruling against Beijing," December 17, https://www.scmp.com/news/asia/southeast-asia/article/2055433/duterte-says-hell-set-aside-south-china-sea-feud-ruling (2019/12/24).

_____. 2017, "Why is the US calling Asia-Pacific the Indo-Pacific? Donald Trump to 'clarify'," November 7, https://www.scmp.com/week-asia/politics/article/2118806/why-us-calling-asia-pacific-indo-pacific-trump-clarify (2019/12/24).

UN Division for Oceans and Law of the Sea (DOALOS). 2009, CML/17/2009 (New York, May 7), http://www.un.org/depts/los/clcs_new/submissions_files/mysvnm33_09/chn_2009re_mys_vnm_e.pdf

U.S. Department of Defense. 2019, *Indo-Pacific Strategy Report* (June 1).

_____. *DoD Annual Freedom of Navigation* (FON) Reports, https://policy.defense.gov/OUSDP-Offices/FON/

U.S. Department of State. 2011a, (Archived Contents) "The South China Sea," Press Statement by Hillary Rodham Clinton Secretary of State (Washington D.C., July 22), https://2009-2017.state.gov/secretary/20092013clinton/rm/2011/07/168989.htm (2019/12/31).

_____. 2011b, (Archived Contents) "Sovereignty of South China Sea," Remarks by Hillary Rodham Clinton Secretary of State (Nusa Dua, Indonesia, July 24), https://2009-2017.state.gov/secretary/20092013clinton/rm/2011/07/169010.htm (2019/12/31).

Note Verbale CML/8/2011 from the Permanent Mission of the People's Republic of China to the UN Secretary-General with regard to the joint submission made by Malaysia and Viet Nam to the Commission on the Limits of the Continental Shelf (May 7, 2009).

"Remarks by President Obama and Prime Minister Abe of Japan in Joint Press Conference" (The White House, 2015/04/28), https://www.whitehouse.gov/the-press-office/2015/04/28/remarks-president-obama-and-prime-minister-abe-japan-joint-press-confere

The Republic of Philippines v. The People's Republic of China, Award on Jurisdiction and Admissibility, October 29, 2015.

The Republic of Philippines v. The People's Republic of China, Award on the Merits, July 12, 2016.

# 5장

## 미중 패권경쟁과 양안관계

**이상만**
경남대 극동문제연구소 교수

**IFES**

경남대 극동문제연구소
국제관계연구 시리즈 36

# I. 서론

중국과 대만 간의 관계를 나타내는 일반적인 표현을 양안관계(兩岸關係, Cross-Strait relations)라고 지칭하며, 이 양안관계는 1949년 10월 중국대륙과 대만에 각각 다른 정부가 탄생되면서 중국대륙을 축으로 하여 대만에 친중국 성향의 국민당 정부냐 아니면 반중국 성향의 민진당 정부가 탄생하느냐에 따라 대립과 공존의 부침을 거치면서 조금씩 다른 변화 보인다.

1949년 중국과 대만 건국부터 1978년 중국의 개혁개방 노선 시기까지의 양안관계는 전적으로 갈등과 대립의 시기로 볼 수 있다. 대만은 중국 대륙에 대해 '삼민주의통일중국'(三民主義統一中國)을 내세우면서 본토의 공산당 정부에 대해 '삼불(三不)정책'(불접촉, 불협상, 불대화)을 견지하였고, 중국대륙에 대해 공산주의와 무력사용을 포기할 것을 요구했다. 반면, 중국 대륙은 무력에 의한 대만통일, 즉 중국대륙의 지도자들은 대만해방을 주장하면서 양안관계를 중화민족통일의 마지막 대업으로 설정하였다.

개혁 개방 이후 중국대륙에는 복건성(福建省)을 중심으로 대만자본이 투자되면서 양안관계가 경제적 방면과 인도주의적 방면에서 단절되었던 인적 물적 교류가 점차 개선되는 계기가 되었다. 중공중앙대만판공실(中共中央台办)과 국무원대만판공실(国务院台办)의 통계에 의하면 2018년 인적교류는 906만 명(중국에서 대만을 방문한 인원수는 614만 명, 대만에서 대륙을 방문한 인원수는 292만 명)이며, 2018년 대만기업이 대륙에 투자한 기업 수는 4,911개이고 총 투자액은 13억 9천만 달러이며, 총 무역규모는 2,262억 5천만 달러(중국대륙의 대만 수출금액은 486억 5천만 달러, 수입금액은 1,776억 달러)에 이른다(中共中央台湾工作办公室´国务院台湾事务办公室, 2019).

이와 같이 비정치적 양안교류가 확대됨에도 불구하고 양안관계의 중심에는 항상 미국과 중국 간의 정치군사적 현안관심 사안으로 언제나 대만문제가 등장한다는 것이다. 미중관계가 우호적이고 공존할 때면 양안관계도 순조롭고, 미중 간 갈등이 노골화될 때면 언제나 대만문제가 최악의 상황으로 전개된다.

최근 미중 간의 갈등이 다방면에서 첨예화되면서 미국은 또 다시 양안문제를 건드리고 있다. 현재 당면한 미중관계의 모순은 첫째, 정치적으로 대만여행법(2018)과 국방수권법(2018), 그리고 대만보증법(2019) 문제; 둘째, 미국이 군사적 측면에서 인도-태평양 전략과 남중국해 항행의 자유전략을 통해 중국을 봉쇄하려는 작용과 반작용; 셋째, 경제적 측면에서 일대일로 정책과 첨단기술 분야의 패권 장악을 위한 미중 간의 무역전쟁 등으로 가시화 되고 있다(李相万, 2019).

중국이 중시하는 국가적 아킬레스건은 대만문제, 인권문제, 경제문제인데 미중경쟁 과정에서 미국은 중국에 대해 강력한 제재, 봉쇄, 공존, 협력 메커니즘을 사용하여 문제를 해결하고자 한다. 즉 미중관계에 따른 대만정세는 변경할 수 없는 4가지 현상이 있다: 첫째는 미국이 중국을 장기간 전략적 적수로 인식한다는 점; 둘째는 미국이 차이잉원 정부의 대만독립 문제를 암묵적으로 지지하고 있다는 점; 셋째는 트럼프 정부가 대 중국정책으로 대만카드를 전략적으로 사용한다는 점; 넷째는 중국의 대만문제 인식상 미국의 영향력행사를 국가주권에 대한 내정간섭으로 간주한다는 점 등은 앞으로도 장기간 변할 수 없는 미·중·대만 3자관계의 각기 다른 입장들이다.

최근 차이잉원 정부는 '미국과 친하고(親美), 일본을 끌어들이며(拉日), 중국에 대항(抗中)'하는 대외정책을 구사하고 있으나 일본과의 관계에서 그리 커다란 결실을 거두지 못하고 있고, 미국과 대만이 현재의 정책 방향을 변경하지 않는 한 중국은 강력한 저항으로 일관할 것이다.

## Ⅱ. 냉전시기 미중의 전략적 협력관계 형성의 3개 문건

1970년대 초 미중 간의 미중관계의 수렴과정은 1972년 '상하이 공동 선언', 1979년 '수교공동선언', 1982년 '8·17공동선언'등을 기초로 미중관계가 협력과 공존 하에 순탄하게 발전되어 왔다. 그러나 2018년 트럼프 대통령이 '대만여행법(Taiwan Travel Act: TTA, 2018.3)'에 서명하고, 미 하원이 국방수권법(The John S. McCain National Defense Authorization Act for Fiscal Year 2019: NDAA 2019)과 대만보증법(Taiwan Assurance Act of 2019: TAA 2019)을 만장일치로 통과시키면서 미중관계는 다시 전환점을 맞았다.

1972년 상하이 코뮤니케는 미국이 '하나의 중국을 인정한다'는 내용을 처음 언급했다. 1972년 2월 미중 간 체결한 상하이 코뮤니케(Shanghai Communiqué, 上海公报)는 미합중국과 중화인민공화국의 공동 코뮤니케 (Joint Communiqué of the United States of America and the People's Republic of China)를 말한다. 1972년 2월 21일부터 2월 28일까지 있었던 리처드 닉슨 미국 대통령의 공식적인 중화인민공화국 방문 중에 채택되었으며 외교 관계의 수립과 아시아·태평양 지역의 평화, 대만문제 등에 대한 내용을 담고 있으며, 미국과 중화인민공화국 간의 경제, 문화 교류 확장을 희망한다는 내용도 담고 있지만 구체적인 과정은 언급하지 않았다. 또한 이 성명에서 미국은 대만에 주둔하고 있는 미군의 단계적인 철수를 약속한 바 있다.[1]

1978년 수교 코뮤니케에선 미국이 하나의 중국 원칙을 지키기 위해 대만과 공식적인 정치 관계는 단절하되 경제·문화적 관계만 유지하며, 미중 양국이 국제 분쟁을 줄이고 아시아·태평양 지역에서 패권을 추구하지 않는다는 내용을 담고 있다. 1978년 수교 코뮤니케의 원명은 『中华人民共和国和美利坚合众国关于建立外交关系的联合公报』이고 일반적으로 『中美建交公报』라고 한다. 1978년 12월 16일 미국과 중국이 북경과

워싱턴에서 동시에 발표하고 1979년 1월 1일 정식 발효한 '미중수교코뮤니케'이다.[2]

이를 근거로 1979년 1월 1일 미국은 중화인민공화국과 수교하면서 중국이 요구한 '하나의 중국' 원칙을 준수하기 위해 중화민국과의 외교관계를 단절하였다. 중국과 미국은 저우언라이와 키신저 사이의 협상을 통해 '하나의 중국' 원칙, 즉 "미국은 대만해협 양측의 모든 중국인들이 중국은 하나라고 생각하고 있다"는 것에 합의하였다. "대만은 중국의 일부분이라는 것을 알고 있으며 미국 정부는 이러한 입장에 이의를 제기하지 않는다"라고 명시하여 미국과 중국 양측의 입장을 모두 반영시키는 방식으로 미국이 처음으로 인정하였다.

이러한 구조 하에 미국은 1979년 1월 1일 중국과 수교한 이후 미국의 국익을 위해 1979년 4월 10일 '대만관계법(Taiwan Relations Act)'을 제정하였다. '대만관계법'의 핵심 내용들은 "미국과 중화민국이 과거 맺었던 외교협정을 유지하고, 미국이 대만의 자위에 필요한 무기와 군사기술을 대만에 제공하여 대만 주민의 안전과 사회경제적 제도를 위협하는 무력사용 등 강제적 방식에 대항하기 위한 방어력을 유지하도록 하며, 대

---

1    中国和美国之间的《上海公报》五项共识：①各国不论社会制度如何，都应根据尊重各国主权和领土完整′不相互侵犯′不干涉内政′平等互利′和平共处的五项原则来处理国与国之间的关系；②中美两国关系走向正常化是符合所有国家的利益的；③双方都希望减少国际军事冲突的危险；④任何一方都不应该在亚洲－太平洋地区谋求霸权，每一方都反对任何其他国家或国家集团建立这种霸权的努力；⑤任何一方都不准备代表任何第三方进行谈判，也不准备同对方达成针对其他国家的协议或谅解。

2    ①双方都希望减少国际军事冲突的危险。②任何一方都不应该在亚洲－太平洋地区以及世界上任何地区谋求霸权，每一方都反对任何国家或国家集团建立这种霸权的努力。③任何一方都不准备代表任何第三方进行谈判，也不准备同对方达成针对其他国家的协议或谅解。④美利坚合众国政府承认中国的立场，即只有一个中国，台湾是中国的一部分。⑤双方认为，中美关系正常化不仅符合中国人民和美国人民的利益，而且有助于亚洲和世界的和平事业。

만의 미국 내 자산에 대한 소유권 및 당사자 적격 승인을 한다"는 것 등
이다.

미국은 대만과 국교를 단절하면서 1954년 체결된 미국-대만 상호방위
조약을 폐기했지만, 국내법으로 '대만관계법'을 제정을 제정하여 사실상
의 대만 주재 미국 대사관 및 영사관 역할을 담당하는 미국 재 대만협회
(American Institute in Taiwan: AIT, 美国在台协会)의 설립과 운영을 위한
근거를 마련하였고, 주 대만 미국 대표부(대만협회: AIT)에는 대만과 미국
의 관계를 조율 등을 위해 미 국방부 방산관계관들이 상주하는 것으로
알려져 있다(한국군사문제연구원, 2019).

1982년 '8·17코뮤니케'(中美就解决美国向台出售武器问题的公告)에
선 미중 간에 발표했던 코뮤니케에서 언급했던 대만문제를 재확인하
고 대만과 '6개 보장'을 발표했다. 그 이후 미국이 대만에 무기를 수출
할 때마다 중국은 이를 비판했고 1995~1996년 대만해협 위기 시 미중
간 군사적 대치 국면도 발생했지만 거시적인 시각에서 보면 미중 양국은
1979년 형성된 중미 간, 미국과 대만 간 미묘한 관계를 안정적으로 유지
해왔다고 평가할 수 있다. 대만문제가 중국의 핵심 이익들 중에서도 가
장 중요한 위치를 차지하고 있음에도 불구하고 미국과 대만의 관계를 사
실상 묵인할 수밖에 없었던 배경으로는 첫째는 중국의 경제 발전과 국
가 현대화를 실현하기 위해서는 중국도 미국 주도의 국제 경제 시스템에
적극 편입될 필요가 절실했고, 둘째는 중국이 경제 성장을 위해서는 안
정적인 주변 환경이 필요했으며, 셋째는 대만도 중국 경제의 비약적 발
전에 필요한 기술과 자본을 제공할 능력을 가지고 있었던 점 등을 들 수
있다.

중국의 어떤 지도자도 대만문제에 대해서는 아주 민감한 반응을 보이
고 있는데, 이는 대만문제가 중국입장에서 주권, 영토 문제인 동시에 혁
명 완수라는 측면에서 매우 중요하고, 더 나아가 중국의 부상에 대한 미
국의 중국 견제가 부딪치는 미중 패권경쟁의 최전선이기 때문이다. 양

안관계는 1992년 11월 중국과 대만이 맺은 '92년 합의(九二共識)'[3]에 의해 '중국은 오로지 하나'라는 원칙에 따라 묵시적인 관계가 설정되어 있다. 즉 '92공식(컨센서스)'을 통해 중국은 대만이 독립국가가 아니라는 점을 확인하여 양안문제에 있어 기본 원칙으로 삼는 반면 대만은 '중화민국' 명칭을 사용하는 준(準)독립 상태를 유지하는 것이다. 92공식은 중국과 대만에 있어서 항상 불씨를 안고 있는 사안으로 이는 양측 기구가 양안관계 발전을 위해 도출한 것이지만 중국과 대만이 이를 서로 다르게 받아들이면서 모순이 생긴 것이다.

〈표 1〉 2000년 이후 중국-대만 양안관계

| 시기 | 주요사항 |
|---|---|
| 2001. 11. | · 대만정부, 중국 대륙인 대만방문 부분 허용 |
| 2005. 03. | · 중국 전국인민대표대회(전인대), 대만이 독립을 추구할 경우 군사적 대응을 승인하는 내용의 '반(反)국가분열법' 통과 |
| 2005. 04. | · 베이징에서 후진타오(胡錦濤) 주석 롄잔(連戰) 대만 국민당 주석과 60년 만에 국공(國共)수뇌회담 개최 |
| 2007. 04. | · 전 국민당 롄잔 주석 중국방문 후진타오 주석과 회동 |
| 2008. 04. | · 보아오(博鰲) 포럼에서 후진타오 주석과 샤오완창(蕭萬長) 대만부총통과 회동 |
| 2008. 05. | · 우보슝(吳伯雄) 대만 국민당 주석 중국방문 |
| 2008. 06. | · 베이징 제1차 양안회담(주말전세기 운영, 중국인의 대만관광 허용합의) |
| 2008. 11. | · 타이베이 제2차 양안회담(여객 직항전세기 확대, 화물직항 전세기 운영, 해운직항 개방 합의) |
| 2009. 04. | · 난징 제3차 양안회담(공동범죄 퇴치·사법협력·금융협력·정기항공 운영·중국자본의 대만진출 개방합의) |

---

3  6개 보장은 ①대(對)대만 무기판매에 기한을 정하지 않고, ②무기수출시 중국과 사전협상하지 않으며, ③양안 중재 역할을 맡지 않고, ④대만관계법을 수정하지 않으며, ⑤대만 주권에 대해 일관된 입장을 변경하지 않고, ⑥대만에 중국과의 협상을 강요하지 않는다는 내용을 재차 확인한 것이며, 1979년의 대만관계법과 1982년의 6개 보장은 미국과 대만 관계의 원칙을 지속하는 주요한 근거가 되고 있다.

| 시기 | 주요사항 |
|---|---|
| 2009. 12. | · 타이중 제4차 양안회담(어업노무협력·농산품검역 표준검사 인증 협력협의) |
| 2010. 01. | · 양안 경제협력기본협정(ECFA) 협상 개시 |
| 2010. 06. | · 상하이 제5차 양안회담(ECFA 정식서명) |
| 2010. 09. | · 차이우(蔡武) 중국 문화부장 대만 방문 |
| 2010. 09. | · ECFA 정식 발효 |
| 2010. 12. | · 타이베이 제6차 양안회담(의약위생협력협정 서명) |
| 2011. 01. | · ECFA경제협력위원회 공식 출범 |
| 2011. 10. | · 텐진 제7차 양안회담(핵발전안정협정서명) |
| 2012. 08. | · ECFA 후속 4개협정 중 첫 번째 투자보장협정 체결 |
| 2013. 06. | · 대만 우보슝(吳伯雄) 국민당 명예주석 시진핑 주석과 회담 |
| 2013. 06. | · 상하이 제9차 양안회담(서비스무역협정 체결) |
| 2014. 02. | · 중국 국무원 산하 대만사무판공실 장즈쥔(張志軍) 주임과 대만 행정원 산하 대륙위원회 왕위치(王郁琦) 주임위원, 난징(南京) 에서 65년 만에 첫 중국-대만 양안장관급회담 개최, 당국 간 상시 대화기구 구축에 합의 |
| 2014. 06. | · 타이베이에서 중국-대만 2차 장관급 회담 |
| 2015. 05. | · 베이징에서 시진핑, 주리룬(朱立倫) 국민당 주석과 국공회담 |
| 2015. 11. | · 싱가포르에서 시진핑(習近平)-마잉주(馬英九), 첫 정상회담(3차 국공합작) |
| 2016. 11. | · 베이징에서 시진핑(習近平) 공산당 총서기-훙슈주(洪秀柱) 국민당 주석 회동 |

출처: 관련자료 근거 필자 정리.

　중국 정부는 대만 정치권 인사들을 만날 때마다 독립 반대 입장과 함께 92컨센서스를 받아들이지 않으면 제대로 된 교류가 있을 수 없다는 점을 강조하고 있다. 대만에서는 집권당의 이데올로기적 시각에 따라 각기 다른 해석을 하고 있는데 가령 국민당은 이 원칙이 대만이 원하는 '하나의 중국' 문제를 최종 해결하는 것은 아니지만 양측의 대립과 군사적 충돌을 피하고 경제 교류를 확대하는 '현실적인 방안'으로 받아들이고 있다.

　반면 민진당은 92컨센서스의 존재 자체는 물론 내용과 발전 가능성에 의구심을 보이고 있으며, 이 원칙에 입각해 '하나의 중국'을 '중화민국'으로 해석하는 것은 대만의 희망사항일 뿐이라며 비판적인 입장이다.

## Ⅲ. 포스트 냉전시기 미중 간 전략적 대립관계의 3대 문건

대만포럼 이사장이자 92공식(九二共识)개념의 제창자인 수치(苏起)는 "지난 40여 년간 대만의 운명을 조종하던 미중관계는 이미 과거 40년의 '왕래시기'를 넘어 새로운 '경쟁의 시기'에 접어들었고, 중국은 40여년의 도광양회를 통해 국제사회에서 상당한 영향력을 확보하였는데 이는 역사의 규율이다(苏起, 2019)"라고 했다. 미중 갈등은 중국의 부상에 따른 글로벌 레벨의 패권경쟁의 문제이기 때문에 복합적 성격을 가지고 있고, 국제정치에서 구조적인 문제이고, 문제를 해결할 시간이 필요하며, 쌍방이 핵심이익을 두고 대치적인 관점에서 현 상황을 분석해야 한다(李相万, 2019; 赵全胜, 2019). 특히 양안관계는 미중관계에서 실제로 발생할 가능성이 있는 '핫스팟(hot spot)'에 해당되는 아주 중요한 충돌영역이다.

트럼프 행정부의 시작과 더불어 미국은 중국을 견제하기 위해 대만카드를 공격적으로 사용하고 있는데 〈대만여행법(Taiwan Travel Act)〉, 〈국방수권법(NDAA 2019)〉, 〈대만보증법(TAA 2019)〉 등은 최근 미국과 대만 관계를 강화시키는 주요 법안들로써 미중관계를 새로이 규정하는 정책 변화의 변곡점이라 할 수 있다.

대만여행법(TTA)은 미국과 대만 양국의 고위공직자(관료, 장교, 정치인 등 공식적인 정부 라인의 인사)가 자유롭게 상대 국가를 방문할 수 있도록 허용한 법안으로 지위고하에 관계없이 모든 미국 당국자가 대만을 방문해 대만 측 당국자와 회담하는 것과 대만 고위관리가 미국을 찾아 국방부, 국무부를 포함해 미 당국자와 만나고 사업할 수 있도록 허용하는 내용을 담고 있다.

국방수권법(NDAA)은 국가안보를 이유로 다른 나라에 정치적, 군사적 제재를 가하도록 허용하는 법으로서 국가안보를 이유로 외국기업의 미국 투자에 대한 규제를 강화하거나 다른 나라에 대해 정치적 군사적 제재를 가하도록 허용하는 미국법을 말한다. 이 법은 미 정부의 이란 핵무기 개발제제, 이란 석유수출제제 해외자산 동결, 중국 통신장비 대기업 ZTE(중싱〈中興〉통신)에 대한 추가 제재 등의 조치가 이법에 근거하고 있으며, 트럼프 미국 대통령은 2017년 12월 12일 북한의 핵미사일 위협에 대응한 미사일방어체계 확충 예산 123억 달러가 포함된 7000억 달러(약 764조 500억 원) 규모의 2018 회계연도 국방수권법안(NDAA)에 서명한바 있고, 2018 국방수권법에는 미군의 대만 함정 교차 방문 등 양국 군사협력을 강화하는 내용도 담겨 있어 중국의 반발을 사고 있다.

대만보증법(TAA)은 대만 관계법의 업그레이드 버전으로 대만에 대한 무기 판매의 상시화를 강조하고, 국무부 내규인 대만관계지침(Guidelines on Relations with Taiwan)의 검토, 대만의 국제 활동 참여에 대한 지지를 강화하는 법안으로 대만은 미국의 인도-태평양 전략의 중요한 파트너이며, 미국 정부는 대만의 비대칭 국방전력 추진을 지지하고 대만이 국방예산을 늘리도록 촉구해야 하며, 대(對) 대만 군사무기 판매를 정례화해 대만의 자위능력을 강화하고, 대만이 수중 작전 및 방공 전력을 포함한 전력을 발전시키고 통합할 수 있도록 협력해야 하며, 대만이 세계보건총회(WHA), 국제민간항공기구(ICAO), 국제형사경찰기구(인터폴) 등 국제기구에 참여하는 것을 지지한다고 밝혔다.

〈표 2〉 2017년부터 현재까지 미국의 대만 우호적 법안

| 발의시점 | 제목 | 주요내용 |
|---|---|---|
| 2017.01.13 | 대만여행법<br>Taiwan Travel Act | · 미국과 대만의 모든 정부당국 교류 향상을 건의, 2018年 3월16일 비준 |

| | | |
|---|---|---|
| 2017.06.07. | 2018년 국방수권법<br>National Defense Authorization Act | · 미국-대만 군함의 상호정박 적절성과 타당성을 가늠하고 대만을 레드 플래그 (Red Flag) 훈련에 초청하는 등 미국-대만 국방관계를 격상할 것을 건의, 2017년 12월 12일 비준 |
| 2017.07.24. | 대만안보법<br>Taiwan Security Act | · 미국이 림팩(RIMPAC)과 레드플래그 훈련에 대만을 초청할 것을 건의 |
| 2018.04.13. | 2019년 국방수권법<br>National Defense Authorization Act | · 대만-미국 군사협력 강화, 합동군사훈련 확대, 대만에 대한 무기판매, 안보협력 및 대만의 자기방위 능력 강화 등을 지원, 2018년 8월 14일 비준 |
| 2018.04.24. | 아시아 안심 법안<br>Asia Reassurance Initiative Act | · 5년간 15억 달러로 미국의 인도-태평양 지역 배치를 강화하고 대만에 대한 무기 판매 상시화 지원과 대만과의 대외관계 증진 및 안보사무 접촉 증진을 건의, 2018년 12월 31일 비준 |
| 2018.05.07. | 대만 국방평가위원회법<br>Taiwan Defense Assessment Commission Act | · 대만의 방어능력을 포괄적으로 평가하기 위한 위원회 설치와 대만의 전략기획, 군사대비태세, 기술 연구개발, 안보사무조달 등에 대한 조언을 건의 |
| 2018.05.24. | 대만국제참여법<br>Taiwan International Participation Act | · 미국 대통령과 그 대표들에게, 대만의 적절한 국제기구 참여에 대해 중국에 질의하고, 미국의 국제기구가 발언권과 투표권을 이용하여 대만을 위해 목소리를 내도록 지시할 것을 요구 |
| 2018.09.06. | 대만 맹방 국제 보호 및 강화 이니셔티브법<br>Taiwan Allies International Protection and Enhancement Initiative Act, TAIPEI Act | · 대만의 대외관계 인정이나 비공식 관계 강화를 미국에 요구하고, 대만에 불리한 행위를 하는 국가에 대해서 국무부는 이들 국가와의 대외관계 관계 격하 및 대외원조 일시 중단을 요구 |

| | | |
|---|---|---|
| 2019.04.01. | 대만보증법<br>Taiwan Assurance Act<br>of 2019 | · 대만 관계법의 발전된 버전으로 여겨지며,<br>대만에 대한 무기 판매의 상시화를<br>강조하고, 국무부 내규인 대만관계지침<br>(Guidelines on Relations with Taiwan)<br>의 검토, 대만의 국제활동 참여에 대한<br>지지를 강화 |
| 2019.05.24. | 2020년 국방수권법<br>National Defense Au-<br>thorization Act | · 대만 의료선의 미국 훈련 참여를 지지하고<br>군함은 대만해협을 계속 정기적으로<br>통과해야 하며, 동시에 '대만여행법'을<br>바탕으로 양국 고위급 안보사무관료의<br>교류 또한 병행 |
| 2019.12.23. | 미국의회 대만에<br>대사급 외교관 파견<br>법안 '대만특사법' 발의 | · 미국이 이 법안을 통과 시키면 중국이<br>고수해온 '일국양제 원칙'을 철회하는 것임. |

출처: 각 연도 국내외 일간지 참고 필자 정리.

대만의 독자 생존을 보장할 대표적인 국내 정책은 국방력 재건으로, 국민당 정부에서 중국과의 관계 개선에 주력하면서 상대적으로 대만의 국방에 대한 관심은 줄어들었고, 현실적으로 미국을 제외한 전 세계 무기 수출국들은 중국과의 관계를 의식해서 대만에 무기 수출을 꺼려왔으며, 대만의 경제 침체로 인해 재정이 부족했던 상황과 맞물리면서 대만 군사력은 과거와 달리 대 중국 억지력을 유지하기 어려운 상황으로 파악되고 있다. 하지만 민진당 정부의 출현으로 대만독립이 가시화되면서 국방부문의 전력증강은 가속화되고 있다.

워싱턴의 정책결정자들은 대만을 미국의 인도-태평양 전략 실천의 중요한 구성원으로 고려하고 있으며, 현재까지 진행된 미국의 대 대만 정책 조정은 질적인 측면에서 상당히 많은 의미를 내포하고 있다. 특히 무기 판매는 이전 행정부에서도 꾸준히 진행되어왔고 중국이 가장 민감해하는 이슈이지만, 트럼프 행정부는 대만이 도입을 바라던 F-16V, C-103,

F-5, IDF 등 군용기나 M1A1 전차 등 무기뿐 아니라 도입 시 대만 무기 체계를 획기적으로 향상시킬 수 있는 3세대 야간표적식별장비인 스나이 퍼(Sniper) ATP(Advanced Targeting Pod)와 같은 장비들의 대만 판매도 허용하였다.

2015년에는 18억 달러, 2017년 6월에는 대만에 대한 조기경보 레이더 부품, 어뢰, 미사일 등 약 14억 달러, 2019년에는 약 22억 달러 분량의 무기 판매와 F-16V 전투기 정비센터 설립 허가를 아래 표-3과 같이 승인하였다. 중국은 미국이 대만에 대한 무기판매 계획을 발표할 때마다 강력히 반발하고 있지만 트럼프 대통령은 "대만으로 무기 수출을 중단할 수 없다"고 정면으로 반박하였다. 트럼프 대통령의 의도에 대해 중국은 미국이 대만에 무기를 판매하는 것은 국제법과 국제관계 위반행위라며 대만에 무기를 판매한 미국기업에 제재를 가하려는 움직임을 보이고 있다.

〈표 3〉 2017년부터 현재까지 미국의 對대만 무기판매

| 시기 | 주요내용 | 금액(달러) |
|---|---|---|
| 2017.06.29. | · HARM Anti-Radiation Missile(50기)<br>· JSOW 공대지미사일(56기)<br>· MK48 어뢰(46기), 기덕급 구축함 전자전 업그레이드 시스템 | 14.2억 |
| 2018.09.24. | · F-16, C-130, F-5와 경국호 전투기 5년 분의 부품 | 3.3억 |
| 2019.04.15. | · F-16 비행훈련 및 후속정비 | 5억 |
| 2019.07.08. | · M1A2T전차(108대)<br>· M8842장갑구호차(14대)<br>· M1070A1-HET운송차(16대)<br>· FIM-92스팅어 미사일(254기) | 22억 |
| 2019.08.20. | · 미 행정부 F-16V 전투기 66대 판매계획 승인 | 80억 |
| 2019.12.17. | · 미 행정부 록히드 마틴사와 대만항공기 제작사 (한상, AIDC)와 F-16V 전투기 정비센터 설립 허가 | |

출처: 각 연도 일간지 참고 필자 정리.

# Ⅳ. 미·중·대만 간의 전략적 모순과 갈등

## 1. 대만 민진당 정부의 '친미반중' 정책노선

1999년 리덩후이 총통이 양안관계를 특수한 국가 대 국가의 관계로 보는 '양국론(兩國論)'을 제기하고, 천수이볜(陳水扁) 총통은 '대만해협을 사이에 두고 한쪽에 각기 한 나라씩 존재한다'는 '일변일국론(一邊一國論)'을 제시하는 등 민진당 정권은 '하나의 중국 정책'을 거부하면서 공개적으로 대만독립 입장을 피력하여 양안간의 갈등과 긴장이 높아지는 확산의 길로 진입하고 있는 중이다.

반면 중국대륙은 이에 맞서 '반국가분열법'을 제정하여 대만에 대한 비평화적 수단의 사용을 공식적으로 천명하였다. 중국의 후진타오(胡錦濤) 국가주석은 평화발전을 위한 4가지 지침(胡四點)을 발표하는 등 양안관계에 대해 보다 유연한 입장을 취하기도 했고[4], 대만 역시 대륙과의 긴장관계 속에서도 2001년 푸젠성(福建省)과 소3통(小三通)(직항, 교역, 우편교환)을 하는 등 주로 정치외적인 경제 분야를 중심으로 교류를 증진시켜 나갔다. 2008년 5월 대만에 마잉주(馬英九) 총통이 집권하면서 양안관계는 크게 개선되기 시작하는데 대만은 민진당과 달리 국민당 정권은 중국 대륙과 전반적으로 우호적인 관계를 형성하고 있다.

국민당의 마잉주 총통은 3불(三不)정책(불독립, 불통일, 무력불사용)을

---

4  '胡4點'은 '原胡四點(2005.3.4.)'과 '新胡四點(2005.4; 2005.5)'으로 구분하여 볼 수 있는데, 1) 원호사점은 하나의 중국원칙 견지는 불변, 평화통일노력의 포기불가, 대만인민에 대한 희망을 최후까지 관철하겠다는 방침 불변, 대만분열활동에 대한 반대는 타협의 대상이 될 수 없음 등을 말하며, 2) 신호사점은 하나의 중국원칙에 기초한 '92共識' 강조, 양안간 '삼통(통상, 통항, 통우편)' 실현을 포함한 경제교류와 협력, 가까운 장래에 양안간의 평등대화촉구, 상호이해증진과 양안동포간의 감정 친밀화등을 주요내용으로 하고 있다.

제시하면서 양안 간에는 정상회담(3차 국공회담)도 수차례에 걸쳐 열렸다. 특히 경제 분야에서는 양안경제협력기본협정(Economic Cooperation Framework Agreement: ECFA)을 체결하는 등 양안협력을 적극적으로 확대시켰고, 2012년 마잉주 총통의 재집권으로 양안관계는 경제 분야를 중심으로 계속 긴밀해졌고, 군사 분야나 안보분야에서도 협력을 모색해 왔다. 특히, 남중국해와 댜오위다오/센카쿠열도 문제에 있어서는 각자 영유권을 주장하면서도 타국에 대해서는 공동 대응하는 모습을 보여주기도 하였다.

2013년 들어서는 양측이 각자의 정부 내에 관련 사무처를 설립하고 공무원을 파견하기로 합의하여 양안 교류가 더욱 확대되는 모습을 보이기도 하였다. 이와 관련하여 경제 분야에서의 협력을 넘어서 정치 분야의 협력이 추진되기 시작한 것으로 양안의 통일을 위한 우호적인 접근이라는 평가도 있었다.

하지만 양안관계의 커다란 변화는 민진당의 차이잉원정부가 탄생되면서 또 다시 긴장과 갈등 상황으로 전개되고 있다(Lawrence, 2019). 중국은 대만이 자국의 핵심이익이라고 강조함에 따라 대만의 독립과 관련된 문제에 있어서는 민진당 정권은 중국 공산당 정권에 대해 유독 강경한 입장을 보였다. 돌이켜보면, 양안관계의 대립과 협력의 교차는 주로 양국 최고 지도부의 입장에 따라 변화되어온 측면이 강하다.

한편, 양안관계에는 중국과 대만 이외에 미국도 중요한 행위자라는 점을 간과해서는 안 된다. 냉전시기 대만은 미국에게 있어서 '가라앉지 않는 항공모함'(unsinkable aircraft carrier)으로서의 가치를 가지고 있었다. 미중 간의 대립이 우려되는 현 시점에서도 대만은 여전히 미국의 대중국 정책에서 유용한 카드이며, 대만으로서도 자국의 독립에 있어서는 미국의 지원이 절실한 상황이다. 특히 미국에 의한 '하나의 중국정책 포기'와 표-3과 같은 미국의 대만에 대한 무기판매는 언제나 양안관계의 중요 이슈다.

미국은 양안관계에 대한 전략적 모호성(strategic ambiguity)에 기초하여 대만문제를 미국의 동아시아에서 전략적 경제적 이익과 직결되는 문제로 인식해왔다. 미국 트럼프 행정부의 대만에 대한 전략적 개입 강화와 짝을 이루는 것은 대만 민진당 정부의 적극적인 호응이며, 차이잉원 총통은 집권 직후부터 '하나의 중국' 정책을 인정하지 않는다는 입장을 고수하고 있으며, 대외적으로는 친미·친일 외교노선을 강화하고 대내적으로도 당장 대만 독립을 추진하지는 않더라도 중국으로부터 대만의 독자적 생존을 실질적으로 보장할 수 있는 다양한 국내 정책을 추진하고 있다.

시진핑 주석은 강한 권력을 지닌 중국 지도자로서 1982년 헌법의 서문에서 언급한 대만과의 통일을 재천명한바 했다(1982년 12월 4일 제5기 전국인민대표대회 제5차 회의 통과). 2016년, 새로 선출된 차이잉원 대만 총통은 '하나의 국가, 두 개의 체제(어떤 '중국'이 합당할 것인지는 중국과 대만이 각자 해석)'를 선언하고 양안 관계를 발전시켜 온 '92컨센서스'를 인정하지 않겠다고 하였다. 이후 중국 공군은 2017년 7월부터 12월 사이에 대만 영공을 14차례나 넘나들며 대만에 대한 무력시위를 계속하였다.

더욱이 시진핑 정부는 대만이 국제사회에 존재감을 강화하는 것에 대한 부정적인 역할을 계속하기도 했다. 대만이 2017년부터 활동해 온 세계보건기구(WHO) 등 국제기구에서 대만을 배제하고자 영향력을 행사했고(Lawrence, 2019), 국제항공사가 자사 웹사이트에 대만을 중국으로 표기하도록 압력을 가했고, 게다가 대만을 외교적으로 고립시키려는 협박 전술을 구사한 결과, 대만을 인정하는 국가는 2016년보다 6개국 줄어, 현재 16개국에 불과하다(이훈, 2018).[5]

차이잉원 정부가 추진하고 있는 개헌도 중국은 대만 독립으로 가기 위한 헌법적 문제를 해결하기 위한 시도로 평가하고 있다. 현행 대만 헌법의 '통일' 문구를 삭제하고 대만과 중국을 별개의 국가로 규정하는 것에 대해 대만은 현실을 반영한 것이라는 입장이지만 개헌이 실제 진행되면 중국의 강력한 반발은 명약관화하다. 또한 라이칭더(賴淸德) 행정원장이 '대만은 주권독립국가'라고 밝히는 등 대만의 독립을 향한 포석은 꾸준히 진행 중에 있다.

민진당 정부가 추진 중인 영어 공용화 정책이나 신남향정책(新南向政策) 등도 상술한 국방력 재건이나 개헌만큼 정치적 의미가 뚜렷하지는 않지만 거시적 측면에서 보면 중국의 영향력에서 벗어나 독립을 추구하겠다는 큰 틀에서 이해할 수 있는 정책들이므로 역시 양안 관계의 갈등 요인으로 작용할 것으로 전망된다.

## 2. 가치관 차이에서 발생한 홍콩과 대만문제

1997년 홍콩반환 후 22년간 가속화된 '홍콩의 중국화'에 대한 부작용이 작금의 홍콩시위를 초래했고, 홍콩에 적용한 '일국양제(一國兩制)'가 최대위기를 맞고 있다. 중국의 무력개입 위협으로 수세에 몰렸던 홍콩 반정부 시위대는 반송법철회 주장을 넘어 민주보통선거, 항인치항(港人治港: 홍콩인에 의한 홍콩 통치)의 직선제(행정장관과 입법의원)와 홍콩자치권확대 요구를 주장했고, 트럼프 대통령의 홍콩사태에 개입의사를 보임으로써 미중 간에 새로운 이데올로기 전선이 형성되었다.

홍콩은 중국과 세계를 연결하는 관문(Gateway to China)으로 작용하고 있으며 홍콩시위는 88일 만에 동맹휴업, 노동계 노동투쟁, 소비자 불매운동 등 홍콩정부에 대한 압박으로 2019년 9월 5일 케리 람 행정장관은

---

5    2016년 3월에는 감비아, 2017년 6월 13일 파나마, 2016년 12월 상투메 프린시페, 2018년 8월 엘살바도르와 도미니카 정부가 대만과의 단교를 선언하고 중국과 공식 수교했다. 위 국가들이 대만과의 단교를 한 주요 원인은 중국과의 경제적 지원 관계 때문이다. 중남미 지역에서 탈대만/친중국화는 미국의 대 중남미 정책에 상당한 부담을 주고 있다. 대만의 현재 수교국은 중남미 9개국, 오세아니아 5개국, 유럽 1개국, 아프리카 1개국 등 총 16개국이다. 현재 남태평양의 솔로몬제도도 지난9월 16일 대만과의 단교를 단행하여 국제사회에서 막강한 경제력을 바탕으로 한 중국의 대만고립화 정책은 점점 거세지고 있다.

'반송법'을 공식 철회함으로써 새로운 전기를 맞이하게 되었다. 이번 홍콩시위 사태에서 보듯이 지난해부터 미국과 대만관계가 밀월관계를 과시하며 미국이 그간 금기시 되었던 수교과정에서 명문화한 '하나의 중국정책'에 수정을 가하면서 대만을 포용하는 과정에서 미중 간의 갈등이 가속화되고 있다.

홍콩행정청 수반인 케리 람 장관은 홍콩은 매우 작은 곳이라 광둥·홍콩·마카오 대만구(大灣區, Great Bay Area) 등 중국 본토에서 기회를 찾아야 한다면서 홍콩의 미래는 일국양제 하에서 중국 본토의 발전 추세와 융합하는 데 있다고 강조했다. 중국정부는 이번 홍콩시위에서 보았듯이 일국양제가 심각하게 내상을 입은 것에 반발하여 홍콩특별행정구를 웨강아오(粵港澳) 대만구 건설 계획에서 제외하고 심천을 홍콩을 대체할 "중국특색사회주의 선도구"로 지정하여 제2의 개방을 추구하고 있다. 홍콩·마카오·광동성을 연결하는 거대한 단일경제권인 '웨강아오 대만구' 건설에서 홍콩을 대체할 중국특색사회주의선도구(심천특구) 개발 시작하고, 광범위한 개혁조치를 시행하여 20세기 중엽까지 글로벌 벤치마크 도시로 만들겠다는 구상을 공개했다. 이 조치는 글로벌 본사와 지사의 설립을 장려하고 해외와 홍콩의 인재를 유치하여 홍콩의 금융 허브기능을 무력화(공동화)시키겠다는 중앙정부의 프로젝트이다.

홍콩과 대만문제의 중심에는 그간 중국이 강조해온 일국양제에 대한 신념이 희석되는 가운데 사실상 일국양제에 대한 교육이 실패했음을 보여주는 것으로 양제는 교육했으나 일국 교육은 못한데서 그 원인을 교육적 가치관의 차이에서 발생한 것으로 보인다. 홍콩은 대만과 연계하여 중국에 이념적 가치관 대결을 할 것이고 미국을 비롯한 서방 국가들은 이러한 대항을 지지할 것으로 보인다.

또한 홍콩과 대만문제의 중심에는 그간 중국이 강조해온 '일국양제'에 대한 신념체계에 위기가 발생하면서 저항을 받게 되었고, 이러한 반작용 현상은 사실상 일국양제에 대한 중국 중앙정부의 이념교육이 실패했음

을 보여주는 것으로 두 가지 제도(兩制)는 교육했으나 하나의 중국(一國)
교육을 제대로 못한 가치관 교육의 실패에서 그 원인을 찾아야 할 것이
다. 더불어 홍콩은 대만과 연계하여 중국이 주장하는 이념적 가치관에
저항을 할 것이고 미국을 비롯한 서방 국가들은 이들의 저항을 지지할
것으로 보인다.[6]

마이크 펜스 미국 부통령의 허드슨 연구소 연설(Pence, 2018/10/04)에
서 "미국인들은 항상 대만의 민주주의 수용이 모든 중국인을 위해 더 좋
은 길을 제시했다고 믿는다"[7]는 언급은 상당히 상징적이고 수사적 표현
이었으나 미국의 정치 엘리트들은 중국과의 관계에서 이념 문제를 정면
으로 제기하기 시작하였다. 미국을 비롯한 서구 민주 국가들은 중국이
시장경제와 세계화의 자본주의 세계체제로 편입되면 서구 보편적 가치
를 따를 것으로 전망했지만 사실은 중국이 시장경제가 진행될수록 독재
체제는 더욱 강화되고 있다는 점을 공격하고 있다.

미국입장에서 대만문제와 홍콩민주화시위는 중국을 공격하고 미국적
가치를 전파하는데 아주 중요한 공격의 도구가 되고 있다. 카이론 스키
너(Kiron Skinner) 미 국무부 정책기획국장은 지난 4월 29일 워싱턴에서
개최된 '미래안보포럼(2019)'에서 중국과의 충돌을 "진정으로 다른 문명
과 다른 이데올로기와의 싸움"이라며 "우리가 백인(Caucasian)이 아닌 대
단한 경쟁자를 가지는 것은 처음"[8]이라고 언급했다(이상만, 2019/07/02).

---

6    미국정부는 1992년 홍콩정책법을 통해 홍콩특별대우 보장을 하여 왔는데 최근 미
     의회 자문기구인 미중경제안보검토위원회(UCESRC)는 연례보고서을 통해 중국군
     이 무력 개입할 경우 홍콩에 부여한 특별대우(관세, 투자, 무역, 비자발급 등)를 중
     단하는 내용의 관련법 제정을 의회에 권고했고, 미국 상원은 앞서 하원에서 만장일
     치로 통과된 '홍콩 인권민주주의 법안(홍콩인권법안)'에 대한 신속처리 절차(패스트
     트랙) 추진을 논의한 후 상기 법안을 만장일치로 통과 시켜 트럼프 대통령의 서명 후
     발효되었음(2019.11.27.).

7    원문은 "America will always believe Taiwan's embrace of democracy
     shows a better path for all the Chinese people."

기든 라흐만(2019) 파이낸셜타임스 칼럼니스트는 "서방 세력이 중국을 세계화와 무역으로 포용한 것은 경제적인 결정만은 아니다"며 "중국이 세계화를 통해 서구의 정치적 가치(자유·민주주의·인권 등)를 받아들일 것이라는 정치적 판단도 있다"고 밝힌 바 있다(Finance Times, 2019/06/03).

이러한 서구적 가치의 강력한 저항 하에 시진핑 중국 국가주석은 제1회 '아시아 문명대화 대회(신화사, 2019/05/15)' 개막 연설에서 "자국 인종과 문명이 남보다 뛰어나다고 생각하고 다른 문명으로 개조하려거나 심지어 대체하려는 생각은 어리석다"며 "평등과 존중의 원칙으로 오만과 편견을 버리고 서로 다른 문명과 교류와 대화로 상생할 수 있어야 한다"고 하면서 "각종 문명은 원래 충돌이 없었고, 문명 교류는 대등하고 평등해야 하며 강제적이거나 강요해서는 안 된다"고 주장했다. 이러한 문제는 궁극적으로 중국정부의 '샤프파워(sharp power)' 강화 문제로 이어지며, 미국적 가치와 중국적 가치의 충돌로 이어져 상당한 정도의 이념충돌을 야기할 수 있는 중미간의 양보할 수 없는 근본적인 정치체제문제라 할 수 있다.

또한 미국 내에서 활동하고 있는 공자학원 요원들과 학습내용들에 대해 미국정부가 제동을 걸면서 상당수가 현재 활동을 못하고 본국으로 귀국하고 있다. 공자학원(Confucius Institute)은 중국 정부가 자국의 언어와 문화 등 소프트파워(soft power)를 세계에 전파할 목적으로 세계 각국의 대학을 중심으로 설치하고 있는 교육기관이다. 중국정부는 공자학원을 통해 중국의 소프트파워를 확장하려는 야심 찬 계획을 세우고 정부차원에서 대대적인 지원을 하고 있지만 상대방 국가들은 중국정부의 저의를 '샤프파워'라 부르며 의심하고 있다.

더욱이 중국과 미국 같이 주변 국가에 대해 큰 영향력을 가진 국가 간

---

8    원문은 "This fight is with a really different civilization and a different ideology and the United States hasn't had that before."

경쟁 심화는 이 두 국가를 각각 중심으로 하는 진영의 형성을 초래하여 결국에는 정치, 경제, 이념 등 다양한 영역에서 상호 대립하는 블록이 형성될 가능성도 높다. 이 경우 동북아시아 지역 내 국가들이 신뢰 구축을 통해 협력 관계를 제고하는 것은 더욱 요원하고 어려운 과제가 된다.

미중 패권전쟁은 동서양의 정치체제 모델과 문화적 가치관의 경쟁으로 비화되어 서구 민주주의 미국에 대한 동양의 이민족인 중국 문명과의 충돌로 비춰지고 있다. 중국이 미국과의 무역전쟁 와중에 갈등 요인이 경제와 무역, 기술에서 이념의 영역까지 확전되는 것을 원하지 않았기에 이 연설에 대한 정부 차원의 강력한 대응은 하지 않았다고 생각되지만, 중국 최고 지도부에게 미국의 이러한 언급은 상당한 충격으로 받아들여졌을 것으로 생각 된다.

### 3. 일대일로, 대만의 신남향정책과 인도-태평양 전략과의 충돌

중국이 구상하는 세계질서는 어떠한 신형국제관계인가를 이해하는 것이 중요한데 이것은 천하질서 속에서 일대일로를 통해 중국몽을 실현하는 것이다. 윌리엄 커비(William C. Kirby)는 "청(淸) 제국은 붕괴되었으나, 제국은 여전히 존재한다"(이태준, 2018: 781 재인용)고 했는데, 중국이 추구하는 천하질서는 중국인들의 의식 속에 오랜 세월 동안 각인되어 지울 수 없는 역사적 의식체계이고, 중국몽은 중화민족의 부흥을 이룩하겠다는 목적이며, 일대일로는 중국몽을 실현하기 위한 물질적 수단이라 할 수 있다(이상만, 2019/05/14).

중국은 중국식 사회주의와 민족주의가 결합한 중화제국의 원형을 복원하려는 욕망을 가지고 있기 때문에 서구 주도의 현 국제질서를 그대로 수용하지 않을 것이며, 은연중 중국 중심의 국제질서 구축을 시도하지만 그 새로운 질서가 전통적 중화 세계질서처럼 중국을 중심으로 한 제국과 종속국의 관계가 될 수는 없을 것이다.

21세기 중국의 지속적 성장은 새로운 성장 동력의 창출과 안정적 자원의 공급 및 제해권의 회복을 통해서 가능할 것이며, 이것은 일대일로 정책이 어떠한 방향성과 성과를 산출하느냐의 문제이다. 중국은 지속적인 성장에 필요한 에너지 자원의 확보, 안정적 자원이동 루트인 해양수송로의 확보, 해양주권과 해양자원의 확보와 연관된 영토분쟁 등의 문제에 대응하기 위해 해양 전력을 강화하고 선제 공격적인 해양팽창 성향을 표출하고 있다.

미국의 전략적 봉쇄, 일본의 전략적 교란, 인도의 전략적 비협조 등 강대국은 일대일로에 대한 경계심과 반대의 목소리를 높여가고 있으며, 주변국의 경우에도 자국의 경제건설에 소요되는 자금, 기술, 무상원조에 대한 기대심리와 함께 대중 의존도 심화에 대한 우려 또는 경계심을 노출하고 있다. 일대일로 구상의 핵심내용을 보면 중국이 추구하는 것이 무엇인가에 대한 답을 아래 그림과 같이 이해할 수 있는데 그 해답은 중화제국의 부흥을 위한 물적 토대를 완성하여 글로벌 패권을 장악하는 것을 최종 목표로 하고 있다(李相萬, 2015: 59).

중국의 일대일로(一帶一路) 구상은 많은 기대감을 안고 출발했고, 얼마 전까지만 해도 "향후 관련 연선(沿線)국가는 더욱 확대될 것이며, 중국정부의 계획대로 일대일로 프로젝트가 진행된다면 세계 최장 길이의 경제회랑이자 발전 잠재력이 가장 높은 경제권이 형성될 것"이라는 긍정적인 전망이 지배적이었다(이승신·이현태 외, 2017: 38). 실제로 시진핑 주석은 적극적인 경제외교를 통해 일대일로 연선국가들과의 우호협력관계를 강화하며 일대일로에 대한 지지와 인프라 연결, 금융협력, 무역확대 등 주요 분야의 경제협력 참여의사를 이끌어냈고, 광범위한 협력 사업이 추진 중에 있다.

그러나 최근 들어 일대일로에 대해, 주변 국가들과의 상호연계와 협력이 확대되고 있다는 긍정적 평가와는 다르게 그 부정적인 영향에 대한 우려가 지적되고 있음에 주목해야 할 것으로 보인다(양평섭·박영호 외, 2018: 77). 대표적으로 수익성의 불확실성과 과잉투자에 대한 경제성의 문제, 중국의 고금리 대출로 인한 연선국가들의 채무 증가, 중국에 대한 경제 및 안보 의존의 심화, 특히 역내 분쟁 지역 개발과 관련한 중화주의를 비롯해 역내 안보질서에 대한 중국의 전횡, 미국·인도 등과의 패권 경쟁 심화 등 다양한 비경제적(정치적, 안보적) 제약요인들이 지적될 수 있다.

중국의 영향력 행사 범위는 주변국 동의를 얻기 위한 왕도정치와 말을 듣지 않는 나라엔 정치적 문제를 빌미삼아 경제적 압박을 가하는 행위(China's bullying)가 될 것이다(박재규·김근식 외, 2019: 313-314). 중국은 글로벌 차원의 질서가 미국 등 초강대국의 단일 패권에 의해 좌우돼서는 안 되고, 몇몇 강대국이 이끌어가는 다극질서가 되어야 하며, 이런 가운데 동아시아 지역에서는 중국이 주도적인(dominant) 지위를 차지해야 한다는 목표를 가지고 있다. 중국의 해외 팽창과정에서 정치력은 간혹 사용될 뿐이고, 일차적으로는 경제적 영향력을 계속 확장시켜 나갈 것이며, 동아시아 지역에서 미중 간의 경쟁이 격화되는 단계에서 '비공식적' 제국주의 지배를 지속시켜 나갈 수 없게 되면 공식적 제국주의 지배로의 전환될 가능성이 매우 크다.

2016년에 차이잉원 정부에서 등장한 신남향정책(The New Southbound Policy: NSP)은 동남아시아국가연합(ASEAN), 남아시아 및 오세아니아 18개 국가와 경제무역협력, 인재교류, 자원공유 및 지역연결을 통하여 '상호공영의 신협력모델' 창조와 '경제공동체의식'의 건립을 목표로 설정한 민진당 차이잉원 정부의 대외정치경제정책이다. 신남향정책은 지난 마잉주 정권의 정치경제적 정책 지향점이 중국에 지나치게 편중되어 대만 경제발전에 병목현상이 발생했다는 인식에서 제기된 것으로, 대륙에의 종속을 우려하는 대만민중들의 궐기는 대만정부가 신남향정책을 적극 추진할 수 있는 원동력이 되었다(이태준, 2018: 776). 이는 즉 중국이 대만을 '하나의 중국' 프레임에 가두어 종속적 위치에 결박시키려는 중국 대륙의 양안통일 시도에 대한 대만정부의 전략적 저항정책이라 할 수 있다.

한편, 중국 당국은 차이잉원 정부가 야심차게 준비하고 추진하고 있는 신남향정책에 곱지 않은 시선을 보내고 있다. 중국의 신남향정책에 대한 부정적 시각은 대만이 단순히 경제영토를 확장하는 것이 아니라 중국 대륙에 대한 경제적 의존으로부터 벗어나려는 목적이며, 대만의 경제적 자주성과 정치적 독립성을 유지하기 위한 탈중국화 전략이라고 인식하고 있다(邵宗海, 2016; 王建民·陳麗麗 外, 2017). 즉 중국은 대만의 신남향정책이 단순히 경제정책이 아니라 주변국들과의 '가치동맹'을 형성해 중국을 배척하고 국제적 연대 공간을 확장함으로써 종국에는 '하나의 중국' 정책을 거부하고 대만독립을 추진할 기반을 마련하는 탈중국화 전략이라 의심하고 있다(Shi, 2017: 85; 信强, 2017: 84).

인도-태평양 전략은 나토와 더불어 미국의 세계전략 추진에서 매우 중요한 군사전략 구상의 핵심으로 인도-태평양 전략이 중국을 견제하고 봉쇄하는 방패이고, 나토는 유럽으로 팽창하려는 러시아를 견제하는 매우 중요한 군사적 역할을 하고 있다. 미국은 인도-태평양 전략 보고서에서 중국을 기존질서를 파괴하려는 수정주의 국가로 지칭했고, 러시아는 해로운 국가로, 북한은 불량국가로 표현하여 미국이 '의도적'으로 냉전시기 북방삼각관계 재현을 추진함으로써 국가이익을 추구하려는 의도를 표출하고 있다.

동 보고서는 공개적으로 중국을 "가장 큰 장기적 위협은 규칙에 근거한 국제질서를 유지하기 보다는 훼손하려는 행위자"라고 명시하여 중국 공산당 통치체제를 공개적으로 비난해 통상전쟁을 넘어 체제와 이념 논쟁으로 비화시키고 있다. 특히 대만을 싱가포르, 뉴질랜드, 몽골과 더불어 인도-태평양 지역의 민주국가로서 신뢰할 수 있고, 능력 있는 파트너로 분류한 것은 미국이 중국과의 패권경쟁에서 중국을 압박하기 위해 '하나의 중국원칙'을 수정하여 대만카드를 사용함으로써 중국의 4대 아킬레스건(남중국해문제, 경제문제, 인권문제, 대만문제 중 하나를 의도적으로 건드린 것으로 평가된다.

더욱이 지난 6월 2일 샹그릴라 아시아안보대화에서 미국의 패트릭 새너한 국방장관 대행이 "미국은 '대만관계법에 의거하여 대만과의 국방협력을 계속 하겠다"라고 말한 것에 대한 대응 형식으로 웨이펑허(魏鳳和) 국방장관은 "누구든 중국과 대만을 분리시키려 하면 중국군은 어떤 비용을 치르더라도 싸울 수밖에 없다"고 했고, "통일을 수호하지 못한다면 인민해방군이 존재할 이유가 없다"고도 했다. 중국은 국방백서에서 대만문제에 대해 '무력 사용도 불사하겠다'는 단호한 입장을 보였고, "국가분열에 반대하는 투쟁이 긴박해지고 있다"면서 "대만은 반드시 통일해야 하고, 필연적으로 통일된다. 독립 움직임에 대해서는 단호하게 타격을 가하겠다"고 주장했다(中华人民共和国国务院新闻办公室, 「新时代的中国国防白皮书」, 2019/07/24).

### 4. 중국의 對 대만 26개항 우대조치

양안관계는 92공식에 의해 전략적 모호성과 구동존이적 해석의 차이로 '하나의 중국' 원칙 아래 크게 무리 없이 양안관계의 평화적 발전이 가능했지만 대만 차이잉원 정부의 하나의 중국 정책을 거부하면서 '양국론(兩國論)'과 '일변일국론(一邊一國論)'을 내세워 공개적으로 대만 독립 입장을 피력하여 양안간의 갈등과 긴장이 높아지고 있다(蔡英文, 2016/10/4 WSJ 인터뷰; 張小月, 2017/05/18; Hutzler, 2016/10/04).[9]

여기에는 미국의 중국 견제라는 대전략 하에서 대만카드를 이용하여 중국을 자극하려는 워싱턴의 정책적 변화(대량전술무기 판매, 대만주요인사의 미국방문, 미국고위관료의 대만방문허용, 미 해군함정의 대만해협진입, 대만대표부에 대사급외교관 파견 등)가 감지되고 이에 대한 중국의 강력한 항의와 반발(중국공군과 해군의 대만해협 무력시위, 중국인들의 대만여행금지)이 거세지면서 양안관계는 어려워지고 있다.

전국인민정치협상회의 주석(汪洋)은 대만 총통 선거(2020.1)를 의식하여 대만 내 친중 분위기 조성을 위해 중국 정부가 대만의 기업과 개인을 우대하는 양안(兩岸) 경제문화 교류·협력 촉진을 위한 '26개 조치'를 발표했다(国务院台办, 『关于进一步促进两岸经济文化交流合作的若干措施』, 2019/11/04). 이 26개항 조치는 미중 무역전쟁이 가중되는 환경 속에서 중국이 대만의 기업가와 개인에게 혜택을 부여한다며 발표한 조치이다. 그러나 대만의 언론들은 대만에게 혜택을 주는 것이 아니라는 반응을 보이고 있다. 이유는 중국은 대만에 대해 2018년 31개 조치사항과 마찬가지로 2019년 26개 조치상항 역시 대부분 대만인들이 대륙에서 생활방면과 사업방면에서 거주환경을 개선하는데 중점을 둔 조치들이며 (Lawrence, 2019), 이 조치는 다분히 일시적인 당근책에 불과하다는 것이다.

26개 조치의 주요 내용은 다음과 같다. 첫째는 대만인은 해외에서 자연재해나 불의의 사고를 당하면 중국 대사관이나 영사관에 영사 보호와 협조를 요청할 수 있다는 점이다. 둘째는 외국에서 중국인과 동등하게 영사 대우받을 수 있다는 것이고, 셋째는 거류증이 있는 대만인은 중국에서 주택을 살 때 중국 본토인과 동등한 대우를 받게 되며, 넷째는 대만 운동선수들은 중국에서 축구와 농구, 탁구 등의 대회에 참가할 수 있으며, 다섯째는 대만 기업이 주요 기술 장비 사업에 참여할 수 있도록 하여 중국의 5세대 이동통신(5G) 기술 개발과 표준 제정, 네트워크 건설 등에도 참여할 수도 있으며, 여섯째는 대만 업체들은 중국에서 민간 항공과

---

9　차이잉원(蔡英文)총통은 미국 Wall Street Journal과의 인터뷰에서 대만은 주권국가라고 공개적으로 선언했고(2016.10.04.), 장샤오위에(張小月) 대만 대륙위원회 주임위원은 중국과 베트남이 일대일로 국제고위자 포럼에서 하나의 중국원칙과 양안통일 및 대만독립을 반대한다는 공동성명에 서명하자 차이 총통은 중화민국은 주권독립국가이며 대만은 절대 하나의 중국원칙을 수용할 수 없다(我们是绝对不会接受一中原则这样的一件事情，因为台湾不是中国大陆的一部分，"中华民国"是一个"主权独立的国家"。2017.05.18)고 하여 대만이 점진적인 독립노선을 걷고 있는 것이다.

테마파크 투자 및 소액 대출업체를 설립할 수 있고 자금 조달과 수출신용보험에서도 혜택을 누릴 수 있다는 점들을 강조하고 있다.

# V. 결론

중국은 최근 대만에 대한 미국의 전략적 접근에 대해 '하나의 중국원칙'에 위반되며, 중·미 양국 관계의 정치적 기반을 심각하게 훼손한다고 항변하면서 미중 관계가 급속도로 악화되었고 양안관계도 협력과 공존에서 대결과 경쟁의 시기로 진입하였다.

미국은 대만문제에 있어 기본적으로 3가지를 고려하고 있다. 미국의 입장에서는 비용이 적게 들고 효과가 매우 큰 대만카드를 사용하는 것이 중국견제에 좋은 패가 될 수 있는 레버리지이다. 첫째는 전략적 고려사항으로 이미 한국전쟁시기 맥아더 장군에 의해 대만은 불침항공모함으로 불렸고, 냉전 후에는 대만은 중국굴기를 제어하는 지렛대역할을 하였다. 둘째는 외교적 고려사항으로 대만은 미중 간 전략게임에서 비용이 가장 적게 투입되고 효과가 분명한 경제원칙에 적합한 레버리지이다. 셋째는 정치적 고려사항으로 한편으로는 미국의 민주가치관을 추진할 수 있고 다른 한편으로는 대만문제를 가지고 국내정치에 이용할 수 있는 것이다.

모든 중국의 지도자들이 양안통일이 진정한 중화민족의 부흥이라고 인식하는 한 중국에게 대만은 어떠한 상황, 어떤 지도자라도 포기할 수 없는 가장 중요한 정치 아젠다라 할 수 있다. 특히나 시진핑 주석은 집권 이후 권력 강화를 추진하는 과정에서 '중화민족의 위대한 부흥'이라는 민족주의를 자극하는 정치구호를 대대적으로 선전했고, 강력한 카리스마 구축을 위해 노력해왔기 때문에 대만문제에서 약한 모습을 보이는 것은 상상할 수 없는 상황이다.

중국의 21세기 목표는 중화민족의 부흥이고, 그 기저에는 매 시기 중국 최고지도자들이 그토록 강조하는 양안통일 문제가 당대의 가장 큰 치적이 될 수 있기 때문에 중국이 글로벌 패권국가로 진화하는 과정에서 대만변수는 매우 중요한 것이다.

중국의 입장에서는 미완의 통일 상태를 가능한 통일 상태로 변경하려고하기 때문에 중국정부가 대만문제를 바라보는 시각은 '목표는 평화통일이고, 무력통일은 가능한 억제하며, 통일의 관건은 민심이며, 통일의 장애는 미국'이라는 생각을 가지고 있다. 대만문제는 미국이 중국을 적절히 통제하는데 아주 유용한 레버리지이기에 미중이 모두 포기할 수 없는 중대한 국익이 걸린 핵심이익이다. 미중관계에서 대만의 위상은 보호와 정복이라는 이중성을 가지고 있다. 미국에 있어서는 '침몰하지 않는 항공모함'이고, 중국에 대해서는 '통일되어야 할 대상'이기 때문에 미중은 대만문제를 놓고 한 치의 양보도 할 수 없는 상황이다. 중국의 입장에서 대만문제의 해결과 양안의 통일 실현은 어떤 국가적 과제와 비교할 수 없을 정도로 강한 역사적·이념적·정치적 의미를 갖는 것이며, 이는 중국이 양안관계의 변화된 현실을 인정하고 대만에 대한 정책의 탄력성을 유지한다 하더라도 결코 변할 수 없는 부분이다.

중국의 국가적 아킬레스건은 남중국해문제, 대만문제, 인권문제, 경제문제로, 미국은 미중경쟁 과정에서 이와 관련한 대 중국 제재·봉쇄·공존·협력 메커니즘을 사용하여 문제를 해결하려고 하지만 그중 대만문제는 미중관계에서 변경할 수 없는 4가지 현상이 있다. 첫째, 미국이 중국을 장기간 전략적 적수로 인식한다는 점; 둘째, 미국이 차이잉원 정부의 대만독립 문제를 암묵적으로 지지하고 있다는 점; 셋째, 트럼프 정부가 대 중국정책으로 대만카드를 전략적으로 사용한다는 점; 넷째, 중국의 대만문제 인식상 미국의 영향력행사를 국가주권에 대한 내정간섭으로 간주한다는 점이다.

따라서 위의 4가지 사안들은 장기간 변할 수 없는 미·중·대만 3자관계의 각기 다른 입장들이 될 것이며 미국과 대만이 현재의 정책 방향을 변경하지 않는 한 중국은 대만에 대해 강경 대응 기조를 유지할 수밖에 없을 것으로 판단된다. 그러나 미국의 의도가 중국을 견제한다고 해서 중국과 전면전을 벌일 정도는 아니기 때문에 중국이 자국의 핵심이익 중에서도 가장 중요한 대만문제를 미국이 자극할 경우 중국도 결코 물러서지 않을 것이라는 점을 알고 있다는 점에서 실제적인 군사적 충돌 가능성은 높지 않다. 결론적으로 보면 양안관계는 미중 간의 중요 이슈로 항상 거론은 되겠지만, 직접적인 갈등의 대척점으로 다뤄지기는 어려울 것이며, 미중 양국은 양안문제에 대해 투쟁은 하되 파국은 원치 않기 때문에 양국이 서로의 긴장을 적절히 이용하는 선에서 양안관계가 발전할 것이다.

# 참고문헌

박재규·김근식·김동엽·조재욱·문용일·정재홍·조진구·김성호·박원곤·이상만·이웅현·고상두. 2019, 『새로운 동북아 질서와 한반도의 미래』(파주: 한울아카데미).

신 창(信 强). 2017, "긴장 속 평화에서 무언의 대치까지: 양안관계 평가 및 전망," 『성균 차이나브리프』, 5권 3호: 80-86.

양평섭·박영호·이철원·정재완·김진오·나수엽·이효진·조영관. 2018, 『신흥국의 대중국 경제협력 전략: 일대일로 이니셔티브 대응을 중심으로』(서울: KIEP).

이상만. 2019, "美中 문명충돌 ..'야만의 시대' 돌아가나," 『아주경제』, 2019/07/02.

이상만. 2019, "중국적 세계질서 구축에 대한 우리의 대응," 『아주경제』, 2019/05/14.

이승신·이현태·현상백·나수엽·김영선·조고운·오윤미. 2017, 『중국의 일대일로 전략 평가와 한국의 대응방안』(서울: KIEP).

이태준. 2018, "대만의 『신남향(新南向)정책』과 "해바라기 학생운동" 고찰," *Asia-pacific Journal of Multimedia Services Convergent with Art, Humanities, and Sociology,* Vol. 8, No. 8: 775-784.

이 훈. 2018, "국가들의 대만 단교 움직임 그리고 향후 전망은?," 『KOTRA 과테말라 무역관 리포트』(서울: KIEP).

한국군사문제연구원. 2019, "미국의 대만 무기 FMS판매 결정과 전략적 함의," 『KIMA Newsletter』, 541호.

李相萬. 2015, "一帶一路: 海洋실크로드의 政治經濟의 含意," 『中國地域研究』, 第2券 1號: 47-96.

李相万. 2019, "习近平新时代两岸关系: 收缩还是扩散," 『中美冲突之下的国际新秩序与东亚前景』, 2019韩国外国大学台湾研究中心国际学术研讨会资料集, 6月21日.

邵宗海. 2016, 『蔡英文時代的兩岸關係(2016-2020)』(臺北: 五南圖書).

苏 起. 2019, "中美博弈, 台湾该选边吗？," 『联合新闻网』, 6月28日.

新华网. "2018全国两会大型融媒体专题," http://www.xinhuanet.com/politics/2018lh/index.htm (2019/11/02).

王建民·陳麗麗·蔡英文. 2016, "新南向政策"的主要目標與前景展望, http://hk.crntt.com/doc/1045/2/4/9/104524915.html?coluid＝63&kindid＝0&docid＝104524915&mdate＝1229115522 (2019/12/25).

张小月. 2017, 我们绝对不会接受一中原则, http://bj.crntt.com/doc/1046/8/4/9/104684945.html?coluid＝93&kindid＝15870&docid＝104684945&mdate＝0518215440 (2019/07/02)

赵全胜. 2019, "中美关系的走向及其半岛, 台海问题上的博弈,"『海外看世界』, 4月1日, http://comment.cfisnet.com/2019/0401/1315674.html

中共中央台湾工作办公室、国务院台湾事务办公室. 2019, "历年两岸贸易统计表," 7月15日, http://www.gwytb.gov.cn/lajm/lajm/201805/t20180524_11958201.htm (2019/12/12).

『中华人民共和国和美利坚合众国关于建立外交关系的联合公报』一般简称为 『中美建交公报』, 1978年12月16日.

中华人民共和国国务院新闻办公室. 2019, 「新时代的中国国防白皮书」, 7月24日.

中华人民共和国主席习近平在第十三届全国人民代表大会第一次会议上的讲话, 2018年3月20日.

国务院台办. 2019, 『关于进一步促进两岸经济文化交流合作的若干措施』, 11月4日.

*Finance Times*, 2019/06/03.

Lawrence, Susan V.. 2019, "Taiwan: Select Political and Security Issues," December 12, https://crsreports.congress.gov

H.R.2479 - Taiwan Relations Act, https://www.congress.gov/bill/96th-congress/house-bill/2479 (2019/05/27).

Hutzler, Charles. 2016, "China Can't Make Taiwan 'Boe to Pressure', Islands Leader Says," *The Wall Street Journal*, Oct. 4, https://www.wsj.com/articles/china-cant-make-taiwan-bow-to-pressure-islands-leader-says-1475616782 (2019/07/02).

Pence, Mike. 2018, "Vice President Mike Pence's Remarks on the Administration's Policy Towards China" (Hudson Institute, October 4), https://www.hudson.org/events/1610-

vice-president-mike-pence-s-remarks-on-the-administration-s-policy-towards-
china102018 (2019/07/30).

Shi, Ding-Sha. 2017, "The US Factors in The New Southbound Policy," *Taiwan Studies*,
Vol. 4.

Taiwan Advocates. 2004, "Cross Straits Exchange and National Security of Taiwan" (Taipei,
Taiwan Advocates).

2부

미중 전략적 경쟁과
한반도

# 6장

## 미중 패권경쟁과 북한의 대외전략

조성렬
국가안보전략연구원 자문연구위원

**IFES**

경남대 극동문제연구소
국제관계연구 시리즈 36

# I. 문제 제기

대외전략이란 국가목표를 실현하기 위한 여러 수단들 가운데 하나이다.[1] 그 동안 북한은 사회주의 강성국가를 최종적인 국가목표로 하면서 김일성 정권의 정치사상강국, 김정일 정권의 군사강국, 김정은 정권의 경제강국으로 단계적인 국가목표를 발전시켜 왔다. 북한의 대외전략은 매 단계마다 이러한 국가목표들을 실현하기 위한 수단으로 복무해 왔다. 북한의 외교정책도 기본적으로 대외전략의 틀 속에서 이루어진다.

김정일 국방위원장의 갑작스런 사망으로 집권한 김정은 정권은 재선된 미국 오바마 정권을 제외하고 러시아, 중국, 한국, 일본 등의 리더십 교체와 비슷한 시기에 출범하였다. 특히 중국의 시진핑 국가주석이나 러시아의 푸틴 대통령, 일본의 아베 총리는 강성지도자라는 점에서 북한의 젊은 지도자가 어떻게 대처할지 주목을 받았다. 무엇보다 김정은 정권의 권력기반이 김정일 위원장으로부터 물려받은 것이어서 상대적으로 취약하기 때문에 기본적으로 김정일 위원장의 노선을 계승할 것으로 예상되었다.

하지만 김정은 정권이 출범한 이후 북한의 대외전략은 김정일 시대의 선군노선을 기본적으로 계승하면서도 예상보다 변화의 폭이 컸다. 김정일 위원장이 사망한 직후 미국과 「2·29합의」를 채택했지만, 김정은 정권의 공식 출범 직전에 국제사회의 반대에도 불구하고 장거리 로켓을 발사하고 집권 이후 또다시 장거리 우주로켓과 핵실험을 잇달아 실시하였다(조성렬, 2016: 101-104). 그 뒤로도 유엔안보리의 대북 제재 결의가 나올 때마다 '전쟁 불사'를 외치며 결사 항전의 자세를 취한 행태는 김정일

---

1   대외전략은 '한 국가가 대외관계에서 일정한 목표를 달성하기 위해 중장기적으로 추진해야 할 정책들에 대한 종합적이고 체계적인 계획과 구상'으로 정의된다(정성장·임재형, 2003: 220).

의 선군외교보다 더 강경한 모습을 띠었다.

하지만 김정은 정권은 경제강국의 건설과 인민생활의 향상이라는 새로운 국정목표를 제시하면서 대외전략에서 변화를 나타냈다. 한미 독수리 훈련이 끝나자마자 북한은 중국에 특사를 파견하여 북중 관계의 회복에 나섰고 대남, 대미 대화를 제의하여 개성공단의 재가동에 합의하고 6자회담의 재개를 시도하였다. 하지만 자신들의 뜻대로 되지 않자 북한은 본격적으로 이른바 '국가핵무력'의 완성에 나서, 김정은 위원장 집권 이후 2019년 말까지 67차례나 탄도미사일을 발사했다. 이것은 김일성 주석 집권 당시 9차례, 김정일 위원장 집권 때 22차례 시험 발사를 크게 능가하는 전략적 도발이다.

그렇다면 북한이 자신의 국제적 위상을 어느 수준으로 보고 있으며 당면한 국제정세를 어떻게 보고 있는가? 이 글은 먼저 북한의 국제정세에 관한 인식을 바탕으로 북한이 취해 온 대(對) 강대국 외교전략을 자주외교전략, 비동맹 외교전략, 편승 및 균형 외교전략으로 나누어 분석한다. 다음으로 북한의 공식적인 대외정책 이념과 순서변화를 살펴보고 탈냉전기를 맞아 추진된 북한의 선군 외교전략을 분석한 뒤 이 시기 북한의 대미, 대중 관계를 알아본다. 이어서 본격화되고 있는 미중 패권경쟁의 양상과 이것이 북중관계에 미치는 영향을 살펴보고, 2017년 11월 북한의 '국가핵무력 완성'의 선언 이후 북한의 대중, 대미 외교전략을 분석한다. 끝으로 2019년 12월 28~31일 개최된 당 전원회의에서 밝힌 '정면돌파전'의 전망으로 이 글을 마무리한다.

# Ⅱ. '작은 나라' 북한의 대외전략 유형

## 1. 북한의 국제정세 인식

### (1) 북한의 국제적 위상

북한의 대외전략은 최고지도자들이 스스로의 국제적 위상을 어떻게 보고 있는지에 좌우된다. 김일성, 김정일로 이어지는 북한의 최고지도부들은 공통적으로 북한을 스스로 '작은 나라'(小國)이라고 인식하고 있었다. 김일성 주석은 "우리나라는 큰 나라들 사이에 위치하고 있는 자그마한 반도의 나라"라고 북한을 평가하였고(『김일성 저작집』, 41권: 1988/04/24 문건), 이를 바탕으로 "우리나라는 작은 나라이므로 분렬되면 무력하게 되며..."라고 말하며 내부 결속의 중요성을 강조한 바 있다(『김일성 저작집』, 32권: 1977/12/22 문건).

냉전 해체 직후인 1991년 5월 5일 김정일 국방위원회 제1부위원장도 "작은 나라가 혁명과 건설을 자체 힘으로 해 나가는 것은 쉬운 일이 아닙니다. 특히 우리나라와 같이 제국주의 강적과 첨예하게 대치되고 있고..."라고 언급하고 있다. 이것은 북한이 작은 나라라는 전제 아래, 사회주의 세계체제의 해제라는 급변화한 국제안보환경을 설명하면서 자신들이 놓인 처지 속에서 핵무기 개발과 선군노선의 등장을 예고한 것이다(『김정일 선집』, 11권: 1991/05/05 문건).

김정은 정권이 들어선 지 3년이 지난 2015년 5월 30일 북한외무성은 자신들의 핵무기 개발을 정당화하는 논리를 밝힌 대변인 담화를 통해 "작은 나라가 침략과 전쟁의 원흉으로부터 자기를 지키기 위해 취한 너무도 정정당당한 이 자위적 조치를 그 무슨 '도발'로 매도하는 것 자체가 곧 엄중한 도발"이라고 밝히면서 스스로를 '작은 나라'라고 규정하였다. 그러면서 핵무기 보유는 적대환경에 놓여진 작은 나라의 불가피한 선택이라는 인식을 드러내고 있다(『조선중앙통신』, 2015/05/30).

이처럼 역대 최고지도자들 또는 주요 기관들은 북한의 국제적 위상을 일관되게 '작은 나라'로 인식한 것은 미국이나 중국, 러시아 등 강대국들을 의식하거나 겨냥한 것이다. 북한은 이러한 국제적 위상에 관한 판단을 기초로 내부 결속을 위한 유일지도체계 구축과 탈냉전기에 대응한 선군노선 채택 및 핵무기 개발 등 주요 국내외 정책을 만들어냈다.

### (2) 국제안보환경 평가

북한의 국제안보환경에 대한 인식은 정세변화에 따라 변해 왔다. 1945년 8월 일본제국주의의 패망 직후에는 미소 간 협조 분위기에 기대를 걸면서도 미국의 대외정책을 비판하는 경향을 띠었다. 김일성 주석은 북조선로동당 제2차 대회의 당 중앙위원회 사업결산보고(1948년 3월 28일)에서 "세계를 지배하려는 미 제국주의자들의 발악이 심하면 심할수록 그를 반대하는 국제민주력량은 일층 강화하여지며 세계는 미국사람들의 뜻대로 움직이는 것이 아니라 국제민주력량이 움직이는 방향으로 나아가고 있다"고 국제정세를 평가하였다(국토통일원, 1980: 128).

소련이 해체되고 동유럽국가들의 체제전환이 본격화되면서 북한은 국제정세를 위기상황으로 보았다. 특히 1990년 동서독이 서독 주도로 통일되고 한소 수교와 한중 수교가 이루어지자 북한의 위기의식은 최고조에 달했다(이종석, 2000a: 539). 김일성 주석은 한국이 북한을 흡수통일하려 한다고 비난하면서, "동부독일은 서부독일에 흡수 통합되어 망하였는데 우리나라는 그렇게 되지 않을 것"이라고 언급하여 위기의식을 드러내고 있다(『김일성 저작집』, 44권: 1994/06/30 문건).

김정일 정권이 들어서면서 국제적 고립이 계속되는 가운데 홍수와 가뭄으로 대기근까지 겹쳐 '고난의 행군기'에 접어들면서 북한의 체제위기감은 최고조에 달했다. 당시 상황에 대해 『로동신문』은 "세계적 판도에서 사회주의 국가들이 련이어 무너지고 제국주의자들이 저들의 승리를 요란스럽게 광고하며 제 세상을 만난 듯이 기고만장하여 날뛰던 그때 …

(중략)… 혁명의 위대한 수령을 잃었던 것이다 …(중략)… 그에 편승이나 하듯 이번에는 또 수백년래에 처음 보는 무서운 자연재해가 련이어 들씩워졌다"라고 회고하고 있다(『로동신문』, 2000/10/03). 고난의 행군을 계기로 북한은 혁명적 군인정신을 강조하는 선군 외교전략을 내걸었다(김갑식, 2006: 319-320).

김정은 위원장은 김정은 정권이 출범한 첫해인 2012년 정세에 대해, "오늘 국제무대에서는 주권국가들에 대한 제국주의자들의 간섭과 군사적 침략책동으로 하여 인류의 평화와 안전에 엄중한 위험이 조성되고 있으며 특히 조선반도를 포함한 아시아태평양지역은 항시적인 긴장이 떠도는 세계최대의 열점지역으로 되고 있습니다"라고 회고하였다(김정은 신년사, 2013/01/01). 이후 북한의 신년사에서는 북한을 고립 압살하기 위한 미국의 대북 적대시정책이 계속되고 있다고 비난하면서, 북한의 핵보유가 불가피한 것이었다고 주장하였다.

냉전 종식 이후 미국의 유일패권체제가 완성되자 미국은 서방진영에 속하지 않은 반미국가들을 불량국가(rogue state)로 부르고 대량살상무기 능력을 보유한 북한, 이란, 이라크를 악의 축(axis of evil) 국가로 낙인찍었다. 이러한 국제정세에서 36년 만에 개최된 2016년 5월의 조선노동당 제7차 대회에서 김 위원장은 앞선 김정일 정권이 이에 굴복하지 않고 선군정치를 내세워 체제 유지에 성공하였다면서 "추호의 흔들림도 없이 반제 자주적 립장과 사회주의 원칙을 견지하여온 조선로동당의 투쟁경험은 제국주의와의 힘의 대결전의 시대인 오늘 반제 자주, 사회주의 원칙은 말이나 글로써가 아니라 오직 강력한 총대에 의해서만 지켜지고 고수될 수 있다는 것을 보여주었습니다"라며 자화자찬하였다.

김정은 위원장은 북한의 핵무기 개발과 관련해서도, "핵무기 연구부문에서는 세 차례의 지하핵시험과 첫 수소탄시험을 성공적으로 진행함으로써 우리 나라를 세계적인 핵강국의 전렬에 당당히 올려세우고 미제의 피비린내 나는 침략과 핵위협의 력사에 종지부를 찍게 한 자랑찬 승리를 이룩하였습니다."고 밝혔다. 그 뒤로도 북한은 2016년 9월과 2017년 9월에 제5차, 제6차 핵실험을 단행하면서 마침내 2017년 11월 29일 '국가핵무력의 완성'을 선언하였다. 이로써 북한은 스스로 미국과 맞상대할 수 있는 '전략국가'로 스스로를 자리매김하고 있다(김정은 신년사, 2018/01/01).

## 2. 북한의 대 강대국 외교 전략

일반적으로 소국이 취하는 외교 행태는 세계적 현안에 대한 낮은 참여, 외교정책 현안에 대한 좁은 시야, 지역적 문제들에만 한정된 행위, 군사적 수단보다는 외교적·경제적 수단의 활용, 국제법·도덕적 이상에 대한 높은 지지, 다자적 조약·기구에 대한 적극 참여, 중립적 입장 견지, 강대국에 대한 의존, 갈등 회피 및 협력 지향, 자국의 안전과 생존을 위한 외교자원의 불균형적 할당 등의 모습을 보이고 있다(김덕, 1992: 45).

'작은 나라'로서 북한정권이 강대국들을 상대로 취했던 전략은 크게 자주(self-reliance), 중립/비동맹(neutrality/nonalignment), 편승(bandwagoning), 균형(balancing) 등으로 구분할 수 있다. 이와 같은 북한의 전략을 중심으로 역대 북한의 강대국에 대한 전략을 살펴본다.

### (1) 자주 외교전략

북한의 공식적인 대외전략은 자주(self-reliance) 외교전략이라고 할 수 있다. 김일성 주석은 1955년 '사상에서의 주체'를 필두로 1950년대 후반부터 1960년대 전반에 걸쳐 '경제에서의 자립', '정치에서의 자주', '국방에서의 자위'를 표방하였다. 이와 같은 네 가지의 자주성 원칙은 1965년 4월 14일 인도네시아 알리 아르함 사회과학원에서 김일성 주석이 한 연설에서 포괄적으로 정리되었다.

여기서 한 걸음 더 나아가 1966년 10월 5일 당 대표자회에서 김일성 주석은 공산권 외교정책을 추진하면서 '내정불간섭과 호상평등'을 담은

'대외관계에서의 자주'를 표방하였다. 이것은 정치에서의 자주가 북한에 대한 중소의 내정간섭을 반대한다는 의미였다면, 대외관계에서의 자주는 좀 더 적극적인 의미에서 소련, 중국과 평등한 관계임을 강조한 것이다(전현준·김성철 외, 2005: 39-42).

김정일 국방위원장은 후계자 시절인 1982년 3월에 쓴 「주체사상에 대하여」에서 "세계에는 큰 당과 작은 당, 큰 나라와 작은 나라, 경제적으로 발전한 나라와 뒤떨어진 민족은 있으나 모든 당, 모든 나라와 민족은 다 평등하고 자주적"이라면서 "그 누구도 남의 자주권을 침해하지 말아야 하며 또 자기의 자주권을 침해당하지 말아야" 한다고 지적했다(김정일, 1982/03/31).

이와 같은 북한의 자주 외교전략은 탈냉전 이후 고립무원한 국제안보 환경 속에서 김정일 국방위원장의 선군 외교전략에 바탕을 둔 핵무기·탄도미사일 개발로 이어진다(조성렬, 2012: 102-108). 북한은 전략군 대변인 담화를 통해 자신의 핵무력에 대해 "미국의 가증되는 핵위협과 공갈로부터 우리 민족 모두를 지키고 지역의 평화와 안전을 유지하기 위한 자위적 보검"이라고 합리화하고 있다(『로동신문』, 2014/03/06).

김정은 위원장은 2016년 5월 제7차 당중앙위원회 사업총화 보고에서 "지난 세기말 세계적인 반사회주의, 반혁명의 역풍속에서 엄중한 도전에 부닥치게 되었습니다"라고 평가하면서 자주 외교전략의 의미와 성과에 대해 다음과 같이 평가하였다.

> "랭전 종식 후 적지 않은 나라들이 미국의 군사적 압력과 전횡에 기가 눌리워 원칙을 저버리고 타협과 굴종의 길로 나아가고 있을 때 …(중략)… 조선로동당은 무적필승의 총대의 위력으로 조국과 인민의 운명을 지키고 사회주의를 수호하며 전진시키기 위한 투쟁을 승리에로 이끌었습니다"(김정은, "조선로동당 제7차대회에서 한 당중앙위원회 사업총화보고(2016/05/07).

2019년 김정은 신년사는 "2018년은 우리 당의 자주노선과 전략적 결단에 의하여 대내외 정세에서 커다란 변화가 일어나고 사회주의 건설이 새로운 단계에 들어선 역사적인 해"라고 평가하면서, 2018년 이후 한반도 비핵화와 평화구축을 위한 대화국면이 자신이 추진한 자주노선의 성과라고 선전하고 있다.

(2) 비동맹 외교전략

북한은 대외적으로 자유주의진영과 사회주의진영 간의 냉전구조 속에서 북한은 양대 진영의 어디에도 속하지 않는다는 중립노선인 '뻘럭불가담 외교', 즉 비동맹 외교를 전개하였다. 비동맹운동(Non-Alignment Movement: NAM)은 1950년 네루 인도 대통령이 어떤 형태의 군사동맹에도 참여하지 않는다고 표방한 데서 비롯되었으며, 1956년 인도·유고·이집트 3국 정상들이 만나 창설되었고 1961년 유고 벨그리아에서 제1차 비동맹 정상회의가 열렸다. 이에 북한은 1960년대 중소 분쟁 속에서 '대외관계에서의 자주'라는 자주 외교전략에 따라 적극적인 외교관계를 전개해 21개 비동맹국들과 수교했다.

1970년대에 들어 1971년 중국이 유엔회원국이 되고 1972년 닉슨 대통령이 중국을 방문하고 1973년 한국정부가 '6·23 평화통일외교정책선언'을 발표하는 등 국제 데탕트가 전개되는 분위기에서 유엔과 국제기구에서 남북한의 세 대결에 대비해 지지세력의 확보에 나섰다(윤기관·고성호 외, 2004: 105). 이러한 분위기 속에서 북한은 서유럽 및 북유럽 국가들과 수교를 추진하고 대미 평화협정을 제의한 데 이어 1975년에는 김일성 주석이 아프리카의 알제리와 모리타니아 등 비동맹국가들을 방문하였다. 이러한 성과를 기반으로 1975년 8월 30일 페루 리마에서 열린 비동맹 외상회의에서 북한은 비동맹운동의 정회원국으로 가입하였다.

1980년대 들어서도 북한은 비동맹운동에서의 위상을 높이기 위해 각종 비동맹 회의를 개최하였으며, 제8·9차 비동맹 정상회의에서 부의장국으로 피선되기도 했다. 김정일 국방위원장은 후계자시절인 1982년 3월에 발표한 논문「주체사상에 대하여」에서 "우리나라는 령토완정과 주권에 대한 존중, 불가침, 내정불간섭, 평등과 호혜의 원칙에 기초하여 쁠럭불가담 나라들, 신흥세력나라들과 단결"한다고 밝히며 비동맹국가들과의 관계 강화 의지를 나타내었다(김정일, 1982/03/31).

냉전 종식 이후 비동맹운동이 점차 반제 국제연대에서 일탈해 자국의 국가이익을 추구하는 실리외교로 바뀌고 북한의 대외전략에서 지정학적 요인이 차지하는 비중이 커지면서 북한은 상대적으로 비동맹운동에 대한 관심이 떨어지게 되었다(김용호, 1995: 70). 하지만 2000년 이후에도 비동맹운동 정상회의에 국가수반 격인 김영남 최고인민회의 상임위원장이 매번 참석했으며, 비동맹운동 각료회의에는 외무상이 참석하였다. 2018년 4월 아제르바이잔에서 열린 비동맹운동 각료회의에 리용호 외무상이 참석하는 등 비동맹운동과의 끈을 유지하고 있다(『조선중앙통신』, 2018/04/06).

### (3) 편승 및 균형 외교전략

북한과 같은 작은 나라들이 취하는 일반적인 외교전략은 편승(bandwagoning)이다. 북한은 한국전쟁 당시 세계 최강국인 미국과 전쟁을 벌였기 때문에 냉전 시기는 물론 지금까지도 적대관계에 있다. 북한의 최고지도자들이 스스로 인정하듯이 북한은 작은 나라이기 때문에 단독으로는 미국과 맞상대하기 어렵다. 북한은 강대국 미국의 위협에 직면했을 때 또 다른 소련이나 중국과 같은 강대국과 동맹을 맺어 편승함으로써 미국에 대해 균형을 취하게 된다. 따라서 북한은 소련이나 중국과 같은 사회주의 대국들에 편승하여 미국과 균형(balancing)을 취하는 전략을 취하였다.

하지만 1960년대에 들어 사회주의 대국인 소련과 중국 사이에 이른바 중소 분쟁이 발생하면서 북한의 외교는 딜레마에 빠졌다. 사회주의 종주국이라고 할 수 있는 소련과 사회주의 대국 중국과의 갈등은 1950년대 말부터 시작됐다. 북한의 8월 종파사건에 중국과 소련이 개입하여 북한과 중소의 관계가 불편했지만, 1957년 11월 모스크바에서 열린 각국 공산당대회에서 모택동 중국 주석이 김일성 주석을 만나 8월 종파사건에 중국이 개입한 것에 대해 사과의 뜻을 전달하면서 북중 양국의 갈등은 해소되어 있었다(이종석, 2000b: 216).

중소 갈등의 결정적 계기는 스탈린 사후 열린 소련공산당 20차 당대회에서 스탈린 개인숭배에 대한 비판과 전쟁가피론(戰爭可避論)에 따른 평화공존론을 제기하면서부터다. 이 가운데 개인숭배 비판은 중국공산당의 모택동 주석뿐 아니라 김일성 주석에게도 해당되는 것이었다. 그렇기 때문에 북한은 양 대국 사이에서 등거리외교(equidistance diplomacy)를 표방했지만, 사실상 중국의 입장을 지지했다.

북한은 한국의 5·16쿠데타, 한일 국교정상화, 미국의 동아시아 지역 통합 전략구상 등으로 동북아 안보환경이 악화되자, 1961년 7월 6일과 11일에 각각 소련과는 「조·소 우호협력 및 상호원조 조약」(이하 북소 안보조약)을, 중국과는 「조·중 우호협력 및 상호원조 조약」(이하 북중 안보조약)을 체결하였다. 두 조약에는 "체약 일방이 어떠한 국가 또는 몇 개 국가들의 연합으로부터 무력침공을 당함으로써 전쟁상태에 처하게 되는 경우 체약 상대방은 지체 없이 군사 및 기타 원조를 제공"한다는 규정을 두고 있어 무력충돌 시 군사적 자동개입을 규정한 사실상의 동맹조약이다(고수석, 2007: 339-340).

두 사회주의 대국들과 안보조약을 체결 직후 중소 갈등이 심화되면서 북소 관계도 냉각되었다. 그리하여 소련은 한동안 북한에 대한 군사원조를 중단하는 등 북소 관계가 악화되면서 북소 안보조약도 허울만 남았다(조성렬, 2019a: 283-284). 냉전 종식 직후인 1990년에 한소 수교가 이루어지고 1994년 6월 김영삼 대통령이 러시아를 방문했을 때 옐친 대통령이 북소 안보조약의 폐기를 강력히 요청하였다. 마침내 1995년 8월 7일

러시아 정부가 북소 안보조약을 연장하지 않는다고 북측에 통보하여, 1996년 9월 10일 이후 효력이 상실되었다. 2000년 2월 이바노프 외무장관이 평양을 방문해 '자동군사개입 조항'을 삭제한 채 「조·러 친선선린협조약」을 다시 체결했다.[2]

북한과 중국의 관계는 북러 관계는 물론 한중 관계와도 다르다. 중국은 한국과 국교를 정상화한 뒤 전략적 전면협력동반자 관계로까지 발전했지만 한미동맹이 존속하는 한 그 이상의 진전을 쉽지 않다. 이에 비해 북중 양국은 국공내전과 한국전쟁을 함께 치렀으며, 특히 중국은 한반도에서 지정학적 이해관계를 가지고 있다. 따라서 「한미상호방위조약」에 자동군사개입조항이 없는 데 비해, 북중 양국은 여전히 '자동군사개입조항'이 포함된 조중 안보조약을 그대로 유지하고 있다.

이러한 북중의 특수관계 때문에 2006년 시작된 유엔의 대북제재가 시작되었음에도 불구하고 2016년 11월 유엔안보리 결의 2321호(UNSCR 2321) 때까지는 북한에 실제적 압박을 주지 못한 것도 거부권을 가진 중국이 실효성 있는 강한 제재를 반대했기 때문이다. 하지만 트럼프 미 행정부의 등장 이후 중국은 자국의 이익이 걸린 미중 무역전쟁이 본격화되자 유엔안보리의 대북제재에 적극 동참하게 되었다. 이처럼 중국의 태도 변화로 미국에 맞서 균형을 취할 수 없게 되자 북한은 '국가핵무력 완성'을 계기로 새로운 대외전략을 모색하였다.

---

2 북러 안보조약은 기간이 10년이고 '일방이 기한만료 1년 전에 통보'하면 폐기되는 반면, 북중 안보조약은 무기한이며 폐기하기 위해서는 '쌍방 간의 합의'가 필요하다 (윤기관·고성호, 2004: 101-102).

# III. 탈냉전기 북한의 선군 외교전략과 대미, 대중 관계

## 1. 북한의 공식적인 대외정책 이념

### (1) 북한의 대외정책 3대 이념과 원칙

북한이 처음에 내건 대외정책의 이념은 '프롤레타리아 국제주의'와 '자주노선'이다. 1972년 12월 27일 최고인민회의 제5기 제1차 회의에서 채택된 북한「사회주의헌법」제16조에서는 "국가는 맑스-레닌주의와 프롤레타리아 국제주의 원칙에서 사회주의 나라들과 단결하고 제국주의를 반대하는 세계 모든 나라 인민들과 단결하며 그들의 민족해방투쟁과 혁명투쟁을 적극 지지 성원한다"고 밝히고 있다. 아울러 "대외관계에서 완전한 평등권과 자주권을 행사"한다고 밝히고 있다. 이러한 프롤레타리아 국제주의에 기초한 평등권과 자주권의 내용은 1972년 12월 최고인민회의에서 채택된「사회주의헌법」에서 처음 포함되었다.

1980년 10월 10일 조선노동당 제6차 대회에서 김일성 주석은 총화 보고를 통해 "대외활동에서 자주성을 확고히 견지하고 세계 여러 나라들과의 친선 협조 관계를 발전시키며, 세계의 평화와 안전을 보장하기 위하여 적극 노력"할 것이라고 연설하였다(『조선중앙년감』, 1981: 66-67). 그 뒤 1992년 4월 9일 최고인민회의 제12기 제1차 회의에서 수정보충된 북한「사회주의헌법」제17조에서는 기존의 '맑스-레닌주의와 프롤레타리아 국제주의 원칙'이라는 표현 대신에 "자주성을 옹호하는 세계인민들과 단결하며 온갖 형태의 침략과 내정간섭을 반대하고 나라의 자주권과 민족적, 계급적 해방을 실현하기 위한 모든 나라 인민들의 투쟁을 적극 지지 성원"하는 것으로 수정되었다.[3]

---

3    1998년 9월 5일, 2009년 4월 9일, 2010년 4월 9일, 2012년 4월 13일에 각각 헌법 수정보충이 이루어졌다.

북한의 3대 대외정책 이념은 '자주, 친선, 평화'이다. 하지만 소련이 해체되고 동유럽국가들이 체제전환을 겪는 등 국제안보환경이 크게 변화되자 북한당국은 외교 이념과 원칙에서 순서를 바꿔 '평화'를 '친선'보다 앞에 두었다. 1990년 5월 최고인민회의 제9기 1차 회의에서 김일성 주석은 북한의 외교원칙을 기존의 '자주, 친선, 평화'에서 '자주, 평화, 친선'으로 순서를 바꾸어 언급했다. 1998년 9월 5일 개최된 최고인민회의 제10기 1차 회의에서 수정보충된 「사회주의헌법」에서도 "자주, 평화, 친선은 조선민주주의인민공화국의 대외정책의 기본리념이며, 대외활동원칙"이라고 규정하고 있다. 이것은 사회주의국가들의 체제위기 속에서 평화공존을 앞세워 체제 보위를 꾀하기 위한 것으로 보인다.

(2) 김정은 정권의 대외정책 이념 계승

김정은 시대에 들어와서도 북한은 대외정책 기본이념으로 '자주, 친선, 평화'의 3대 이념을 견지하고 있다. 김정은 정권이 들어선 직후인 2012년 4월 13일 최고인민회의 제12기 제5차 회의에서 수정보충된 북한 「사회주의헌법」의 전문(前文)은 "김일성과 김정일이 조선민주주의인민공화국의 대외정책의 기본이념을 밝히고, 그에 기초하여 나라의 대외관계를 확대 발전시켰으며 공화국의 국제적 권위를 높이 떨치게 하였다"고 밝히면서, 김정은 정권이 김일성, 김정일 시대의 대외정책을 계승할 것임을 분명히 하고 있다.

2013년 1월 김정은 국방위원회 제1위원장은 육성으로 발표한 그의 첫 신년사에서 "앞으로도 자주, 평화, 친선의 리념 밑에 우리나라의 자주권을 존중하고 우리를 우호적으로 대하는 세계 여러 나라들과의 친선협조관계를 확대발전시키며 지역의 평화와 안정을 수호하고 세계의 자주화를 실현하기 위하여 적극 노력할 것"이라며 자주, 친선, 평화를 공식적인 외교이념을 재확인하고 있다.

2014년 1월 신년사에서 김 제1위원장은 "앞으로도 자주, 평화, 친선의 대외정책 이념을 확고히 견지하면서 우리나라의 자주권을 존중하고 우리를 우호적으로 대하는 모든 나라들과의 친선협조 관계를 확대 발전시키며 세계의 평화와 인전, 인류공동의 번영을 위하여 저극 노력할 것"이라고 밝히고 있다.

한반도 군사적 긴장이 최고조에 달했던 2017년 한반도 정세에 대해 김정은 위원장은 "지난해 미국과 그 추종세력들의 반공화국 고립압살 책동은 극도에 달하였으며 우리 혁명은 류례 없는 엄혹한 도전에 부닥치게 되었습니다"라고 평가하면서, "우리는 나라의 자주권을 믿음직하게 지켜낼 수 있는 최강의 국가방위력을 마련 ...(중략)... 전체 인민이 장구한 세월 허리띠를 조이며 바라던 평화수호의 강력한 보검을 틀어쥐었습니다"라고 자평했다(김정은 신년사, 2018/01/01).

남북관계 및 북미관계가 대화국면에 들어선 2019년 1월의 신년사에서 김정은 위원장은 "우리 당과 공화국 정부는 자주, 평화, 친선의 이념에 따라 사회주의 나라들과의 단결과 협조를 계속 강화하며 우리를 우호적으로 대하는 모든 나라들과의 관계를 발전시켜 나갈 것입니다"라고 밝히면서 3대 외교 이념과 원칙을 재천명하였다.

현재 북한 「사회주의헌법」 제17조에는 '자주, 친선, 평화'를 대외정책의 기본이념이자 대외활동의 원칙으로 제시하고 다음과 같이 규정하고 있다.

> "자주, 평화, 친선은 조선민주주의인민공화국의 대외정책의 기본리념이며 대외활동 원칙이다. 국가는 우리나라를 우호적으로 대하는 모든 나라들과 완전한 평등과 자주성, 호상존중과 내정불간섭, 호혜의 원칙에서 국가적 또는 정치, 경제, 문화적관계를 맺는다. 국가는 자주성을 옹호하는 세계인 민들과 단결하며 온갖 형태의 침략과 내정간섭을 반대하고 나라의 자주권과 민족적, 계급적해방을 실현하기 위한 모든 나라 인민들의 투쟁을 적극 지지 성원한다"(「조선민주주의인민공화국 사회주의헌법」, 『북한법령집(상)』(국가정보원, 2017).

## 2. 북한의 핵무력 개발과 병진노선

### (1) 북한의 국제적 고립과 핵무력 개발

역대 북한정권이 추구해온 대외전략의 목표는 안정적인 외교안보환경의 조성이라고 할 수 있다. 북한을 둘러싼 적대적인 외교안보환경은 냉전시기 동서 양대 진영이 대립하고 있는 구도 속에서 만들어졌다. 냉전시기 동북아지역에서는 한·미·일 3국의 남방삼각과 북·중·러 3국의 북방삼각이라는 대립구도가 만들어졌는데, 이것은 북한정권으로서는 가장 안정적인 지역구도라고 할 수 있다. 이 시기 북한은 소련 또는 중국에 대한 편승을 통해 한미 연합세력에 균형을 취하는 전략을 구사하였다.

김일성 정권은 미국 주도의 자유주의진영과 소련 주도의 사회주의진영 간의 전략적 대치기 상황에서 북한혁명역량, 남한혁명역량, 국제혁명역량 등 3대 혁명역량의 강화를 통해 '하나의 조선'이라는 명분 아래 한반도의 적화통일을 전략목표로 삼았었다. 특히 베트남전쟁의 수렁에 빠진 미국의 개입능력 약화를 이용해 한반도에서 제2전선을 구축하고자 여러 차례 대남 군사도발을 자행하였다.

냉전이 종식되면서 1990년 9월에 한국과 소련(현 러시아)이 수교하고, 1991년 9월의 남북한 유엔동시가입에 이어 1992년 8월 한중 수교가 이루어짐으로써 냉전시기의 북방삼각은 완전히 해체되었다. 북한은 불안정한 대외 안보환경에 대응한다는 구실로 비밀리에 핵개발에 착수했지만, 이것이 미국에 의해 탐지되면서 북한 핵위기가 시작되었다. 1차 북한 핵위기는 미북 양자대화를 통해 「제네바 기본합의」(1994)를 도출함으로써 일시 봉합되었다.

그러나 1998년 8월 김정일 정권의 공식출범을 앞두고 북한은 인공위성 발사로 위장된 장거리 로켓을 발사하고 본격적으로 농축우라늄의 개발에 나섰다. 하지만 이것 역시 미국에 의해 탐지되면서 2002년 말부터 2차 북한 핵위기가 재연되고, 마침내 남북한과 미국, 중국, 일본, 러시아의 주변 4개국이 참가하는 6자회담이 시작되었다. 하지만 북한 측 입장에서 볼 때 6자회담은 기본적으로 5대 1로 북한을 압박하는 구도였기 때문에 그리 달가운 것이 아니었을 것이다.

김정일 정권은 소련의 해체와 동구권의 몰락으로 사회주의 세계체제가 붕괴된 국제혁명역량의 소멸이라는 전략적 수세기 상황에서, ▲대내적으로 선군정치 통해 핵억제력의 확보를 추진하고 ▲대외적으로 남북한 UN동시가입, 남북기본합의서 채택 및 미국과 일본과의 관계개선을 통해 체제안전을 전략목표로 삼았다. 특히 북한은 남북한 UN동시가입과 남북기본합의서가 채택된 이후 핵 프로그램을 내세워 미국과의 협상카드로 활용하였다.

2008년 12월 6자회담 수석대표회담이 마지막으로 열렸으나, 미국과 북한 간에 비핵화의 검증 시기와 방법을 놓고 팽팽한 이견을 표출했다. 결국 회담은 결렬되었으며 그 뒤로 더 이상 6자회담이 개최되지 못했다. 대화가 장기간 열리지 못함에 따라 6자회담의 동력이 소진된 것이다. 실질적인 대화가 중단된 사이에 북한은 잇달아 핵실험을 실시했고 핵탄두의 운반수단으로 이용되는 신형 엔진개발과 장거리 탄도미사일 발사에도 성공하는 등 핵·미사일 능력을 강화했다.

(2) 김정은 정권의 병진노선과 새로운 경제총력노선 채택

김정은 정권이 등장할 무렵에 미국은 아시아재균형 정책의 추진을 선언하면서 동북아 안보질서는 크게 요동쳤다. 2011년 12월 미국의 오바마 행정부는 아시아재균형 정책의 구현을 위해 미일 동맹을 강화하고 북한의 핵·미사일 위협에 대한 「한·일 군사정보공유협정(GSOMIA)」을 매개로 한국을 포함하는 한·미·일 삼각군사협력체제를 구축한다는 구상을 본격적으로 추진했다. 이에 대항해 중국과 러시아는 2015년 5월 양국 정상회담을 통해 전략적 협력관계를 한층 강화하고 역내 안보협력을 강화하기로 합의했으며, 중국은 한국의 박근혜 정부에 대해 전략적 접근을 강화하였다.

이와 같은 동북아지역에서 미일 대 중러의 대립구도의 형성은 김정은 정권에게는 유리한 기회의 측면과 불리한 도전의 측면이라는 양면성을 가졌다. 한편으로 미일 대 중러 대립구도는 북한이 경험했던 가장 안정적인 국제관계인 한·미·일 남방삼각과 북·중·러 북방삼각 대립구도와 유사하다는 점에서 북한에게 안정적인 외교안보환경을 줄 수 있는 기회로 작용한다. 하지만 중국 시진핑 체제의 출범 직전에 북한이 우주로켓 발사와 제3차 핵실험을 감행하고 중국이 유엔안보리 대북제재에 찬성하는 바람에 북중 관계가 경색되어 있어 기회로 활용하지 못하였다.

다른 한편으로 국제적인 대북 제재국면 속에서 한중 전략적 협력관계가 형성되고 북중 혈맹관계가 이완되고 악화되었다는 점은 북한에게 도전으로 작용했다. 2012년 4월 15일 태양절 100주년 기념 열병식 연설에서 김정은 위원장은 "우리 인민이 다시는 허리띠를 조이지 않게 하며 사회주의 부귀영화를 마음껏 누리게 하자는 것이 우리 당의 확고한 결심입니다"라고 밝혔으며, 그 뒤 시장경제 요소의 도입을 골자로 하는 '6·28 방침'을 내놓았다. 2013년 신년사에서는 경제강국 건설, 인민생활 향상, 새세기 산업혁명을 국가목표로 제시하고, 국가급 및 지방급 경제개발구를 무더기로 설치한다는 계획을 발표했다(김정은 신년사, 2013/01/01).

이와 같은 김정은 위원장의 구상은 핵무기 개발이 어느 정도 이루어진 단계에서 더 이상 재래식 군비경쟁에 국력을 소모하지 않고 본격적으로 경제개방에 나서겠다는 것이었다. 2013년 3월 31일 조선노동당 중앙위원회 제6기 23차 전원회의에서 새로운 전략적 노선으로 경제건설-핵무력건설 병진노선을 채택하면서 "새로운 병진노선의 참다운 우월성은 국방비를 추가적으로 늘이지 않고도 전쟁억제력과 방위력의 효과를 결정적으로 높임으로써 경제건설과 인민생활 향상에 힘을 집중할 수 있게 한다는 데 있다"고 설명하고 있다(『로동신문』, 2013/04/01, 전원회의 보도).

하지만 북한의 핵무력 건설에 대해 미국을 비롯한 국제사회는 유엔안보리 제재를 가하였다. 이와 같이 국제사회의 대북 제재가 계속되면서

'병진노선'을 통해 이루고자 했던 외국자본의 유치와 국내 자원의 동원이라는 목표는 달성하기 어렵게 됐다. 북한당국이 '병진노선'을 추진하면서 직면한 딜레마는 2016년 5월 제7차 당대회에서 발표된 김정은 위원장의 총화보고에서 잘 드러난다.

김 위원장은 "세계적인 정치사상강국, 군사강국의 지위에 확고히 올라선 현 단계에서 전당, 전국이 사회주의 경제 건설에 총력을 집중하는 것, 이것이 우리 당의 전략적 로선"이라고 밝힘으로써 당초 경제건설과 핵무력 건설을 병진하려던 의도와 달리, 아직까지 경제건설의 성과는 없었음을 사실상 인정하였다. 결국 북한은 2018년 4월 20일 당 중앙위원회 제7기 3차 전원회의를 열어, 핵무력 건설을 종료하고 경제건설에 총력을 기울이는 새로운 전략노선을 채택하게 된 것이다.

## 3. 김정은 정권의 병진노선과 대(對) 미중 강소국 전략

### (1) 김정은 정권의 대미 전략과 북미 관계

북미 관계를 한마디로 말한다면 '적대관계'이다. 북한과 미국 양측이 적대관계인 이유는 과거에 서로 전쟁을 했고 현재도 전쟁상태에 있으며 미래에 언제라도 전쟁할 수 있기 때문이다. 북한과 미국이 오늘날과 같이 적대관계로 된 직접적인 배경은 1950년 발발한 한국전쟁에서 교전당사자였다는 데 있다. 북한은 미국에 대해 한국전쟁을 일으켜 엄청난 인적, 물적 피해를 가져다 준 철천지원수로 바라보고 있다. 반면, 미국은 북한에 대해 한국을 침공한 침략자로 바라보고 있다. 이러한 현격한 인식 차이와 적대감, 그리고 진영외교 때문에 냉전시기에 북미 양측은 이렇다 할 대화를 하지 않았다.

북미 간 대화의 계기가 마련된 것은 냉전체제가 붕괴한 뒤 미국의 유일패권이 확립된 이후이다. 북한은 세계의 유일 패권국가가 된 미국과 어떤 형태로든 관계를 맺지 않으면 살아갈 수 없게 되었던 것이다. 바로 이 시기에 북한이 선택한 방법은 핵무기 개발이다. 북한은 미국과 등지고 살기 위해서가 아니라, 나름대로 자주권을 유지하며 미국과 관계를 개선하기 위해 핵무기 개발에 나선 것이다. 그런 의미에서 탈냉전기 북미 관계의 전개는 북한의 핵문제를 떼어놓고는 이야기할 수 없을 정도이다.

북한이 미국에 접근하는 방식은 여타 소국의 외교전략과 다른 강소국(强小國) 외교전략을 취하고 있다.[4] 냉전시기에는 소련이나 중국에 편승하여 대미 균형외교를 전개했지만, 냉전 해체 직후에는 편승할 강대국이 존재하지 않았다. 그렇기 때문에 초기에는 핵 프로그램을 지렛대로 미국과의 관계정상화 협상을 전개해 체제안전을 도모하고자 했다. 북미 양자는 북핵문제를 계기로 대화를 시작했고 1차 북핵위기를 거쳐 마침내 1994년 「제네바 북·미 기본합의」를 통해 점차 정치적, 경제적인 관계를 회복하기 시작했다. 하지만 2002년에 북한이 비밀리에 우라늄농축계획을 추진한다는 의혹이 제기되면서 2차 북핵 위기가 발발했다. 그 뒤 오바마 행정부가 출범한 직후인 2009년 5월 제2차 핵실험을 단행함으로써 3차 북핵 위기가 시작되었다.

김정은 정권이 출범한 이후인 2013년 1월 북한 외무성은 성명을 통해 "미국의 적대시정책이 조금도 변하지 않았다는 것이 명백해진 조건에서 세계의 비핵화가 실현되기 전에는 조선반도 비핵화도 불가능하다는 최종결론을 내"리고 "자주권 존중과 평등의 원칙에 기초한 6자회담 9·19공동성명은 사멸되고 조선반도 비핵화는 종말을 고하였다"고 밝혔다(북한 외무성 성명, 2013/01/23). 미국은 이에 맞서 키 리졸브(KR) 연습과 독수리(FE) 훈련에서 핵항공모함과 전략폭격기 'B-52H'를 포함한 핵타격 수단을 투입했다. 그러자 북한은 3월 31일 당중앙위원회 전원회의를 열고 '경제·핵무력건설 병진노선'을 제기하였다.

---

4    서훈(2008)은 이러한 북한의 강소국(强小國) 전략을 가리켜 '선군외교전략'이라고 명명하였다.

이와 같은 북한의 대외전략은 독자적인 핵무기 보유를 통해 미국과의 군사적 균형을 이루고자 하는 강소국 외교전략인 것이다. 2015년 1월 9일 조선중앙통신은 북한 외무성 대변인을 인용하며 2015년 1월 9일 미국 측에 한미연합군사훈련을 임시 중단하면 핵실험을 임시로 중단할 수 있다는 뜻을 전달하고, 미국이 이 문제와 관련한 대화를 필요로 한다면 북한이 미국과 언제든지 마주앉을 준비가 되어 있다는 입장을 밝혔다고 보도했다(『조선중앙통신』, 2015/01/10). 하지만 미국은 이러한 북한의 제의를 즉각 거부했다.

2016년 7월 6일 북한은 공화국 정부 성명을 통해 한국과 미국을 대상으로 한반도 비핵화의 전제조건 다섯 가지를 제시하였다. 북한은 자신이 주장하는 비핵화는 한반도 전역의 비핵화이며 여기에는 한국의 핵폐기와 한국 주변의 비핵화가 포함되어 있다고 강조하면서 아래의 조건을 제시하였다.

> "첫째, 남조선에 끌어붙여놓고 시인도 부인도 하지 않는 미국의 핵무기들부터 모두 공개하여야 한다. 둘째, 남조선에서 모든 핵무기와 그 기지들을 철폐하고 세계앞에 검증받아야 한다. 셋째, 미국이 조선반도와 그 주변에 수시로 전개하는 핵타격수단들을 다시는 끌어들이지 않겠다는것을 담보하여야 한다. 넷째, 그 어떤 경우에도 핵으로, 핵이 동원되는 전쟁행위로 우리를 위협공갈하거나 우리 공화국을 반대하여 핵을 사용하지 않겠다는것을 확약하여야 한다. 다섯째, 남조선에서 핵사용권을 쥐고있는 미군의 철수를 선포하여야 한다"("조선민주주의인민공화국 정부 대변인성명(2016년 7월 7일)," 『로동신문』, 2016/07/07).

이러한 북측 제의에 대해 미국이 적극 호응하지 않자, 북한은 본격적으로 핵무력의 증강에 착수했다. 그리하여 2017년 3월 18일 액체연료를 사용하는 신형 백두산 엔진을 개발하였고, 같은 해 7월 8일과 28일에는

백두산 엔진 1개를 장착한 사거리 7,000km의 대륙간탄도미사일의 고각
발사 시험에 성공하였다(조성렬, 2019b: 44). 9월 3일에는 6번째 핵실험으
로 수소탄 실험을 성공리에 마쳤고, 마침내 11월 29일 백두산 엔진 2개
를 장착하고 미 본토를 타격할 수 있는 사거리 14,000km의 대륙간탄도
미사일의 고각발사 시험을 끝냈다. 화성-15형의 시험발사에 성공하자
북한은 대륙간탄도미사일의 개발과 수소탄 실험에 성공한 뒤 '국가핵무
력의 완성'을 선언하였다.

### (2) 김정은 정권의 대중 전략과 북중 관계

북중 관계는 한국전쟁 때 중국의 참전으로 흔히 '혈맹'으로 불리지만,
1950년대 후반 8월 종파 사건을 비롯해 중소 분쟁 과정에서 양국 간에
갈등이 없었던 것은 아니다. 특히 김일성 주석의 사망 직후 중국정부가
즉각 김정일 후계체제를 지지하는 등 신속한 태도를 보였지만, 이후 국
제고립과 자연재해까지 겹치면서 북한 김정일 체제가 '고난의 행군'이
불가피하게 되는 등 최악의 사회·경제상황에 빠졌을 때 중국은 북측의
요청이 없었다는 이유로 경제지원을 제공하지 않으면서 양극 갈등은 증
폭되기도 했다.

하지만 갑작스러운 김정일 위원장의 사망과 후계자 김정은 체제가 등
장하면서 김정은 정권 초기의 북중 관계는 비교적 우호적으로 출발하였
다. 중국은 김정일 위원장의 사망과 김정은 체제의 출범에 대하여 깊은
애도와 함께 큰 관심으로 반응하였다. 후진타오(胡锦涛) 국가주석을 비
롯한 중국공산당 상무위원 9명 전원이 베이징 주재 북한 대사관을 찾아
조문하는 등 최고의 조의를 표시하였으며, 2012년 4월 11일 후진타오 국
가주석은 중국 공산당 총서기 명의로 김정은 제1비서의 추대를 축하하
는 축전을 발송하였다.

하지만 시진핑 체제의 출범을 전후해 북중 관계는 다시 악화되었다.
2013년 3월에 공식 출범한 중국의 시진핑 체제는 '신형 대국관계'를 내

걸며 미국과의 우호관계를 희망하고 한국의 박근혜 정부와도 관계증진
을 추진하였다. 반면에 중국은 북한과 핵무기 개발을 둘러싼 이견으로
갈등히면서 전통적인 북중 관계가 흔들리고 있었다. 러시아도 북한의 핵
무기 보유에 부정적인 태도를 취했지만 신동방정책을 추진하며 북한에
대한 전략적 접근을 강화하고 있는 것과는 대조적이었다.

북중 관계 악화의 직접적인 계기는 북한이 시진핑 정부의 공식출범 직
전인 2012년 12월 우주로켓 발사를 단행하면서부터다. 특히 중국의 만
류에도 불구하고 북한이 장거리 로켓 발사에 이어 2013년 2월 제3차 핵
실험을 단행하자 중국과 북한의 관계는 냉랭하게 바뀌었다. 이후 중국의
유엔안보리 대북제재 동참, 북중 고위급교류의 중단 등으로 양국관계의
회복이 지연되고 있다. 특히 2014년 7월 3~4일 사상 최초로 시진핑 중
국주석이 평양에 앞서 서울을 방문함으로써 냉랭한 북중 관계가 지속되
는 빌미가 되었다.

〈표 1〉 시진핑 집권기 북한 핵실험에 대한 유엔안보리 결의와 중국의 조치

| 북한 핵실험 | 유엔안보리 | 중국 입장 | 중국 조치 |
|---|---|---|---|
| 3차 핵실험<br>(2013.2.12.) | 2094호 | 결연반대<br>(堅決反對) | 중 상무부: 북한의 대규모<br>살상무기 및 부품 수입 금지<br>(2013.9.23.) |
| 4차 핵실험<br>(2016.1.6.) | 2270호 | 결연반대<br>(堅決反對) | 중 상무부: 대북 수출입 금지품목<br>명단 발표 (2016.4.5.) |
| 5차 핵실험<br>(2016.9.9.) | 2321호 | 결연반대<br>(堅決反對) | 중 상무부: 북한석탄 수입<br>잠정정지 발표 (2016.12.31.) |
| 6차 핵실험<br>(2017.9.3.) | 2375호 | 결연반대<br>(堅決反對)<br>강렬규탄<br>(强烈譴責) | 중 상무부: 결의 2321호<br>따른 북한산 석탄수입 중단발표<br>(2017.2.8.)<br>중 국가외국전가국: 2375호 따른<br>북 인력제한 발표 (2017.9.22.)<br>중 상무부: 결의 2375호 따라<br>120일 내에 북한 설립 기업의<br>폐쇄 공고 (2017.9.28.) |

출처: 유현정(2018: 6-7).

북한의 핵미사일 도발과 중국의 유엔안보리 제재 동참으로 북중 양국 관계가 악화되었지만, 북한은 최대 후원국인 중국과의 관계 회복을 통해 국제적인 고립에서 탈피하고자 하였다. 중국은 유엔안보리 결의안 준수, 통관 강화, 불법체류 노동자 단속강화, 금융거래 중단 및 특구개발 속도 조절 등의 대북 제재조치를 취하고 있다. 이러한 중국 정부의 조치는 국제 의무 준수, 법치주의 확립, 경제논리에 따른 경제협력 등으로 해석될 수 있다. 이에 대해 북한은 6자회담 복귀를 협상카드로 삼아 지속적으로 중국의 대북제재 완화를 요구하면서 북중 경제협력의 확대를 시도하고 있다.

이처럼 김정은 정권의 출범 이후 북중 양국은 새로운 관계를 모색하였으나 북한의 장거리 탄도미사일 발사와 잇단 핵실험으로 양국관계는 회복되지 못하였다. 중국은 한반도의 평화·안정을 최우선하면서도 미국의 한반도 군사개입을 초래할 수 있는 북한 핵문제에 대해서도 단호한 입장을 견지하고 있다. 시진핑 체제가 들어선 이후, 한중 정상회담은 상호 방문으로 5차례 열렸지만 북중 정상회담은 김정은 국방위원장이 비핵화 입장을 천명한 2018년 3월 26일 이전에는 한 번도 열리지 못하였다.


## Ⅳ. '국가핵무력 완성' 선언 이후 북한의 대외전략


### 1. 미중 패권경쟁과 북한의 '국가핵무력 완성' 선언

#### (1) 미중 패권경쟁과 북중 관계 파급영향

중국은 2001년에 세계무역기구(WTO)에 가입한 이후 세계의 공장 역할을 하면서 빠른 속도로 경제성장을 이룩하였다. 마침내 2010년에는 일본을 앞지르면서 세계 제2의 경제대국이 되었다. 중국은 이에 만족하지 않았다. 시진핑 주석은 한발 더 나아가 일대일로 구상, 중국제조 2025

및 군비확장 등을 통해 2050년에는 세계 제1위의 경제대국이 되겠다는 야심찬 '중국몽'을 제시하였다.

중국이 급부상하자 미국의 오바마 행정부는 '아시아 재균형 정책'을 내세우며 서둘러 아프가니스탄과 이라크에서 전쟁을 마무리 짓고 군사력과 외교력을 아시아지역으로 되돌리고 있다. 이러한 정책은 트럼프 행정부에 들어와서도 지속되었다. 트럼프 미 대통령은 '미국 제일주의(America First)'와 '힘에 의한 평화(Peace through Strength)'를 내걸면서 중국의 패권 도전에 대해 한층 강경하고 적극적인 자세로 나왔다(김현욱, 2018: 99).

트럼프 행정부는 2017년 4월에 열린 첫 미중 정상회담에서 중국이 스스로 대미 흑자 개선책을 내놓기로 하면서 '100일 계획'에 합의했지만, 중국이 만족할만한 해결책을 제시하지 않자 본격적으로 대중 압박에 들어갔다. 미 백악관은 2017년 12월 발표한 「국가안보전략보고서(*National Security Strategy of the United States of America*: NSS)」에서 중국을 수정주의 세력이자 전략적 경쟁자로 규정하고 압도적인 군사 우위를 위해 첨단 핵무기를 개발할 것이라고 공언하였다(Trump, 2017/12/18). 2018년 10월 4일 마이크 펜스 미 부통령은 허드슨연구소 연설에서 중국을 '현실의 적'으로 규정하며 대중 무역전쟁을 지지한다고 밝혔다(Pence, 2018/10/04).

2019년에 들어와 미국은 중국산 제품에 대한 고율관세를 부과하며 본격적으로 무역전쟁을 시작하였다. 또한 통신장비업체인 중국 화웨이를 5세대 이동통신(5G) 네트워크 구축 사업에서 배제하는 등 기술전쟁도 병행하였다. 하지만 중국은 아직 미국과 정면으로 상대하기에는 힘이 부족하다는 점을 인정하고, 미중 무역전쟁의 전선을 확대를 피하기 위해 미국산 농산품의 수입을 늘리는 등 타협을 시도하였다. 마침내 2020년 1월 15일 미중 양국은 1단계 무역협정에 합의하였다. 하지만 미중 패권 전쟁은 이제 시작에 불과하다.

중국은 지정학적인 이해관계나 한국전쟁의 참전국으로서 한반도 비핵화와 평화체제에 큰 관심을 보여 왔다. 북한이 핵무기를 개발하고 탄도미사일을 시험발사하자 중국은 고위급 인사교류를 제한하는 등 북한에 불편한 기색을 보였지만 유엔안보리의 대북제재에는 소극적인 태도를 보였다. 하지만 2016년 11월초 미 대통령선거에서 대중 무역에서 강경한 입장을 보였던 미 공화당의 트럼프 후보가 대통령에 당선되자, 중국은 그동안 '한반도 정세의 안정'을 내세우며 소극적이었던 기존 태도를 크게 바꾸었다.

시진핑 체제가 들어서자 중국은 유엔안보리의 대북 제재 결의에 동참하였을 뿐만 아니라 한반도문제에도 한발 물러서는 자세를 취했다. 시진핑 주석은 당초 예상됐던 2018년 9월 9일의 북한의 정권수립 70주년 기념식(9·9절) 행사에 불참했을 뿐 아니라, 같은 해 9월 12일 블라디보스토크에서 열린 동방경제포럼에서도 중국이 당분간 한반도문제에 개입하지 않겠다는 입장을 밝히기도 했다.

### (2) 대중 편승을 통한 대미 균형 외교전략

중국의 지지로 유엔안보리 대북 제재가 본격적으로 가동되면서 김정은 정권이 당초 구상했던 경제강국 건설은 물론이고 북한 인민생활에도 커다란 타격이 가해졌다. 따라서 북한정권으로서는 어떻게든 중국과의 관계를 회복하고 미국이 주도하고 있는 유엔안보리 대북제재를 해제하도록 할 필요가 있었다. 하지만 중국정부는 북한의 핵무기 개발로 미국이 한반도문제에 적극 개입해 들어오는 것을 부담스럽게 생각하고 있었다. 그렇기 때문에 중국은 북중 관계개선의 조건으로 '비핵화' 추진을 요구하였다. 하지만 미국은 '선의의 무시', '전략적 인내' 등 선(先)비핵화를 요구하며 북한과의 대화에 응하지 않고 있었다.

대미 핵 억제력을 바탕으로 개혁·개방에 나서겠다는 김정은 정권의 기본구상이 어긋날 수밖에 없었다. 당초 북한은 핵 프로그램을 지렛대로 미국과 협상할 생각이었으나 미국이 북미 대화에 쉽사리 응하지 않자 미

본토를 겨냥한 국가핵무력의 완성에 본격적으로 나섰다. 북한으로서는 미중이 무역전쟁을 벌이는 상황에서 수소폭탄과 대륙간탄도미사일을 보유해 협상지렛대로 삼는 것이 외교적 방식으로 한반도문제를 풀기에 유리하다고 판단한 것이다.

마침내 북한은 2017년에 들어와 '백두산엔진'의 개발에 성공하고, 7월 4일과 28일 사거리 7,000km에 달하는 대륙간탄도미사일 화성-14형의 시험발사에 성공하였고, 뒤이어 9월 3일에는 여섯 번째 핵실험을 실시해 수소탄 실험을 성공시켰다. 그리하여 마침내 11월 29일 북한은 최대 사거리 14,000km에 달하는 대륙간탄도미사일 화성-15형을 성공리에 시험발사하였다. 이처럼 수소탄 실험과 화성-15형 시험발사가 성공한 직후 북한은 '국가핵무력의 완성'을 선언하였다. 2018년 들어와 북한은 한반도 비핵화를 수용한다는 입장을 밝힘으로써 중국의 지지를 얻은 뒤, 비핵화를 지렛대로 본격적인 대미 협상에 뛰어들었다.

〈표 2〉에서 알 수 있듯이, 북한은 먼저 김정은 정권에 들어와 첫 북중 정상회담을 열어 중국의 지지를 얻은 뒤, 판문점에서 남북 정상회담을 개최함으로써 한국을 우호세력으로 끌어안았다. 트럼프 대통령이 초강경파 존 볼턴을 백악관 국가안보보좌관으로 임명하고 오바마 행정부 때 체결한 「이란 핵합의(JCPOA)」의 일방적 파기를 선언하자, 5월 7~8일 급히 다롄으로 달려가 2차 북중 정상회담을 갖고 중국의 지원을 요청해 시진핑 주석이 트럼프 대통령과 통화해 중재에 나섰다. 북한이 북중 회담 직후 펜스 부통령과 폼페이오 국무장관을 비난하는 성명을 잇달아 발표하자, 미국은 중국배후론을 제기하며 합의됐던 제1차 북미 정상회담의 취소를 결정했다.

이에 당황한 북한은 5월 25일 문재인 대통령에게 중재를 요청하여 마침내 5월 26일 전격적으로 판문점에서 남북정상이 회동하였다. 이 자리에서 6·12 싱가포르 북미 정상회담의 성공을 위한 긴밀한 협력과 4·27 판문점선언의 조속한 이행 의지를 확인하고, 문 대통령이 이를 트럼프 대통령에게 전달함으로써 꺼져가던 비핵화 협상의 동력을 살려냈다. 그리하여 마침내 6월 12일 예정대로 역사적인 제1차 북미 정상회담이 싱가포르에서 열리게 되었다. 회담 직후 김정은 위원장은 북미 정상회담의 결과를 설명하기 위해 중국 베이징을 또다시 방문하여 양국의 결속을 다짐하였다.

2019년 2월 27~28일 제2차 북미 정상회담을 앞두고 김정은 위원장은 네 번째 중국행을 선택했다. 그리하여 김 위원장은 자신의 생일인 1월 8일 베이징에서 북중 정상회담을 갖고 제2차 북미 회담에 앞서 중국의 조언을 듣고 양국의 입장을 조율하였다. 하지만 하노이 2차 북미 정상회담이 합의문 채택에 실패하면서 북한은 크게 좌절했다. 중국으로서는 네 번씩이나 김 위원장이 방중한 데 따른 답방 필요성과 북한이 비핵화 프로세스에서 이탈하지 못하도록 하는 등 다목적으로 시진핑 주석이 평양을 방문하여 제5차 북중 정상회담을 가졌다.

〈표 2〉 북한의 한국, 미국, 중국과의 정상회담 흐름

| 국가별 | 2018년 | | | | | | | 2019년 | | |
|---|---|---|---|---|---|---|---|---|---|---|
| 북·중 정상회담 | 3.25~28 (베이징) | | 5.7~8 (다롄) | | | 6.19~20 (베이징) | | 1.7~10 (베이징) | | 6.20 (평양) |
| 남북 정상회담 | | 4.27 (판문점) | | 5.26 (판문점) | | | 9.18~20 (평양) | | | |
| 북·미 정상회담 | | | | | 6.12 (싱가포르) | | | | 2.27~28 (하노이) | |

## 2. 북미 협상을 전후한 북한의 중국 접근

### (1) 남북 및 북미 정상회담에 앞선 김정은 위원장의 방중

김정은 위원장은 2017년 11월 29일 '국가핵무력의 완성'을 선언한 뒤, 같은 해 12월 백두산에 올라가 새로운 정국구상을 마치고 나서 북한선수단의 평창 동계올림픽 참가를 계기로 한 남북대화의 재개를 결정하였

다. 이러한 김정은 위원장의 백두산 행보는 고모부인 장성택 당 행정부장을 처형하기 직전인 2013년 2월과 김정일 국방위원장의 3년 탈상을 앞둔 2014년 11월에도 백두산에 올라가 국정운영에 대한 구상을 한 것과 유사한 패턴이다.

김정은 위원장의 2018년 신년사를 계기로 남북고위급회담이 개최되고 마침내 북한선수단이 평창올림픽에 참가하였다. 평창올림픽 개막식에 참석한 김영남 최고인민회의 상임위원장과 김 위원장의 친동생인 김여정 당 선전선동부 제1부부장이 이튿날 청와대를 방문해 김정은 위원장의 친서를 문재인 대통령에게 전달하였다. 그 뒤 남북미 정보당국 간의 실무회의를 거쳐 2월 25~27일 김영철 당 부위원장의 방한과 3월 5~6일 정의용 국가안보실장의 방북 등 특사교환이 있었고, 여기서 남북정상회담 개최가 확정되었다. 그리고 우리 측 특사단이 북한을 대신해 워싱턴을 방문해 북미 정상회담의 개최에도 합의하였다.

이처럼 남북 정상회담과 북미 정상회담의 분위기가 무르익고 있는 가운데, 전격적으로 김정은 위원장의 베이징 방문이 이루어졌다. 3월 25~28일에 걸쳐 이루어진 김정은 위원장의 중국 방문으로 제1차 북중 정상회담이 개최되었다. 당시까지 냉랭하던 북중 관계에도 불구하고 김정은 위원장이 남북, 북미 정상회담에 앞서 중국을 찾은 것은 불확실성이 높은 대남, 대미 협상에서 안전판을 확보하고자 한 것으로 보인다.

무엇보다 이러한 불확실성 속에서 만의 하나 북미 협상이 실패하거나, 설사 성공하더라도 성과가 나올 때까지 상당한 시간이 걸릴 수밖에 없다는 점을 고려할 때 북한으로서는 중국을 활용하고 의지할 필요가 있었던 것이다. 실제로 북한경제는 대외무역의 90% 이상을 중국에 의존하고 있다. 게다가 유엔안보리 결의 2397호 4항과 5항에 따라 북한은 석유수입량을 원유 연간 400만 배럴(52.5만 톤), 정제유 연간 50만 배럴(약 6.5만 톤)로 제한받고 있는데, 원유와 정제유 거의 대부분을 중국으로부터 수입하고 있다.

〈표 3〉 북한의 중국 무역액 추이

(단위: 백만 달러)

| 구분 | 2011 | 2012 | 2013 | 2014 | 2015 | 2016 | 2017 | 2018 | 2019.8 |
|------|------|------|------|------|------|------|------|------|--------|
| 수입 | 2,464 | 2,484 | 2,914 | 2,841 | 2,484 | 2,634 | 1,650 | 195 | 136 |
| 수출 | 3,165 | 3,257 | 3,633 | 4,023 | 3,226 | 3,422 | 3,608 | 2,528 | 1,572 |
| 무역수지 | -701 | -773 | -719 | -1.182 | -742 | -788 | -1,958 | -2,333 | -1.436 |

출처: 한국무역협회(KITANET).

## (2) 다섯 차례 북중 정상회담과 양국관계의 밀착

북한은 남북 및 북미 정상회담에 앞서 중국과 정상회담을 가짐으로써 중국의 체면을 살려주었을 뿐만 아니라, 북미 협상의 결렬 시에 대비한 안전판도 확보하려 한 것이다. 실제로 제2차 북중 정상회담에서 북한은 북미 협상이 결렬됐을 때에 대비한 중국 측의 지원을 요청한 것으로 알려졌다. 김정은 위원장은 자신의 비핵화 의지를 재확인하면서, 미국의 약속 위반에 대한 우려를 표시하였다. 이에 대해 시진핑 주석은 북한에 의해서가 아니라 미국의 책임으로 비핵화 협상이 깨진 경우에는 중국이 북한의 체제안전과 경제발전을 보장하겠다고 약속하였다.

싱가포르 북미 정상회담이 끝난 뒤 열흘도 되지 않아 김 위원장은 회담 결과를 설명하기 위해 2018년 19~20일 직접 베이징으로 시진핑 주석을 찾아 제3차 북중 정상회담을 가졌다. 이 자리에서 김 위원장은 북중이 '한집안 식구(一家人)'라고 표현하면서 "중국동지들과 한 참모부(一介參謀部)에서 긴밀하게 협력할 것'이라면서 전략적 소통을 강화해 나갈 것임을 약속했다. 시진핑 주석도 이에 화답해 북중 관계의 불패성(不敗性)을 언급했다. 이것은 북한이 중국과 밀착함으로써 대미 비핵화 협상에서 유리한 고지를 차지하려는 의도로 해석된다.

김정은 위원장은 제2차 하노이 북미 정상회담을 앞두고 또다시 베이징을 방문해 시진핑 주석과 제4차 북중 정상회담을 가졌다. 이 자리에서 김 위원장은 "계속해서 비핵화 입장을 견지한다"면서 "대화와 협상을 통해 한반도문제를 해결하고 북미 정상 간 2차 회담에서 국제사회가 환영할 성과를 내도록 노력하겠다"고 밝혔다. 시진핑 주석도 "중국은 한반도 비핵화 방향을 계속 지지하고 남북관계 개선을 지지한다"면서 "북미 정상회담의 개최와 성과를 지지하며 유관국들이 대화를 통해 각자의 합리적 우려를 해결하는 것도 지지한다"고 밝혔다(『연합뉴스』, 2019/01/10).

2019년 6월 20일 평양에서 열린 제5차 북중 정상회담에서 김정은-시진핑 두 정상은 전통적인 친선을 강조하고 "지역의 평화와 안정, 발전과 번영을 위해 적극적으로 기여"할 것이라고 밝혔다. 이 자리에서 김정은 위원장은 북한이 한반도정세의 긴장 완화를 위해 많은 조치들을 취했지만 미국이 적극적으로 호응하지 않았다고 미국에 불만을 토로하며, 그럼에도 "조선은 인내심을 유지할 것이며 유관국(중국: 필자 주)이 조선 측과 마주보고 서로의 관심사를 해결해 반도문제가 해결돼 성과가 있기를 원한다"며 중국의 역할에 대한 기대를 드러냈다(『조선중앙통신』, 2019/06/20).

시진핑 주석도 한반도 비핵화에 대한 김정은 위원장의 조치를 높게 평가하고 이와 관련된 각 측의 공동노력으로 평화와 대화의 분위기가 만들어져 한반도문제를 정치적으로 해결할 수 있는 모처럼의 역사적 기회가 마련되었다고 평가하였다. 또한 시진핑 주석은 한반도 비핵화 실현에 중국이 적극적인 역할을 다하겠다고 밝히면서, 북한의 합리적인 안보 우려와 경제발전에서의 어려움을 해결하는 데 힘이 닿는 대로 도와주고 싶다고 언급했다(김한권, 2019/07/10).

시진핑 주석은 평양 방문에 앞서 북한노동당 기관지 『로동신문』에 기고한 글에서 북중 관계에 관해 ▲전략적 의사소통과 교류를 강화하고 서로 배우면서 전통적인 북중 친선에 새로운 내용을 부여할 것 ▲친선적인 왕래와 실무적인 협조를 강화하여 북중 관계 발전에 새로운 동력을 불어 넣을 것 ▲의사소통과 대화, 조율과 협조를 강화하여 지역의 평화와 안정을 위한 새로운 국면을 개척해 나갈 것 등 세 가지를 제시하였다(『로동신문』, 2019/06/19).

## 3. 한반도 비핵화 협상과 북한의 대미 전략

### (1) 역사적인 첫 북미 정상회담의 개최[5]

한반도 정세는 2018년에 들어와 크게 화해국면으로 변하기 시작했다. 1년 전만 해도 어느 때보다 전쟁위기가 고조되었지만, 문재인 대통령이 신베를린선언과 8·15 대통령 경축사 등을 통한 일관된 평화 의지와 대북 설득으로 마침내 한반도 정세는 전쟁 위기에서 벗어나 평화의 시대를 맞이하게 된 것이다. 한반도 정세가 전쟁에서 평화로 분위기가 반전된 결정적 계기는 단연 2018년 정초 '2대 민족적 대사'를 내세우며 평창 동계올림픽 참가 의사를 밝히면서 극적인 반전의 계기를 만든 김정은 위원장의 신년사이다.

김정은 위원장이 3월 초 남측 특사단을 만났을 때 '군사위협 해소와 체제안전 보장'이라는 조건부로 비핵화 의지를 분명히 밝혔다. 원론적인 수준에서 비핵화 의사를 밝힌 적이 있었지만, 이번처럼 구체적인 조건을 명시한 것은 처음이다. 2012년 헌법 전문에 '핵보유국'을 명기하고 2013년 4월 1일 최고인민회의에서 「자위적 핵보유국 지위 공고화 법」이라는 법률까지 제정했고 지난 10년 동안 핵과 관련된 어떠한 대화에도 응하지 않았던 북한이 김정은 위원장의 입으로 비핵화 의지를 밝힌 것은 획기적인 변화의 출발점이 되기에 충분하였다.

2018년 6월 12일 싱가포르에서 역사적인 첫 북미 정상회담이 개최되어 4개 항의 공동성명에 합의하였다. 싱가포르 북미 공동성명의 내용은 첫째로 새로운 북미 관계의 수립, 둘째로 한반도에서 항구적이며 공고한

---

5    이 부분은 조성렬(2019b: 105-107)의 내용을 발췌한 것임.

평화체제의 구축, 셋째로 판문점선언을 재확인하면서 한반도의 완전한 비핵화를 향해 노력, 넷째로 전쟁포로 및 행방불명자의 유골 발굴 및 발굴 확인된 유골들의 송환 등이다.

하지만 북미 간 비핵화 협상이 진전되지 않으면서 고비를 맞기도 했다. 트럼프 대통령이 5월 24일 제1차 북미 정상회담을 앞두고 북한의 태도를 문제 삼아 일방적으로 취소했다가 번복한 데 이어, 8월 24일 북미 고위급회담을 하루 앞두고 김영철 당 부위원장의 서신내용을 이유로 회담을 취소시켰다. 11월 8일에는 폼페이오(Mike Pompeo) 미 국무장관과 김영철 노동당 부위원장의 고위급회담과 비건(Stephen Biegun) 대북정책특별대표와 최선희 외무성 부상 간 실무급 회담 등 2+2회담이 열릴 예정이었으나 북한의 일방적인 연기로 무산되었다. 당초 기대되었던 김정은 위원장의 연내 서울 방문도 이뤄지지 못했다.

이처럼 2018년 한 해가 비핵화 협상의 재개로 힘차게 출발했지만, 하반기로 접어들면서 비핵화 협상의 동력이 크게 떨어져 기대했던 만큼의 한반도 비핵화와 평화 프로세스가 진행되지 못하였다. 그 때문에 어느 때보다도 김정은 위원장의 2019년 신년사의 대미 메시지가 주목받았다. 2019년 신년사에서 김 위원장은 "언제든 또다시 미국대통령과 마주앉을 준비가 되어 있으며 반듯이 국제사회가 환영하는 결과를 만들기 위해 노력할 것"이라는 긍정적 신호를 발신하였다. 그리고 1월 8일 김정은 위원장은 시진핑 주석과 북중 정상회담을 갖고 "북한은 계속해서 비핵화 입장을 견지하며 북미 정상간 2차 회담에서 국제사회가 환영할 성과를 내도록 노력하겠다"고 밝혔다(『新华网』, 2019/01/10).

이러한 분위기 속에서 김영철 당 부위원장은 워싱턴을 방문해 북미 고위급 회담을 가진 뒤 백악관으로 가 김 위원장의 친서를 전달했으며, 트럼프 대통령도 김 위원장 앞으로 친서를 보내 화답했다. 같은 시간에 스웨덴 스톡홀름에서는 비건 대북정책특별대표와 최선희 외무성 부상이 만나 북미 실무대표회담을 갖고 제2차 북미 정상회담에 관해 합의하였다. 마침내 2019년 2월 27~28일 양일간 베트남 하노이에서 제2차 북미 정상회담이 개최되었다. 하지만 양측은 서로의 의견을 좁히지 못하는 바람에 끝내 공동성명을 채택하지 못하고 말았다.

(2) 2차 북미 정상회담의 합의 실패 이후 북한의 대미 전략 구상[6]

하노이 북미 정상회담에서 합의문 채택이 불발된 이후 한반도에는 냉기류가 감돌았다. 북한이 2019년 4월에 제4차 당 전원회의와 제7기 최고인민회의 제1차 대의원회의를 소집했을 때, 김정은 위원장이 북미 비핵화협상의 중단을 선언하지 않을까 하는 우려가 팽배했다. 하지만 우려했던 것과 달리 김 위원장은 미국에게 새로운 셈법을 가져올 것을 요구하면서 연말까지 시한을 설정했다.

6월 20일 시진핑 주석의 평양 방문 직후인 6월 30일 판문점 우리 측 구역인 자유의 집에서 전격적으로 남북미 3자 정상의 회동과 북미 정상의 단독회동이 이루어졌다. 이 자리에서 조만간 북미 실무회담을 갖기로 합의하였다. 하지만 북한이 한미 군사연습을 문제 삼아 실무회담에 응하지 않다가, 9월 9일 밤 북한 최선희 제1부상이 9월 하순에 북미 실무회담을 열자는 담화를 발표했다. 최선희 부상의 담화는 공교롭게도 트럼프 대통령이 아프간 평화협정의 체결을 하루 앞두고 협상 중단을 선언한 직후에 나온 것이다. 최선희 부상의 담화 다음날 트럼프 미국 대통령은 존 볼턴 국가안보보좌관을 전격 경질하는 일이 발생하였다.

초강경파인 볼턴을 경질함으로써 북미 비핵화 실무협상의 분위기는 훨씬 개선되었다. 하지만, 양측의 입장차이가 여전히 커서 협상결과를 낙관할 수 없었다. 북한은 트럼프 대통령의 재선 여부가 불확실한 상황

---

6    이 부분은 필자가 『경향신문』, 2019년 9월 17일자에 기고한 칼럼 "북한의 비핵화 단계론과 '트럼프 리스크'"의 내용을 일부 수정해 옮겨 실은 것임(조성렬, 2019c: 『경향신문』, 2019/09/17).

에서 비핵화 추진을 트럼프 1기와 그 이후로 나누는 단계적 접근을 고집하고 있다. 미국도 2020년 11월 3일 미 대통령 선거 때문에 미국 내 여론을 의식하지 않을 수 없어 북측의 요구를 받아들이기가 어려운 상황이다.

북미 비핵화 협상의 최대관건은 김 위원장의 비핵화 의지에 있지만, 그에 못지않은 것이 트럼프 리스크이다. 첫 번째 트럼프 리스크는 트럼프가 내년 대통령선거에서 승리할지의 불확실성에 따른 것이다. 만약 트럼프가 재선에 실패한다면, 새로운 민주당 정부와 비핵화 협상을 처음부터 다시 시작해야 한다. 북한으로서는 섣불리 트럼프 1기 행정부와 '빅딜'에 합의하기를 꺼리는 이유다. 두 번째 트럼프 리스크는 설사 트럼프가 재선에 성공한다고 해도 현재와 같이 적극적인 자세를 취하지 않을 수 있다는 불안감이다. 전임 오바마 행정부 때 합의한 이란 핵합의를 파기한 경력이 있는 트럼프가 재선된 뒤에 태도가 바뀌지 않는다는 보장이 없기 때문이다.

이러한 두 가지 트럼프 리스크를 우려해 북한은 단계적 접근법을 취하고 있다. 2018년 3월 26일 김정은 위원장은 북중 정상회담 때 단계적 동시행동적 접근을 제시했다. 단계적 접근법은 미래핵, 현재핵은 트럼프 제1기 행정부와 합의하고 이행하지만 과거핵(핵무기, 탄도미사일 및 관련 제조시설)은 2021년 1월에 들어설 미국 행정부와 협상하겠다는 것이다. 이러한 접근법은 일부 전문가들이 북한이 절대로 핵을 포기하지 않을 것이라고 생각하게 만든 요인이기도 하다.

2019년 2월 말 하노이 회담에서 미타결된 쟁점은 크게 '비핵화의 공동 정의'와 '추가조치'에 관한 것이다. 비핵화의 대상과 범위에 대해, 북한은 모든 핵무기와 현존하는 핵 프로그램, 중장거리 및 대륙간 탄도미사일의 포기를 주장한다. 반면 대북 강경론자들은 여기에 더해 생화학무기, 단거리·중거리 탄도미사일도 포함시키라고 요구한다. 핵시설 이외의 추가조치에 대해, 북한은 과거핵 문제만큼은 차기 미 행정부와 협상하겠다고 고집한다. 반면 볼턴과 같은 초강경파는 리비아 방식처럼 당장 핵무기와 탄도미사일의 해외이전을 주장하고, 미국 내 협상파는 어느 시점에서 포괄적 신고를 할 것인지에 대한 약속하라고 요구한다.

이처럼 두 가지 쟁점을 둘러싸고 북미 양측이 팽팽히 맞서고 있기 때문에, 실무회담을 넘어 연내 3차 정상회담이 열려도 한반도 비핵화 로드맵을 타결 짓기 쉽지 않다. 북한 핵문제의 외교적 해결을 위해선 미국뿐만 아니라 북한도 셈법을 바꾸어야 한다. 미국은 비핵화의 대상과 범위를 확정지어 불확실성을 없애야 한다. 북한도 어느 시점에 과거핵의 포괄적 신고를 할 수 있는지 조건을 분명히 할 필요가 있다. 이처럼 양측이 서로의 셈법을 고집하는 한 북한 핵문제의 조기해결을 쉽지 않을 것으로 보인다.


## Ⅴ. 북한의 '새로운 길' 모색과 '정면돌파전'[7]

'새로운 길'을 공표할 것으로 주목받았던 김정은 위원장의 2020년 신년사는 없었다. 그 자리를 연말 나흘에 걸쳐 열린 당 전원회의 결정서가 대신했다. 과거 김일성 시대에도 신년사 없이 노동신문 사설이나 최고인민회의 시정연설로 대체한 경우가 있었지만, 김정은 체제가 들어선 뒤로는 처음이다. 2018년 신년사 이후 한반도 정세 변화를 주도했던 김정은 리더십이 하노이 노딜로 상처를 입자, 당 전원회의라는 집단 결정방식을 통해 새로운 정책의 정당성을 확보하려 한 것이다.

전반적으로 볼 때 이번 당 전원회의 결정서에는 우려했던 결정적 한방

---

7   이 부분은 필자가 『내일신문』, 2020년 1월 3일자에 기고한 칼럼 "현실주의를 택한 김정은의 '새로운 길'"의 내용을 일부 수정해 옮겨 실은 것임(조성렬, 2020: 『내일신문』, 2020/01/03).

이 없었다. '새로운 전략무기'를 언급하면서도 미국과 약속한 '한계선'(핵실험 및 중장거리·대륙간탄도미사일 시험 중지)을 백지화하지 않았고 미국이 불순한 목적에 악용한다고 비판하면서도 비핵화 협상 중단을 선언하지 않고 대화 여지를 남겼다. 결정서의 기본내용은 2019년 4월 최고인민회의 제1차 대표자회의 시정연설에서 김 위원장이 밝힌 '새로운 길'에서 벗어나지 않는다.

이번 결정서를 보면, 대미 협상의 장기화에 대비하여 '정면돌파'를 23차례나 다짐하면서도 자력갱생, 군사력 강화, 국제연대 등 2018년 4월 최고인민회의 시정연설의 기본 틀을 유지하고 있다. 김 위원장은 당 전원회의에서 내각이 경제사령부 역할을 못 한다고 비판하며 경제부문에 대해 '침체', '타성'이라는 말로 강하게 질타했다. 당초 비핵화 협상을 통한 대북제재 해제로 추진코자 했던 개혁·개방이 후퇴하고 자력부강, 자력번영의 강조로 바뀌었을 뿐 기존의 경제총력노선은 유지되고 있다.

눈여겨 볼 대목은 대미 협상과 관련한 군사력 강화다. 결정서는 "핵억제력 강화의 폭과 심도는 미국의 금후 대조선 입장에 따라 상향 조정될 것"이라며 '조건'을 붙였다. 김 위원장이 공언한 '연말 시한'을 변경하면서까지 대화 여지를 남겨둔 것은 병진노선, 핵무력노선으로 전환하려는 강경파와 국제정세와 국내사정을 고려해 협상노선을 유지해야 한다는 대화파 간의 타협 결과로 보인다. 아직 미국이 북한의 셈법을 받아들이지 않았기 때문에 '상향 조정'을 압박하며 '새로운 전략무기'의 가능성을 언급한 것이다.

전·현 사회주의국가들과의 국제연대는 자력갱생을 위한 최소한의 국제고립 탈피와 향후 대미 협상을 위해 불가피하였을 것이다. 북한은 외화 확보를 위해 유엔안보리 제재 대상인 아닌 관광산업을 중점 육성하려는 구상을 갖고 있다. 그런데 관광산업의 주요고객이 중국인들인 만큼 중국과의 연대는 새로운 길의 핵심이다. 또한 군사력 강화를 위해 러시아제 최신무기 도입을 추진하고 있어 러시아와의 관계도 중요하다. 이번 전원회의에서 조직재편을 통해 러시아 주재대사를 당 국제부장에 임명한 것도 그러한 의도가 반영된 것이다.

2020년도 한반도 정세의 최대 관건은 북미 관계다. 트럼프 미 대통령은 '김정은이 약속을 지키는 사람'이라며 선물이 꽃병이길 기대한다고 말했다. 폼페이오 미 국무장관도 '충돌과 전쟁이 아닌 평화와 번영을 선택하라'고 촉구했다. 하지만 이러한 기대와 촉구만으로는 협상 진전이 어렵다. 북한 내부에서 가장 개혁적인 인물은 김정은 위원장이다. 북한이 다시 개혁·개방의 길을 가고 비핵화 협상테이블로 되돌아오도록 하기 위해서는 김정은 위원장에 대한 공치사보다는 합리적인 안보우려를 해소해 주는 것이 중요하다.

북미 양측의 입장 차이를 고려할 때 본격적인 북미 비핵화 협상에 앞서 사전조치가 필요하다. 우선은 사태악화를 막기 위해 미 대선 때까지 현상동결 합의(Stand-still Agreement)가 필요하다. 다음, 이러한 환경에서 북미 고위급 실무회담을 통해서 신뢰구축과 함께 비핵화와 상응조치에 관한 이견을 좁혀나가야 한다. 최종적으로, 미 대선 이후 트럼프 리스크의 불확실성이 제거됐을 때 북미 정상회담을 열어 한반도 비핵화를 위한 일괄타결을 기대해 볼 수 있을 것이다.

# 참고문헌

고수석. 2007, 「북한 중국 동맹의 변천과 위기의 동학: 동맹이론의 적용과 평가」, 고려대학
교 북한학과 박사학위논문.

국가정보원. 2017, 「조선민주주의인민공화국 사회주의헌법」, 『북한법령집(상)』(국가정보원,
2017/10).

국토통일원. 1980, "북조선로동당 제2차 전당대회 회의록," 『조선노동당대회 자료집』, 1집
(국토통일원, 1980).

김갑식. 2006, "1990년대 '고난의 행군'과 선군정치", 『북한의 정치2』(파주: 경인문화사).

김  덕. 1992, 『약소국 외교론-국제체제 속의 약소국』(서울: 탐구당).

김용호. 1995, "북한의 외교정책 결정요인," 『북한외교정책』(서울: 도서출판 서울프레스).

김한권. 2019, "중국의 북·미 핵협상 '중개자' 역할의 의미와 전망: 제5차 김-시 회담, G-20
미·중 및 6.30 북·미 회담 결과를 중심으로," 『IFANS 주요국제문제분석』, 2019-18
(국립외교원 외교안보연구소, 7월 10일).

김현욱. 2018, "미중 패권경쟁과 한반도," 『평화와 번영, 새로운 시작』(민주평화통일자문회의,
9월).

서  훈. 2008, 『북한의 선군외교: 약소국의 대미 강압외교 관점에서』(서울: 도서출판 오름).

유현정. 2018, "시진핑 2기 중국의 한반도 정책과 우리의 대응방향," 『INSS 전략보고』
2018-04 (국가안보전략연구원, 6월).

윤기관·고성호·김계동·김동한·박태상·임순희·전현준. 2004, 『현대 북한의 이해』(서울:
법문사).

『연합뉴스』. 2019/01/10.

이종석. 2000a, 『새로 쓴 현대북한의 이해』(서울: 역사비평사).

_____. 2000b, 『북한-중국관계 1945~2000』 (서울: 도서출판 중심).

전현준·김성철·최진욱·김창근·박형중·정영태·임강택·김병로·허문영·홍용표. 2005,
『북한이해의 길잡이』(서울: 박영사).

정성장·임재형. 2003, "대외전략," 『북한의 국가전략』(서울: 한울아카데미).

조성렬. 2012, 『뉴 한반도 비전: 비핵 평화와 통일의 길』(서울: 백산서당).

_____. 2016, 『전략공간의 국제정치: 핵·우주·사이버 군비경쟁과 군비통제』(서울: 서강 대학교 출판부).

_____. 2019a, "노태우 정부의 북방정책과 남북관계," 『한반도 국제관계사』(서울: 한울아카 데미).

_____. 2019b, 『한반도 비핵화 리포트: 포괄적 안보-안보 교환론』(서울: 백산서당).

_____. 2019c, "북한의 비핵화 단계론과 '트럼프 리스크'," 『경향신문』, 9월 17일.

_____. 2020, "현실주의를 택한 김정은의 '새로운 길'," 『내일신문』, 1월 3일.

『김일성 저작집』, 32권: 1977/12/22 문건.

_____, 41권: 1988/04/24 문건.

_____, 44권: 1994/06/30 문건.

『김정일 선집』, 11권: 1991/05/05 문건.

김정은. 2013, "신년사," 1월 1일.

_____. 2018, "신년사," 1월 1일.

_____. 2016, "조선로동당 제7차대회에서 한 당중앙위원회 사업총화보고(2016/05/07)," 『로동신문』, 2016/05/08.

김정일. 1982, "주체사상에 대하여: 위대한 수령 김일성동지 탄생 70돐기념 전국주체사상 토론회에 보낸 론문(1982/03/31)."

동태관. 2000, "우리는 영원히 잊지 않으리라: 백두의 령장 김정일 장군의《고난의 행군》 혁명실록을 펼치며," 『로동신문』, 10월 3일.

『로동신문』. 2013, "조선민주주의인민공화국 외무성 성명(2013/01/23)," 1월 24일.

_____. 2014, "미국은 남을 함부로 걸고드는 못된 악습을 버려야한다(조선인민군 전략군 대 변인담화, 2014/03/05)," 3월 6일.

_____. 2016, "미국과 남조선당국의《북비핵화》궤변은 조선반도 비핵화의 전도를 더욱 험난하게 만들뿐이다(조선민주주의인민공화국 정부 대변인성명, 2016/07/06)," 7월 7일.

습근평. 2019, "중조친선을 계승하여 시대의 새로운 장을 계속 아로새기자," 『로동신문』, 6월 19일.

『조선중앙년감』, 1981 (평양: 조선중앙통신사)

『조선중앙통신』, 2015/01/10; 2015/05/30; 2018/04/06; 2019/06/20.

Pence, Mike. 2018, "Remarks by Vice President Pence on the Administration's Policy
Toward China" (Washington D.C.: The Hudson Institute, October 4), https://www.
whitehouse.gov/briefings-state ments/remarks-vice-president-pence-administra-
tions-policy-toward-china/ (2020/01/15).

Trump, Donald J.. 2017, *National Security Strategy of the United States of America* (The
White House, December 18).

# 7장

## 미중 전략적 경쟁과 한국의 대미/대중 전략 발전방향

김한권
국립외교원 교수

**IFES**
경남대 극동문제연구소
국제관계연구 시리즈 36

# Ⅰ. 들어가며

한국의 안정적이고 지속적인 발전과 번영을 위해 대미 및 대중관계의 중요성은 따로 설명이 필요 없을 정도이다. 특히 최근 들어 한층 치열해지는 미중의 전략적 경쟁은 국제사회와 동북아 지역 정세는 물론 한국의 문재인 정부가 출범 초기부터 심혈을 기울여온 한반도 비핵화와 항구적 평화 안착 과정에도 직·간접적으로 많은 영향을 끼치고 있다.

따라서 한국의 당면한 과제인 한반도 비핵 평화의 안착은 물론 안정적인 한반도와 동북아의 발전과 번영을 위해서는 미중의 전략적 경쟁의 본질과 현황을 이해하고 추이를 전망하는 것은 중요한 의미를 가지고 있다. 또한 한국의 대미 및 대중 전략 수립에 이러한 이해와 전망은 필수적인 요인들 중 하나임에 분명해 보인다.

이러한 배경을 바탕으로 이 글은 우선 미중의 전략적 경쟁의 본질을 파악해 보려한다. 많은 학자와 전문가들이 최근 미중 간의 갈등관계를 세력전이와 공격적 현실주의 이론 등을 바탕으로 패권 경쟁이 시작되었다고 주장하고 있다. 또한 이를 '투키디데스의 함정'을 통해 설명하고 있다. 하지만 이 글은 Ⅱ장에서 세력전이 이론과 관련하여 발생했던 이론적 논쟁을 바탕으로 최근의 미중 갈등 관계는 많은 이들이 주장하는 '패권 경쟁'의 요인들을 일부 포함하고 있는 것이 사실이지만 본질적으로 '규범과 질서의 경쟁'임을 주장하려 한다.

또한 이 글은 미국 트럼프 행정부 출범 이후 본격적으로 불거져 나온 미중 갈등관계의 본질을 국제사회에서 패권적 리더십을 보유하고 있는 미국이 비록 자신이 확립했음에도 불구하고 다양한 요인들과 국제환경의 변화로 인해 기존 국제사회의 규범과 질서 하에서 중국과의 '불균등한 종합국력의 발전 속도'가 나타나고 이로 인해 점차 종합국력의 차이가 줄어들며 나아가 '추월(overtake)'의 우려까지 나타나자 이를 구조적, 제도적으로 해소하기 위한 對中정책의 실행 및 이에 대한 중국의 대응으로 나타나는 미중 간 '규범과 질서의 경쟁'으로 설명하고자 한다(김한권, 2019).

이 글이 현재의 미중 갈등관계를 투키디데스의 함정을 기반으로 미중이 궁극적인 충돌로 나아가는 패권 경쟁인지 아니면 규범과 질서의 전략적 경쟁인지를 구분하여 분석해보려는 이유는 이러한 구분이 한국의 대미 및 대중 전략 수립에 각각 다른 의미를 제공하기 때문이다. 과거의 사례들을 살펴본다면 미중 관계가 패권 경쟁인지 아니면 규범과 질서의 경쟁인지에 따라 '지배국가(dominant power)'의 지위 또는 힘의 우위를 가진 미국을 향한 전략 수립에도 차이가 나타나지만, 특히 '도전국가' 또는 힘의 열세가 나타나는 중국에 대한 전략 수립에서는 커다란 차이가 나타날 수 있기 때문이다.

이어 Ⅲ장과 Ⅳ장에서는 미중의 전략적 경쟁에 관한 미국의 대중 전략 및 중국의 대미 전략을 분석해 본 후, Ⅴ장에서는 양 강대국의 경쟁을 대만, 홍콩, 신장 위구르 자치구 등에서 부상하는 인권과 민주주의의 가치와 관련된 정치적 도전 요인 및 미국의 역내 영향력 확대에 따른 중국과 러시아의 협력 대응에 기인한 군사·안보적 갈등 요인들을 중심으로 전망해 보고자한다. 이어 이러한 분석가 전망을 바탕으로 Ⅵ장에서는 한국의 대미 및 대중 전략의 발전 방향을 제시해 보고자 한다.

## Ⅱ. 미중 전략적 경쟁의 본질

최근 미중사이의 갈등관계를 바라보는 대체적인 시각은 '세력전이 이론(Power Transition Theory)'을 중심으로, 특히 '투키디데스의 함정(Thucydides Trap)'을 인용하며 양 강대국 간의 '패권 경쟁'으로 해석되고 있다. 또한 미중 패권 경쟁을 주장하는 시각에는 세력전이 이론 외에도 존 미어샤이머(John J. Mearsheimer)를 대표적으로 '공격적 현실주의

(offensive realism)'와 로버트 길핀(Robert Gilpin, 1988) 등의 '신현실주의 (neo-realism)'의 이론적 배경이 자주 인용되고 있다.

예를 들어 미어샤이머(Mearsheimer, 2010, 2014)는 기존의 패권국가인 미국과 부상하는 도전국가인 중국의 충돌은 불가피하다고 보고 있다. 물론 이와는 대조적인 시각도 '신자유 제도주의(neoliberal institutionalism)' 이론가들을 중심으로 나타났다. 이들은 핵무기를 통한 '상호확증파괴'의 우려를 바탕에 둔 미중 사이의 협력 가능성을 강조하며 직접적인 물리적 충돌이나 전면전은 일어나지 않을 것으로 전망하고 있다(Art, 2010).

하지만 최근 미중 갈등관계에 관해 가장 많이 인용되고 있는 세력전이 이론을 통해 살펴본다면 '지배국가(dominant nation)'인 미국과 부상하는 '도전국가'인 중국 사이에 나타나는 갈등은 패권 경쟁으로 해석될 수 있으며 궁극적으로 양 강대국 사이에서 국제사회의 패권을 놓고 충돌이 나타날 수밖에 없는 상황으로 설명하고 있다(Art, 2010). 따라서 세력전이 이론가들은 현재 미국의 대중 공세가 일어나는 중심 영역은 경제 분야이나 향후 미국이 지적하는 무역 불균형과 '불공정 무역 관행(unfair trade practices)'에 대한 중국의 제도적 양보와 이행 조치의 실행이 미국을 충분히 만족시키지 못한다면 갈등의 영역이 환율과 에너지 등 또 다른 경제 분야로 확대됨은 물론, 가치와 이념을 중심으로 한 정치적 압박에 이어 궁극적으로는 군사·안보적 공세가 나타날 가능성도 존재한다고 보고 있다.

반면 이 글에서는 앞서 밝힌 대로 미중의 전략적 경쟁을 미국이 추구하는 국제사회의 새로운 '규범과 질서의 경쟁'으로 해석해 보고자한다. 미국은 자국이 보유해온 국제사회의 패권적 리더십에 중국이 도전 또는 도전 가능성이 점차 증가하는 상황에 우려를 느껴왔다. 특히 1990년 대이후 본격적인 '중국의 부상'이 지속되고 있는 반면, 미국은 국제사회에서 자국의 리더십과 영향력이 계속해서 줄어드는 상황을 우려해왔다. 이로 인해 미국 내부에서는 중국, 인도 등 강대국들이 종합국력과 지역 내 영향력에서 미국과의 격차를 계속해서 줄여가는 상황 및 이러한 현상을 허용하는 기존 국제사회의 규범과 질서에 대한 불만과 개혁의 필요성에 관한 논쟁이 계속해서 나타났다(Haass, 2014, 2017; Nye, 2015; Kissinger, 2014).

사실 이러한 미국 내부의 논쟁들은 역사적으로 패권국 또는 패권적 리더십을 보유했던 국가들이 반복해서 경험해왔던 고민들이었다. 미국을 포함한 이들 역사 속의 패권 국가들이 보여주는 규범과 질서에 대한 민감한 우려는 자국의 패권 또는 패권적 리더십을 국제사회에서 약소국과 중견국, 나아가 강대국들까지 수용하는 이유가 당시 '지배국가'가 보유한 군사력 및 경제력을 필두로 한 종합국력뿐만이 아니라, '지배국가'들이 세운 국제질서와 규범으로부터 '지배국가'가 향후에도 가장 큰 '이익(benefit)'을 계속해서 가져갈 것이라는 국제사회의 인식에 기인함을 잘 알고 있기 때문이다. 당시에도 종합국력에서 가장 앞서있던 '지배국가'가 자신들이 만든 규범과 질서로 향후에도 가장 큰 이익을 가져간다면 '지배국가'와 여타 강대국들 간 종합국력의 차이는 시간이 갈수록 더욱 벌어질 수밖에 없기 때문이다.

이러한 배경을 바탕으로 지금의 미중 갈등관계를 살펴본다면 미국은 자국의 패권적 리더십을 유지하기 위한 새로운 규범과 질서를 수립하는 과정에서 향후 중국이 가지는 대미 패권 도전의 가능성을 구조적, 제도적으로 차단하려는 모습이 나타나고 있다. 미국이 자국이 가진 패권적 리더십을 유지하려는 노력의 과정에서 기존 국제사회의 규범과 질서에 대한 변화를 모색하고 이를 통해 부상하는 국가의 도전을 뿌리치려 한다는 점에서 본다면 최근의 미중 전략적 경쟁 관계는 1985년 '플라자 합의(Plaza Accord)'를 중심으로 나타났던 미국과 일본의 관계와 일견 유사한 모습을 찾을 수 있다. 또한 경쟁하는 강대국에 대해 다양한 전략적 압박 및 국제사회에서의 가치관과 이념의 진영 싸움을 통해 경쟁에서 앞서 나가고 결국 미국이 제시하는 방향으로 경쟁국의 구조적, 제도적 변화를 유도하여 도전을 뿌리치려는 모습에서는 과거 냉전 후반기의 미국과 소련 관계를 연상해 볼 수도 있다.

물론 지금의 미중 간 전략적 경쟁은 과거의 사례와는 다른 요인들을 내포하고 있는 것도 사실이다. 1980년대의 일본은 군사·안보적 영향력이 미약한 상태에서 경제력을 바탕으로 미국과의 경쟁이 나타났으며, 1980년대 후반의 소련은 강한 군사력을 보유했으나 경제적 모순이 구조적으로 나타나고 있는 상태였다. 하지만 지금의 중국은 세계 2위의 경제 대국이며, 비록 분명한 차이가 나타나는 것은 사실이지만 군사력에서도 미국과의 격차를 점차 줄여나가고 있다. 다른 한편으로 당시 일본은 과거 영국과 마찬가지로 미국과 유사한 가치와 이념를 공유하고 자유주의 진영에 속한 동맹 국가였다. 하지만 중국은 과거 소련과 마찬가지로 미국과는 다른 가치와 이념을 가진 비자유주의 진영에 속해있다.

이러한 배경을 가진 중국이 현재 미국이 제시하는 새로운 규범과 질서에 대해 비판적인 시각으로 제도적 수용을 거부하고 대등한 전략적 경쟁을 천명하고 있다. 또한 중국의 강경한 대응으로 인해 현재 미중의 전략적 경쟁은 규범과 질서의 경쟁에 더해 패권 경쟁의 요소가 혼합된 형태로 나타나고 있다.

실제로 현재의 미중 갈등 관계는 단순히 규범과 질서의 경쟁 관계로 보기에는 중국에 대한 비판적인 시각과 전방위적인 전략적 압박이 미국 백악관은 물론, 미국 의회에서도 초당적이고 일관되게 나타나고 있으며, 미 군부와 워싱턴 외교가의 싱크탱크 전문가 그룹 사이에서도 대중 견제 심리가 넓게 퍼져있다고 판단된다. 이에 더하여 최근에는 자유주의와 비자유주의 잔영의 구분과 대결 양상이 나타나고 대만, 홍콩, 신장 위구르 자치구, 티베트에서의 인권과 민주주의 현안들을 앞세워 가치와 이념의 정치적 문제로까지 전선의 확대가 나타나고 있는 양상이다.

그럼에도 불구하고 미중의 갈등 관계를 양 강대국 간의 패권 경쟁으로 판단하기에는 아직 조심스러운 것이 사실이다. 첫째, 현재 중국이 보유한 종합국력이 과연 미국에게 '도전'할 수 있는 수준인가에 대한 의문이 제기된다. 예를 들어 세력전이 이론가들은 부상하는 강대국이 기존의 지배국가와 국력의 동등성 또는 대략 ±20% 안팎의 국력을 확보하였을 때 지배국가에 대한 도전을 고려한다고 주장한다(Tammen and Kugler et al., 2000; 전재성, 2008: 6-7 재인용). 이에 따른다면 객관적으로 중국의 종합국력은 본격적인 미국에 대한 도전을 고려하기에는 아직 어려운 상황임이 분명해 보인다. 예를 들어 다양한 평가로 논쟁이 되고 있는 첨단 과학기술 분야를 제외하고 다른 분야에 비해 가장 근접하게 중국이 미국을 추격했다는 경제 규모에서도 '국내 총생산(Gross National Product: GDP)' 지표로 본다면 2018년 기준으로 이제 약 70% 정도(미국: 약 20조 5,802만 달러, 중국 약 13조 3,680만 달러)를 따라잡은 상황이다(IMF, 2019).

둘째로 만약 최근의 미중 간 전략적 경쟁이 양국 간의 치열한 패권경쟁이라면 미국은 동맹국들에 대한 이익 보호 및 확대에 대한 협력, 그리고 동맹 그룹 내에서의 리더십 발휘가 나타나야 함에도 현재 트럼프 행정부의 동맹 정책은 그리 우호적이지 않아 보인다. 예를 들어 트럼프 대통령의 북대서양조약기구(North Atlantic Treaty Organization: NATO)의 의미와 역할에 대해 경시하는 듯한 시각과 발언, 그리고 유럽의 NATO 동맹국에 이어 아시아의 전통적 동맹국인 한국과 일본에 대한 방위비 분담금 요구와 대미 수출품에 대한 관세 부과 경고 등은 미국이 중국과의 패권경쟁 하에서 동맹국을 대하는 태도로는 적절하지 않아 보인다.

셋째로 최근 미국이 보여준 전략적 압박의 표적은 단지 패권경쟁의 상대국인 중국에게만 초점이 맞추어져있지는 않아 보인다. 예를 들어 미국은 '미국·멕시코·캐나다 협정(The United States-Mexico-Canada Agreement: USMCA)'을 통해 주변국들은 물론, 앞서 언급한대로 동맹국들인 NATO의 주요 회원들 및 아시아의 한국, 일본 등을 향해서도 일괄적으로 자국의 이익을 위한 압박과 요구가 나타나고 있다. 또한 '환태평양경제동반자협정(Trans-Pacific Partnership: TPP)'과 파리기후변화협약에서의 탈퇴

등을 감안한다면 미국의 전략적 압박과 요구는 분명히 중국을 향해 가장 강하게 나타나고 있지만, 동시에 중국 이외의 다양한 국가와 영역에서 나타나고 있는 것도 사실이다.

이러한 상황들을 종합해본다면 미중의 전략적 경쟁을 패권경쟁으로만 설명하기 보다는 미국이 국제사회를 향해 자국의 이익에 기반을 둔 새로운 규범과 질서를 제시하고 동시에 이에 대한 수용을 압박하는 국면의 전환을 꾀하고 있으며, 이러한 과정에서 중국과의 갈등이 가장 크게 나타나 양국 간 전략적 경쟁이 나타나고 있다고 보는 것이 더 적합한 설명이라 생각된다.

따라서 이 글에서는 최근의 미중의 전략적 경쟁을 국제사회에서 패권적 리더십을 보유하고 있는 미국이 기존 국제사회의 규범과 질서 하에서 중국과의 '불균등한 종합국력의 발전 속도'가 나타나고 나아가 '추월(overtake)'의 우려까지 더해지자 이를 구조적, 제도적으로 해소하기 위한 대중 정책의 실행 및 이에 대한 중국의 대응으로 나타나는 미중 간 '규범과 질서의 경쟁'으로 정의하고자 한다. 단, 중국이 현재 미국이 제시하는 새로운 규범과 질서에 대해 비판적인 시각으로 미국의 제도적 수용 요구를 거부하고 강하게 대응함으로써 미중 간 전략적 경쟁은 패권경쟁의 요소가 규범과 질서의 경쟁에 조금씩 혼합되어 나타나고 있는 것으로 판단된다.

## III. 미중 전략적 경쟁과 미국의 대중 전략: 세 가지의 시나리오

이러한 중국의 비판과 강경한 대응에 대한 트럼프 행정부의 대중 정책에 관한 방향성은 크게 세 가지의 시나리오로 구분할 수 있을 것이다. 첫째는 '수정국가(revisionist)'의 성향을 가진 중국의 '부상'을 구조적, 제도적으로 좌절시키는 것이다. 둘째는 중국의 부상을 좌절시키는 것이 어렵다고 판단된다면 부상의 속도를 지연시키는 것이다. 셋째는 중국의 부상을 좌질시키거나 지연시킬 수 없다고 판단된다면 중국의 부상을 인정하고 그 과정에서 이익을 공유하는 방안을 모색해 볼 수 있다.

먼저 중국의 부상을 구조적, 제도적으로 좌절시키려는 대중 정책은 강한 압박과 위협을 통해 미국이 제시하는 새로운 국제사회의 규범과 질서, 그리고 보편적 가치를 중국이 순응하게 만드는 것이다. 압박과 위협의 수단으로는 동맹과 안보 파트너들과의 군사·안보적 협력을 통해 대중 포위 및 봉쇄, 전략 지역에서의 직접적인 무력시위 및 군사·안보적 영향력 증강, 환율을 포함한 금융 공세, 안보 딜레마의 상황을 유도하고 군비 경쟁으로 인한 경제적 타격을 가하는 방안 등이 사용될 수 있다. 이를 통해 미국은 지적재산권과 기술 강제이전 문제의 법제화 등 '불공정 무역 관행'에 대한 제도적, 법제적 조치, 나아가 중국에 대한 투자, 금융 시장, 서비스 산업 및 인터넷과 데이터의 완전한 개방을 요구하며 중국의 부상이 미국에게 위협이 아닌 기회가 되게 하려는 목표를 추구하는 것이다.

또한 미국은 국제사회에서 자유주의 진영의 국가들이 보편적 가치로 받아들이는 인권과 민주주의를 앞세워 중국을 정치적으로 압박할 수 있다. 이처럼 미국이 경제적, 군사·안보적 이외에도 정치적 카드를 포함해 전방위적으로 중국에 대한 전략적 압박을 펼치는 모습은 과거 패권 국가들이 군사력을 중심으로 한 '강압(coercive)정책'이 역사적 경험으로 성공을 장담할 수 없으며 경제적, 정치적 압박이 함께 진행되어야 강압정책의 목적이 달성될 가능성이 높다는 시각에 영향을 받았을 수도 있다 (George and Simons (ed), 1994; Byman and Waxman, 2002).

하지만 만약 미국이 군사·안보적, 경제적, 정치적 카드를 사용했음에도 중국의 부상을 좌절시키지 못하거나 중국의 강한 저항이 계속된다면 최종적으로 자국의 패권적 리더십을 중국에게 넘겨주지 않기 위해 직접적인 군사적 충돌, 제3국을 통한 대리전, 전략 지역에서의 국지전 등을 통한 '예방 전쟁(preventive war)'이라는 최후의 물리적 수단을 사용할 가능성도 존재한다.

다음으로는 중국의 부상을 지연시키는 정책을 추구할 수 있다. 대중 압박과 함께 균형 정책을 추구하며 구체적으로 4차 산업혁명 관련 첨단 기술의 표준과 규범 논의에서 중국을 가능한 배제하고, 새로운 무역, 투자, 및 금융 질서에 대한 중국의 순응 요구, 공산당 지도부의 분열 및 일부 지역과 대중 간의 불화 유도 등을 실행할 수 있다. 두 번째 시나리오 역시 최종적으로 군사·안보적 카드를 활용하며 중국과 제3국의 전쟁 또는 대리전 및 국지전 유도를 모색할 수 있다.

또한 사실상 중국의 부상을 좌절 또는 지연시키는 미국의 목표는 상황의 전개와 변화에 따라 전략적 전환이 비교적 용이하며 대응 방안과 활용 가능한 카드에서도 겹쳐지는 부분이 많다. 단지 '지연' 보다는 '좌절'시키는 시나리오에서 대응 방안의 실행 강도가 높아지는 차이가 나타날 것이다.

끝으로 세 번째 시나리오는 만약 중국의 부상을 막거나 지연시킬 수 없다는 결론에 이르고 미중 간 패권 전이의 현상을 미국이 현실적으로 인정할 수밖에 없는 상황에 직면하여 적극적인 '관여(engagement)정책'으로 중국의 부상에 대한 미국의 이익을 최대한 확보하려는 대응이다. 미국은 중국과 외교, 군사·안보, 경제, 사회·문화 등 다양한 분야에서 교류를 강화하고 양국 간 상호 의존과 협력을 증진시키는 한편, 중국의 정세에 가능한 개입하고 정책에 일정 부분 영향을 미치려는 유화적인 관여정책으로 중국의 행동을 일부 제한하거나 미국이 원하는 방향으로의 변화를 유도하는 방안을 모색할 수 있다(전재성, 2008: 16). 또한 국제사회에서는 중국에 대한 다자주의적 접근을 추구하며, 기존 미국의 동맹국들과의 협력 및 다자간의 제도를 통해 중국의 정책에 관여하는 '결속(binding)' 정책을 추구할 수 있다(Schroeder, 1976; Schweller, 1999). 하지만 중국이 명확한 자신들의 새로운 국제사회의 규범과 질서를 내세운다면 패권의 전이 과정에서 미국은 중국에 대한 영역별 또는 전면적인 '편승 (bandwagon)'을 통해 자국의 이익의 보호할 가능성도 존재한다.

이러한 시나리오 중 트럼프 행정부는 출범 직후부터 부상의 좌절을 대중 정책의 목표로 추구하며 중국을 전략적으로 압박해온 것으로 판단된다. 또한 이는 단순히 트럼프 행정부만의 특색 있는 정책적 지향점이 아니다. 미국 의회에서도 초당적으로 중국에 대한 비판적 시각과 견제의 심리가 팽배해 있다. 이러한 미국 내 분위기는 향후에도 한동안 지속될 것으로 전망된다. '지배국가'인 미국의 대중정책은 궁극적으로 중국과의 '불균등한 종합국력 발전 속도'와 '추월(overtake)'의 우려가 근본적으로 해소하려고 하기 때문이다.


## Ⅳ. 미중 전략적 경쟁과 중국의 대미 전략

앞장에서 논의한 미국의 대중 전략에 대해 중국이 검토할 수 있는 대미 전략으로는 크게 세 가지의 방향성이 나타날 수 있다. 첫째는 미국과의 장기적인 협력과 갈등의 관리를 추구하는 것이다. 둘째는 미국이 제시하는 새로운 규범과 질서를 대부분 수용하고 제도적으로 협력하는 방안이다. 셋째는 미국의 전략적 압박에 물러서지 않고 대응하며 결국 패권 경쟁으로 나아가는 것이다.

현재 중국이 추구하는 대미 전략의 방향은 미국과의 장기적인 협력과 갈등의 관리일 가능성이 높다. 하지만 만약 장기적인 중국과의 전략적 경쟁이 자국에게 유리하지 않다고 판단한 미국이 전면적이고 강력한 대중 압박을 통해 자국이 제시하는 새로운 규범과 질서에 대한 완전한 수용을 지속적으로 요구해 온다면 결국 중국은 미국과의 전략적 경쟁에서 사실상 항복을 의미하는 미국의 요구 수용 및 제도적으로 협력하는 방안 또는 미국의 압력에 물러서지 않고 공산당 리더십을 중심으로 패권 경쟁으로 나아가는 두 가지의 방안 중 하나를 선택해야 할 상황에 직면 할 것이다.

## 1. 미국과의 장기적인 협력과 갈등의 관리

미국과의 전략적 경쟁에서 중국은 장기적으로 미국과의 협력과 갈등을 관리하는 방안을 택할 가능성이 높다. 종합국력에서 미국에 대해 열세를 보이고 있는 중국은 미국의 전방위적인 전략적 압박에 정면으로 맞서 대응하기가 쉽지 않아 보인다. 미중 갈등이 치열해질 경우 미국과 중국 중 누가 상대적으로 더 큰 피해를 입을 것인가에는 많은 논쟁이 있는 것이 사실이다.

하지만 만약 경제적으로 상호 의존도가 높은 미중 양국이 맞대응을 벌인다면 물론 미국도 적지 않은 피해와 고통이 존재하겠지만 그럼에도 불구하고 종합국력에서 약세인 중국이 더욱 불리해질 가능성이 높다고 판단된다. 또한 설사 경제적인 면에서 누구의 피해가 더 큰지에 관한 논쟁은 있을 수 있다 하더라도 군사력에서의 현격한 차이는 중국에게 커다란 대미 전략적 부담으로 작용할 것이다.

결국 중국은 미국의 요구와 압박을 우회해가거나 지연시키며 미국과의 전략적 경쟁을 장기적인 게임으로 유도해 나가려 할 가능성이 크다. 중국의 국익을 보호하기 위해 미국과 정면 대응을 하기에는 종합국력에서 차이가 나타나 효과적인 대응을 하기가 쉽지 않고, 전략적으로 미국에 양보하며 물러서자니 국내정치적으로 커다란 역풍이 예상되어 그야말로 중국 최고 지도부로서는 진퇴양난(進退兩難)의 형국을 마주하고 있다.

반면 다수의 중국인들은 자국이 부상을 계속하고 있기 때문에 시간이 자신들의 편이라는 낙관적인 인식을 가지고 있다. 비록 지금은 종합국력의 차이로 미국과의 여러 가지 갈등 요인들에서 압박과 요구에 시달리고 있지만 시간이 갈수록 미중 간 종합국력의 차이는 줄어들고 나아가 추월하는 상황까지 나타난다면 궁극적으로는 미국과의 갈등 현안들이 중국이 바라는 방향으로 전개될 것이라는 시각이다.

중국이 종합국력에서 미국을 조만간 추월하거나 심지어 이미 추월했다는 중국 내의 시각은 후안강(胡鞍鋼) 칭화대(淸華大學) 국정연구원 원장을 대표적으로 시진핑 지도부 출범 이후 중국 내부에서 자주 나타났었다.[1] 하지만 근거가 약하고 관련 자료에 대한 작위적인 해석으로 중국 내에서도 비판이 일어났으며, 특히 후 원장은 2018년 들어 언론을 통한 공개적인 비판을 받기도 하였다(Huang, 2018/08/03). 후안강을 향한 비판은 2018년 들어와 미중 전략적 경쟁에서 미국의 우위가 나타나고 이로 인해 중국이 전략적 압박과 경제 하방 추세의 어려움에 직면하자 국제정세와 미국의 힘에 대한 분석이 잘못되어 너무 빨리 '도광양회'를 던져버리고 미국과의 패권경쟁을 서둘러 시작했다는 중국 내부의 비판에 대한 책임 논쟁의 성격을 다분히 띠고 있었다.

그러나 이러한 중국 내부의 논란에도 불구하고 현재 많은 중국인들이 시간은 자신들의 편이라는 인식을 갖는 이유는 비교적 검증된 자료와 권위 있는 분석을 바탕으로 중국이 멀지 않은 미래에 종합국력에서 미국을 따라 잡을 것이라는 분석이 서구사회에서도 꾸준히 나타나고 있기 때문이다. 최근의 대표적인 예들로는 경제 분야에서 중국의 국내 총생산이 2030년에 미국을 추월할 것이라는 말콤 스캇(Malcolm Scott)과 세드릭 샘(Cedric Sam)의 분석을 들 수 있다(Scott and Sam, 2019(2016)). 학계에서는 미국의 패권이 2030년경에 몰락할 것이라는 앨프리드 맥코이(Alfred W. McCoy, 2017)의 연구가 발표되었으며, 미국 국가정보위원회(National

---

[1]  이러한 시각을 담은 후안강(Hu, Angang: 胡鞍钢)의 대표적인 저서로는 *China in 2020: A new type of superpower* (2012); 『中国集体领导体制』(2013) 등이 있다.

Intelligence Council)는 2030년이 되면 국제사회에서 '힘의 방산(diffusion of power)' 현상이 나타나고 미국이 더 이상의 패권국가가 아닐 것으로 전망했다.[2] 반면 이러한 분석들은 모두 가까운 미래에 중국이 국제사회의 힘의 구조에서 한 축을 담당할 것이라는 시각을 공유하고 있다.

물론 이들의 시각과는 대조적으로 미국의 패권 시대는 저물지 않을 것이라는 시각도 다수 존재하고 있는 것이 사실이다.[3] 하지만 현재 미중의 전략적 경쟁 구도 하에서 진퇴양난의 상황에 처해있는 중국의 입장에서 본다면 미래에 미국이 패권국의 지위에서 내려오고 중국이 미국과 대등하게 국제사회의 한 축을 담당하리라는 전망들은 중국 지도부가 장기적으로 미국과의 협력과 갈등을 관리하는 대미 전략을 선택하는데 중요한 논리를 제공할 수 있다.

## 2. 중국이 마주할 갈림길: 제도적 수용 또는 패권 경쟁

미중의 전략적 경쟁에서 중국이 장기적인 접근을 추구하는데 반해 미국은 이를 허용하지 않을 가능성이 크다. 중국이 미래를 바라보며 전세가 뒤바뀔 수 있다는 희망을 가지고 압박을 받는 현재의 상황을 버티려한다면, 미국 또한 양국 간의 전략적 경쟁이 장기전이 될 경우 자칫 자국이 불리할 수도 있다는 우려는 물론 나아가 자국의 패권적 리더십을 중국에게 넘겨 줄 수도 있다는 두려움을 가질 수도 있다. 따라서 미국은 자국이 제시하는 새로운 규범과 질서에 중국을 순응시키기 위해서는 중국과의 전략적 경쟁을 장기전이 아닌 단기전으로 유도할 가능성이 존재한다.

---

2    National Intelligence Council (2012). 특히, p. iii와 Megatrend 2 Diffusion of power(pp. 15-19)를 참조.

3    대표적으로 Haass (2014); Nye (2015) 등이 있다.

현재 중국은 미국의 요구와 압박에 '통치(治理)'[4] 체계와 능력을 향상시키고 애국·민족주의 및 사상 교육과 당의 선전활동 강화를 통해 내부를 단속하고 있다(新华网, 2019/11/12). 또한 대외적으로는 미국과의 무역 협상을 일정 수준에서의 양보로 원만한 합의를 이루고, 일대일로 구상을 실행하며 미국의 압박과 포위로부터 돌파구를 마련하고자 하고 있다. 이를 통해 현재 미국에 비해 종합국력에서 차이가 있음에도 불구하고 미국이 제시하는 새로운 규범과 질서에 대해 순응하지 않고 대항하고 있는 중국이다. 따라서 미국의 입장에서는 가능한 빠른 시기에 중국의 '순응'을 받아내는 것이 필요하다. 향후 중국의 종합국력이 지속적으로 높아진다면 시간이 갈수록 중국이 미국의 요구에 '순응'할 가능성이 점차 낮아지기 때문이다.

물론 이는 중국이 수출 중심의 경제 발전 구조에서 내수 중심의 경제 발전 구조로의 전환에 성공하고, '공급 측 구조개혁'으로 금융과 부동산 등에서 안고 있는 문제들을 큰 충격 없이 해소하고, 일대일로 구상의 성공적인 추진으로 연선 국가들과 다양하고 긴밀한 상호 연결로 중국이 추구하는 '인류운명공동체'를 확립하는 등 비록 목표 달성의 속도에는 차이가 날 수 있지만 지금의 계획대로 발전을 지속한다는 전제하에서다. 물론 중국이 이러한 전제들을 대부분 달성하는 것이 쉬운 일이 아님에는 분명하나, 미국의 입장에서는 그렇다고 안심하고 있을 수도 없는 상황이다.

---

4   2019년 10월에 개최된 중국 공산당 제19기 중앙위원회 제4차 전체회의(이하 19기 4중전회)에서 논의된 주요 사항 중 하나는 '중국 통치(治理) 체계와 통치 능력의 현대화'였다(新华网, 2019/11/06). '치리(治理)'의 사전적 의미와 국문으로 번역 시 '통치'를 주로 사용하고 있는 점을 바탕으로, 이 글에서도 '통치'라는 용어를 사용하였다. 단, 중국 공산당이 19기 4중전회를 통해 '치리 체계'를 강조했던 다양한 목표 중 하나인 사회적 참여를 생각한다면 번역된 '통치'의 의미가 이 부분에서는 적합하지 않은 용어로 보일 수 있다는 점을 밝힌다.

따라서 향후 미국은 활용 가능한 다양한 압박 카드를 사용하며 단기적인 승부에 집중할 가능성이 크다. 미국이 강한 단기적 대중 압박으로 사용할 수 있는 유용한 방안들로는 인권과 민주주의를 앞세운 정치적 요인, 환율을 포함한 금융, 그리고 에너지 카드 등을 꼽을 수 있을 것이다. 물론 미중 간의 규범과 질서의 경쟁은 결과가 실행되고 확립되기까지 많은 시간이 걸릴 것이다. 하지만 미국은 단기적으로 규범과 질서에 대한 중국의 완전한 '수용'을 확인하고, 장기적으로는 중국의 '순응'이 제도적으로 실행되는 것을 확인하고 관리하며 장기적인 자국의 이익을 추구할 가능성이 높다.

종합해 본다면 향후 미국은 단기적인 기간에 집중된 강한 요구와 압박으로 중국의 '수용'에 대한 합의를 이끌어 낸다는 목표에 중국과의 전략적 경쟁의 승부를 걸 가능성이 있다. 반면 미국과의 전략적 경쟁에서 장기적으로 협력과 갈등을 관리하는 전략을 추구하는 중국이지만 만약 미국이 이러한 중국의 장기적인 접근을 허용하지 않고 단기적으로 집중적인 압박을 가해온다면 결국 중국은 두 가지의 길 중 하나를 선택해야하는 원하지 않는 상황에 직면할 수 있다. 이 경우 중국은 앞서 언급한대로 미국의 요구 수용 및 제도적 협력 또는 미국의 압력에 물러서지 않고 패권 경쟁으로 나아가는 방안 중 하나를 선택해야 할 것이다. 이러한 상황에 직면한다면 과연 중국이 어떠한 길을 택할 지는 지켜보아야 한다.

만약 중국이 미국의 요구 수용 및 제도적 협력의 길을 택한다면 중국 공산당 지도부는 자국의 미래 성장 잠재력과 국내정치적인 명분을 살려 당의 정통성과 리더십의 유지라는 마지노선을 지키려 최선을 다할 것이다. 대신 다른 많은 부분에서는 양보하며 미국의 요구를 수용할 것이다. 구체적으로는 '불공정 무역 관행(unfair trade practices)'의 법령화와 제도화에 대한 미국의 요구를 수용하고, 금융, 서비스 분야, 및 인터넷과 데이터의 완전한 개방을 허용하며, 미국이 제시하는 4차 산업혁명과 관련된 미래 첨단과학 기술의 규범과 표준을 수용하는 등 중국은 향후 미국과의 경쟁에서 자국에게 한껏 불리해진 국제사회의 규범과 질서 하에서 경제 발전을 포함한 국력 증진을 모색할 수밖에 없는 현실에 직면할 것이다.

중국이 선택할 수 있는 또 하나의 길은 미국과의 본격적인 패권 경쟁이다. 중국은 무역협상을 포함한 다양한 분야에서 적절한 선에서의 양보를 통해 미국과 원만한 관계의 회복을 추구했으나, 점차 내부적으로는 만약 미국의 요구를 모두 수용한다면 중국은 미국에 구조적으로 종속될 수밖에 없다는 우려가 확산되고 있다. 예를 들어 최근 중국 공산당 이론지인 '구시(求是)'에서 표출되는 논쟁들을 살펴보면 만약 중국이 미국의 요구들을 모두 수용한다면 결국 국제사회에서 미국의 패권주의적 사고, 세계시장에서 미국의 "농단(壟斷)"적인 질서, 그리고 독점자본에 따른 이익 추구에 구조적으로 중국이 함몰될 수 있다는 우려가 나타나고 있다 (金沙灘, 2019; 强世功, 2019).

시진핑 주석 역시 2019년 들어 구시에 계속해서 글을 싣고 있으며, 특히 4월에 발표된 구시 제7기에 실은 "중국 특색의 사회주의 견지 및 발전의 몇 가지 문제에 대하여"(习近平, 2019a)와 7월에 제14기에 발표한 "당의 정치 건설 추진의 자각성과 견고성을 증강하자"(习近平. 2019b) 등은 공산당 리더십의 자긍심과 당을 중심으로 한 대내외적인 어려움에 대해 강경한 대응 의지를 나타내고 있다. 특히 2019년 9월에 시진핑 주석이 중앙당교에서 중·청년 간부 훈련반(培訓班) 개학식(開班式)에서 투쟁을 강조한 연설은 결연한 대응 의지를 보여주고 있다(新华网, 2019/09/03).

이렇듯 중국 내에서 강한 대응 의지와 공산당의 영도를 강조하는 이유는 결국 크게 두 가지로 이해된다. 하나는 앞서 논의된 바와 같이 미국의 새로운 규범과 질서를 수용한다면 중국은 구조적, 제도적으로 미국에 종속되는 함정에 빠진다는 우려이다. 만약 이러한 방식으로 미국에 종속된다면 비록 새로운 규범과 질서 하에서 중국의 발전이 계속되더라도 발전이 일구어낸 열매의 적지 않은 부분이 미국을 포함한 서구사회 및 일본으로 흘러들어갈 가능성이 존재한다는 지적이다. 다른 하나는 중국이 근대 역사에서 경험했던 '백년국치(百年國恥)'[5]의 기억을 떨치고 고대역사에서 중국이 보유했던 지역 패권국의 지위와 영화를 되찾으려는 '위대한 중화민족의 부흥(中華民族偉大復興)'으로 정의되는 '중국의 꿈(中國夢)'의 실현은 한동안 물 건너 간 이야기가 되고 말 것이라는 판단 때문이다.[6]

그 외에도 중국 공산당 지도부의 입장에서는 심각한 국내정치적인 우려를 가질 수 있다. 만약 미국이 요구하는 금융, 데이터, 인터넷 등의 영역에서 완전한 개방을 수용한다면 서구의 자유주의 개념과 사상이 유입되어 국내정치적으로 더 많은 자유화와 서구식 민주화를 요구한다면 이는 중국 공산당 지도부에게 커다란 정치적 위협으로 다가올 것이다. 특히 중국 본토에서의 자유화와 민주화의 흐름은 홍콩은 물론, 신장과 티베트의 소수민족 문제, 나아가 대만의 독립 성향을 고취시킬 수 있어 중국 공산당의 정통성과 리더십이 뿌리부터 흔들릴 수 있다. 따라서 중국 공산당 지도부로서는 자신들의 정치적 특권을 유지하기 위해서라도 미국의 요구를 수용하기 보다는 비록 앞날의 결과가 불확실하더라도 물러서지 않는 대미항전의 패권경쟁으로 나아가는 선택을 할 가능성도 있다.

이 경우 중국은 대외적으로는 일대일로 구상을 통한 경제 협력을 통해 역내 주변 국가들 및 연선국가들과의 관계를 강화하고, 미국이 제시해

---

5    중국은 자신들의 근대역사인 1840년 아편전쟁 이후부터 1949년 10월 1일에 중국 공산당 혁명의 성공으로 중화인민공화국을 건국하는 시기까지의 약 100여년에 걸친 역사를 서구 열강 및 일본에게 수치를 당했다는 의미로 '백년국치'의 기간으로 부르고 있다.

6    시진핑 주석은 2013년 3월에 개최된 제12기 전국인민대표대회(이후 12기 전국인대) 제1차 회의에서는 "중화민족의 위대한 부흥의 중국몽 실현(實現中華民族偉大復興的中國夢)"을 강조하였다("在第十二屆全國人民代表大會第一次会议上的讲话" 全国人大网 (2013年03月17日)).

온 질서와는 다른 중국 특유의 국제사회 체계와 질서 구축을 추구할 것이다. 내부적으로는 군의 부패 척결과 개혁을 통해 중국군의 조속한 현대화를 모색히고, 특히 미국과의 내적 균형을 위해 해·공군력의 방어와 투사 능력 강화에 국력을 집중할 것으로 판단된다. 또한 내적 균형과 더불어 외적 균형을 위해 러시아를 필두로 파키스탄, 캄보디아, 라오스, 쿠바 및 베트남, 북한, 중앙아시아 국가 등 전통적인 우호 국가들과의 경제협력 강화는 물론, 대미 전략적, 군사·안보적 대응 협력 강화를 위해 연대를 증강시킬 수 있다.

# V. 미중 전략적 경쟁의 전망

미중의 전략적 경쟁을 전망하며 많은 전문가들이 미국의 '인도-태평양 전략(Indo-Pacific Strategy)'과 중국의 '일대일로(一帶一路)' 구상의 갈등을 양 강대국의 전략적 충돌 지점으로 삼는다. 이는 타당한 시각이며 전략적으로 분석의 가치가 충분하다고 본다. 이에 더하여 이 장에서는 미중의 전략적 경쟁을 전망하는데 필요한 다른 두 가지의 요인들을 다루어 보고자한다. 하나는 홍콩, 대만, 신장, 그리고 티베트까지 확산되는 인권과 민주주의라는 미중 간 가치의 충돌과 이를 통한 중국의 핵심이익을 건드리는 정치적 압박의 요인이며, 다른 하나는 미국의 역내 군사·안보적 영향력의 확대와 대중 압박에 대응하는 중·러의 전략적, 군사·안보적 협력 강화의 요인이다.

## 1. 인권과 민주주의 가치의 충돌: 홍콩, 대만, 신장, 그리고 티베트

오바마 행정부 시기 미국은 중국에 대한 포용정책을 실행했다. 대중 관여 정책을 통해 중국을 국제사회의 규범과 질서를 준수하는 책임 있는 강대국으로 유도하고, 중국 내부에서도 점차 자유화와 민주화가 진전되기를 희망했다. 하지만 트럼프 대통령은 대선 시기부터 오바마 행정부의 대중 포용정책이 실효를 거두지 못했고, 도리어 중국에게 종합국력의 추격만 허용했다고 비판했다.

이에 따라 트럼프 행정부는 출범 초기부터 중국에 대한 전략적 압박을 가중시켜왔다. 무역 협상을 중심으로 한 경제적 압박과 동시에 남중국해를 비롯한 군사·안보적 견제를 점차 강화시켰다. 이를 통해 미국은 자국이 제시하는 새로운 규범과 질서에 중국의 수용을 받아내려 했으나 오히려 중국은 강경하게 맞섰다. 미국 또한 물러설 수 없는 상황이라 경제적, 군사·안보적 압박에 이어 인권과 민주주의의 가치를 내세우며 대만, 홍콩, 신장 위구르 자치구, 티베트와 연계된 정치적 카드를 점차 꺼내들고 있다. 이는 중국의 입장에서 본다면 자국의 핵심이익과 직·간접적으로 연계되어 절대 물러설 수 없는 민감한 현안들이다. 따라서 미국의 이러한 정치적 압박 카드는 향후 미중 전략적 경쟁을 전망하는데 있어 새로운 분기점이 될 수 있다.

실제로 트럼프 행정부는 출범 초기부터 대만에 대한 지속적인 전략적, 제도적 접근을 시도해왔다. 2017년부터 매년 무기를 판매해왔으며,[7] 2018년 3월에 '대만 여행법(H.R.535 - Taiwan Travel Act)'이 발효되며 1972년 미중 데탕트와 1979년 미중 수교 당시 공식적으로 인정했던 '하나의 중국' 원칙을 위해 그간 중단하였던 미국과 대만 간 고위 관료들의 공식적인 만남이 재개되었다. 또한 미국의 2018년 국방수권법(H.R.2810 - National Defense Authorization Act: NDAA)에 이어 2019년 NDAA(H.R.5515)에도 미국과 대만 간의 군사·안보적 협력을 강화하

---

[7]    트럼프 행정부는 2017년 6월에 조기경보 레이더 부품, 어뢰, 미사일 등이 포함된 약 14억 달러의 무기를 대만에 수출했다. 2018년 9월에는 전투기 F-16, F-5, 전술 수송기 C-130, 대만 전투기 IDF(經國號), 기타 군용기의 예비부품 등 약 3억 3천만 달러의 무기를 수출했으며, 2019년에도 7월에 美국무부가 대만에 M1A2T 에이브럼스 탱크, 스팅어 미사일 등 약 22억 달러의 무기 판매 승인을 공표했다.

는 내용이 한층 구체적으로 포함되어 있다. 2018년 12월에는 미국과 대만 간 다양한 영역에서의 긴밀한 협력 관계를 지지하고 '대만 여행법'에 따라 양 정부 간 고위 관료들의 만남을 미국 대통령이 독려하라는 내용을 담은 '2018년 아시아 안심법(S.2736 - Aisa Reassurance Initiative Act of 2018: ARIA)'이 발효되었다. 2019년 5월에는 중국으로부터의 군사·안보적 위협에 대응해 미국의 무기 판매를 포함해 대만의 방위력 증강을 지원할 수 있는 내용이 포함되어있는 '2019 대만 보증법(H.R.2002 - Taiwan Assurance Act of 2019)'이 미 하원을 통과하였다.

미국 의회는 또한 '2018 위구르족 인권 정책법(S.3622 - Uyghur Human Rights Policy Act of 2018)'에 이어 2019년 12월 3일에는 미국 하원이 '2019 위구르족 인권 정책법(S.178 - Uyghur Human Rights Policy Act of 2019)' 초안을 통과시켰다. 2019년 11월에는 '2019년 홍콩 인권과 민주주의 법(S.1838 - Hong Kong Human Rights and Democracy Act of 2019)'이 발효되었다. 게다가 인권에 관한 문제는 티베트까지 확대되고 있다. 실제로 2019년 12월 18일에는 '2019 티베트 정책과 지지법(H.R.4331 - Tibet Policy and Support Act of 2019)' 초안이 미국 하원 외교위원회를 통과하였다.

중국에게 티베트, 홍콩, 신장 위구르, 티베트에 대한 미국의 정치적 압박은 핵심이익을 건드리는 현안들로서 앞장에서 언급한대로 중국 공산당 지도부의 입장에서는 자신들의 정치적 권위는 물론 당의 정통성과 리더십에도 심각한 영향을 끼칠 수 있는 매우 민감한 현안들이다. 하지만 '범죄자 송환법' 반대를 중심으로 2019년 3월부터 불거진 홍콩 시위가 2020년 1월로 예정된 대만의 총통선거 및 2020년 홍콩 입법위원 선거와 연계되고, 미국이 중국 내 소수민족의 인권 문제를 계속 지적하며 정치적 압박을 가중시킨다면 이는 향후 미중관계에 직접적이고 심각한 영향을 미칠 것으로 전망된다.

중국 지도부의 입장에서는 만약 핵심이익과 관련된 현안들을 적절히 관리하지 못한다면 국내정치적 도전 요인이 한층 강해지기 때문이다. 중국 내부에서 미국과의 종합국력의 차이로 중국 지도부가 무역협상과 역내 군사·안보적 영향력에서 열세가 나타나는 것은 일견 이해할 수 있지만 만약 핵심이익 및 주권과 통일에 관련된 현안들마저도 미국의 압박에 효과적인 대응을 하지 못한다면 국내정치적으로 공산당의 정통성과 리더십이 뿌리부터 흔들릴 수 있기 때문이다. 이러한 이유들로 인해 중국의 미중 간 전략적 경쟁에 관한 대미 전략의 방향성이 장기적인 협력과 갈등의 관리에서 미중 간 패권 경쟁의 구도로 전환될 수 있는 중요한 분기점을 맞이할 수 있다.

## 2. 군사·안보적 긴장 고조: 중러의 협력 강화

미중 전략적 경쟁에 관한 전망에서 또 하나의 주목할 요인은 역내 미국의 군사안보적 영향력 확대에 대응하는 중국과 러시아의 전략적, 군사·안보적 협력의 강화이다. 그간 미국은 동북아 지역에서 북한의 핵과 미사일 위협에 관한 억제력을 높이기 위해 한미/미일동맹을 강화하고 첨단 전략 기제들을 한반도에 전개했다.

그러나 중국은 미국의 이러한 대응들이 북한의 핵과 미사일 위협에 대한 억제력 강화의 의미도 있는 것이 사실이지만 실제로는 역내 미중의 전략적 경쟁 구도 하에서 중국에 대한 군사·안보적, 전략적 견제의 의미가 더 크다고 인식했다. 러시아 또한 역내에서 미국의 영향력 확대에 비판적인 시각을 가지고 있었다. 따라서 역내 미국의 영향력 증가에 비례하여 중국과 러시아 사이에서는 양국의 협력 강화에 대한 필요성도 증가하는 모습이 나타났다.

실제로 중러 양국은 2012년부터 매년 '해상연합(Joint Sea)'을 포함해 아시아 지역에서는 동해(2013, 2017), 서해(2012, 2019), 동중국해(2014), 남중국해(2016, 2019)에서, 유럽지역에서는 지중해(2015)와 발틱해(2017)에서 번갈아 해상에서 합동 군사훈련을 실시해왔다(Paul, 2019). 그 외에도 2016년에 중국은 러시아가 단독으로 실시해온 '보스토크(East)' 훈련에 처음으로 참가했으며, 2018년 9월에는 러시아가 연해주에서 실시한 '보스토크 2018'에 몽골과 함께 참가했다. 또한 2019년 9월에는 중국과 러시아는 물론 인도, 파키스탄, 키르기스스탄, 타지키스탄, 우즈베키스탄 등 총 8개국이 함께 중동과 중앙아시아 지역에서 대규모 군사 훈련인 '첸트르(Center)-2019'를 실시하였다.

하지만 중국과 러시아 사이에는 아직 일정 수준의 전략적 불신이 존재하는 것이 사실이다. 따라서 경제협력과는 달리 양국의 군사·안보적 협력에는 한계가 있을 수 있다. 하지만 당분간 중·러 간의 경제적, 전략적, 군사·안보적 협력관계는 이어질 것으로 전망된다. 이를 증명하듯 시진핑 주석은 2019년 6월에 러시아를 방문하여 푸틴 대통령과 정상회담을 갖고 '새로운 시대 포괄적 파트너십과 전략적 협력 관계 발전에 관한 공동 성명'을 체결하였으며, 이어 '현시대 전략적 안정성 강화를 위한 공동 성명'을 공식 발표하며 중·러 간의 전략적 연대의 강화를 한층 구체화하였다.

## VI. 한국의 대미/대중 전략 발전 방향: 원칙 하의 선택과 국민적 합의

역내 미중 간 전략적 경쟁을 바라보며 그간 한국 내에서는 미중 사이에서 난처한 선택의 상황을 심각하게 우려하는 한편, 아이러니하게도 미국과의 동맹관계와 중국과의 '전략적 협력 동반자 관계'를 조화롭게 발전시켜 나가야한다는 의견이 다수를 이루었다. 이들의 주장이 틀린 말은 아니지만 '전략적 모호성'이라는 단기적인 우회로 또는 상황 회피를 제외하고는 레토릭 차원을 넘어선 현실적이고 실질적인 방안이 제시되는 경우는 찾기 힘들었다.

이제 한층 더 치열해진 그리고 이러한 추세가 당분간 지속될 미중 간 전략적 경쟁 구도 하에서 '전략적 모호성'은 단기적으로 눈앞에 닥친 민감한 현안을 묻어두거나 피해갈 수는 있어 일시적으로 효과가 있어 보일지 모르나, 장기적으로는 결국 미중 모두로부터 더 큰 압박을 감수해야 하는 것은 물론 양 강대국 모두로부터 전략적 불신까지 증가하는 상황을 맞이할 가능성이 높다.

더욱이 앞장에서 언급한 바와 같이 미중 간 전략적 경쟁에서 패권 경쟁의 요인이 점차 증가된다면 기존의 '전략적 모호성'은 이제 단기적인 효과도 장담하기 어려운 상황에 처하게 될 것이다. 무엇보다도 국익과 패권적 리더십을 걸고 펼쳐진 냉혹한 강대국 정치에서 한국이 보이는 모호성을 그대로 받아 줄 미국과 중국으로도 생각되지 않는다.

갈등하는 미중 사이에서 한국이 우선 필요한 것은 '원칙'의 확립이라 생각된다. 미중의 전략적 경쟁 하에서 한국이 '원칙' 없이 현안에 대한 임기응변식 대응만이 나타난다면 결국 미중 모두와 전략적 불신이 증가하고 장기적으로 더욱 큰 국익의 손실로 나타날 수 있다. 따라서 냉철한 국익계산을 바탕으로 한국의 보편적인 정체성과 가치관을 담은 명확한 입장수립, 한국의 주장을 효과적으로 전달하기 위한 세밀한 자구(字句, wording)의 '원칙' 확립, 그리고 적절한 시기에 맞춘 원칙의 단호한 표명이 그 어느 때보다도 필요한 시기에 접어들었다.

이러한 원칙 확립 과정의 틀을 바탕으로 한국은 미중이 선택을 요구하는 또는 요구의 가능성이 있는 현안들에 대한 명확한 원칙적 입장표명이 필요해 보인다. 선택을 강조하는 현안들에 대한 한국의 원칙적 입장표명에는 당연히 미중 어느 한쪽으로부터는 실망과 압박, 나아가 보복적 제재가 가해질 수도 있다. 이를 극복하기 위해서는 현안 별 대응에 대한 자유로운 토론을 바탕으로 정립된 '국민적 합의'가 필수불가결하다. 한국의 '선택'에 의해 예상되는 강대국으로부터의 피해를 이겨내고 내부적으로 단합된 모습을 보이기 위해서는 한국의 '원칙'이 소수의 정책 결정자들의 선택이 아니라, 현안에 대한 정보가 한층 더 일반에 공개되고 국민적 논의가 정치 진영 간 대립이 아닌 합의에 이르는 과정의 절실성을 지금부터라도 한국사회에 알리고 연습하고 실행해 보아야 한다.

물론 외교·안보적으로 공개하기 힘든 정보와 일반의 공론이 아닌 검증된 소수의 관련 전문가 및 정책 결정자들의 판단이 필요한 정책의 결정과 선택이 필요한 상황도 있는 것은 부정할 수 없다. 하지만 한국은 장기적인 관점에서 지금부터라도 가능한 범위 내에서 한층 더 많은 정보를 공유하고 이를 바탕으로 한 국민들의 자유로운 토론과 진영싸움에 대한 자정적인 비판, 그리고 현안에 대한 국민적 합의를 이끌어가는 연습이 반드시 시작되어야한다.

선택적 현안에 대해 국민적 합의를 바탕으로 한 원칙적 대응만이 언제 끝날지 모르는 미중의 전략적 경쟁 구도 하에서 한국의 장기적인 이익을 보호하고 이 과정에서 나타나는 피해를 선제적으로 예상하고 이를 내부적으로 단합하여 극복할 수 있을 것이다. 또한 이러한 한국의 대응이 나타나야 미중으로부터 불필요한 압박을 오히려 줄일 수 있을 것이다. 오히려 미중은 주요 현안에서 한국에 대해 압박보다는 우호 협력 정책을 추구할 가능성도 높아진다. 따라서 한국의 대미 및 대중 전략은 무엇보다도 국민적 합의를 바탕으로 한 원칙을 기반으로 수립되어야 한다.

## 1. 한국의 대미 전략 발전 방향: 가치를 공유하는 대등한 동맹관계

앞의 장들에서 논의된 내용을 종합해 본다면 미중의 전략적 경쟁 구도 하에서 한국의 대외전략의 중심은 일단 대미 전략이 되어야한다. 최소한 단기적으로는 미중 전략적 경쟁 구도에서 미국의 우위가 나타나고 있으며, 중국이 단기간에 종합국력에서 미국과 대등한 전략적 경쟁을 펼치기가 어렵기 때문이다. 또한 미국의 입장에서는 중국과의 경쟁을 장기전으로 가져간다면 부상을 계속하고 있는 중국에게 언제까지 확실한 우위를 점할 수 있는지 확신할 수 없기 때문에 향후 3~5년에 집중적인 대중 압박 정책의 실행으로 미국이 제시하는 새로운 규범과 질서에 대한 중국의 수용을 요구할 가능성이 커 보인다.

이 과정에서 한국이 우리의 대외전략을 대미전략에 중점을 두었다 하더라도 미국으로부터는 여전히 다양한 분야에서의 선택적 요구의 압력을 마주할 것으로 예상된다. 이에 대응하여 한국의 대미 전략의 방향성은 인권과 민주주의 및 자유 시장 경제체제의 가치를 공유하는 대등한 동맹관계의 확립이 되어야 할 것으로 생각된다.

하지만 대등한 한미 간의 동맹관계는 미국에 대해 지속적이고 강경하게 대등한 관계를 요구하거나 또는 '주한미군 지위협정(Status of Forces Agreement: SOFA)'의 불공평한 부분을 개정한다고 해서 얻어지는 것은 아니라고 생각된다. 무엇보다도 한국의 자체적인 노력을 통해 미국으로부터 한국의 가치와 역량을 인정 받아야하다. 이를 위해 한국은 계속해서 미중의 전략적 경쟁 구도 하에서 장기적으로는 우리의 국력을 증진시키고, 단기적으로는 한국이 가진 전략적 가치를 높이는 방안을 모색하고 과감히 실행해 나가야 한다.

먼저 한국의 전략적 가치의 제고를 위해 당면한 문제는 일본과의 관계 개선이다. 다음으로는 베트남, 싱가포르, 호주 등 미중 사이에서 이익을 공유하거나 전략적 협력이 가능한 국가들과의 연대 강화를 추구해야 할 것이다. 다음으로는 국제 거버넌스에서 미국과의 협력 증진이다. 공유하는 가치와 '규칙 기반의 질서(rule based order)'를 중심으로 타 지역에서 한미동맹의 역할과 협력을 확대하고 이를 통해 양국 간의 전략적 신뢰를 쌓아가는 모습이 필요하다.

둘째로는 장기적으로 미국에게 인정받는 자체적인 국력과 국제사회에서의 영향력 강화이다. 무엇보다도 앞서 언급한대로 주요 현안에 대한 한국 사회 내에서의 자유로운 의견 개진과 토론, 그리고 국민적 합의 또는 조율을 거친 정부의 원칙과 정책적 결정을 보여주는 것이다. 이를 통해 향후 한국 정부의 안정적이고 예측 가능한 정책 실행과 일관성을 유지하는 대미 정책 신뢰도 또한 높아 질 것이다.

또한 설사 한국의 정책적 선택이 미국의 요구에 반하더라도 예상되는 미국의 지렛대로 인한 고통을 감수할 준비가 되어 있는 한국 정부와 국민들의 의지를 미국 정부도 결국 인정할 가능성이 높다. 이러한 조건 하에서는 미국이 장기적인 지렛대를 사용할 경우 한국 내 반미 감정의 고조에 비해 미국이 실익을 얻기 힘들고, 또한 대조적으로 한국 사회 내에서 중국에 대한 호감도가 높아질 가능성이 높기 때문이다. 물론 한국은 미국이 장기적으로 한국을 향해 지렛대를 사용하지 못하도록 외교력의 강화와 마주한 현안에서 적절하고 이성적인 범위에서 한·미 간 합의가 나타나도록 노력해야 한다.

## 2. 한국의 대중 전략 발전 방향

한국의 대중 전략 역시 국민적 합의를 기반으로 한 원칙과 자체적인 한국의 전략적 가치 제고가 핵심이 되어야 할 것이다. 이를 바탕으로 미중의 전략적 경쟁 구도 하에서 현실적인 한국의 대중 전략은 단기적으로 '제한된 손상(limited damage)'과 장기적으로는 가치의 차이와 국익에 기반을 둔 이원적인 한중관계의 재정립이 필요해 보인다.

### 1) 단기적 대중 전략: 선제적 논의에 따른 제한적 손상

앞서 언급한대로 최소한 단기적으로는 미중 간 전략적 경쟁에서는 미국의 우위가 나타날 것으로 판단된다. 그 과정에서 한국은 미국이 중국을 목표로 한 집중인 압박을 강화하며 이에 관련된 한·중 간의 갈등 현안에 대해 미국으로부터 한국의 분명한 입장과 선택의 요구에 마주할 가능성이 높다. 이 경우 현실적으로 한국이 중국과 원만한 협력관계를 유지하기가 쉽지 않은 것은 물론 최악의 경우 한중관계에 심각한 파열이 나타날 수도 있다.

이러한 현실을 감안한다면 한국과 중국은 다양하고 활발한 트랙 1과

1.5 전략대화를 통해 한·중 간의 예상되는 갈등 요인들에 대해 '선제적 논의'를 통한 '제한된 손상'을 유도하는 현실적인 협력 방안을 논의해야 할 시기에 다가 간다고 생각된다. 무엇보다도 우선 치열해지는 미중 전략적 경쟁의 냉혹한 현실 하에서 미중 모두와 협력이 가능하다는 '희망적 사고'에서 떠나 정책적 '선택'을 통한 '이익'과 '손실'이 무엇인가를 냉정하게 계산하고 예상되는 피해의 최소화를 준비해야한다.

이를 위해서는 우선 2016년 7월에 '사드(Terminal High Altitude Area Defense: THAAD)' 배치 현안 발생 이후 상당 부분 손상된 한·중 간 주요 전략 채널의 복구와 재개의 노력이 필요하다. 그런 점에서 최근 2019년 10월 21일 국방부가 차관급의 제5차 한·중 국방전략대화를 5년 만에 다시 개최하고 한반도의 현안을 포함한 지역 안보 정세 및 양국의 군사·안보적 상호 관심 사항들을 함께 논의한 점은 긍정적인 변화로 평가된다. 이와 더불어 외교·안보 분야에서는 트랙1에서의 정의용 청와대 국가안보실장과 중국의 양제츠(杨洁篪) 중국 공산당 중앙위원회 정치국 위원 간의 전략 채널인 '한중 외교안보 고위전략대화'의 정례화 및 1.5 트랙의 '한·중 국책연구소 간 합동 전략대화'의 조속한 재개가 필요해 보인다.

## 2) 장기적 대중 전략: 일관된 한국의 원칙 확립

중국과의 장기적인 관계에서 발전 전략을 고민한다면 우선 한국의 가치와 정체성, 그리고 국익을 중심으로 국민적 합의를 이룬 정책적 원칙 확립과 일관성 유지가 필요할 것으로 생각된다. 설사 미중 간의 전략적 경쟁이 끝나더라도 지리적으로 분단된 한반도와 이웃하고, 가치관과 정체성에서 많은 차이를 나타내고 있는 중국과는 앞으로도 다양하고 예상 못한 갈등이 나타날 것으로 예상된다.

장기적으로 나타날 수 있는 한·중 간의 갈등을 가능한 줄이려 노력한다면 먼저 분단된 한반도가 비핵화 및 평화가 안착되는 과정에서 한·중이 이익을 공유하고 협력을 강화시키는 구조를 만들어가는 노력이 필요하다. 이를 위해 가능한 미중 간 전략적 경쟁과 한반도 비핵화 관련 현안의 분리를 추구하고, 북·미 간 한반도 비핵화 협상 과정에서 '촉진자(facilitator)' 역할에 관한 한국과 중국의 협력을 강화하고, 북한에 대한 실질적이고 조속한 비핵화 조치 이행을 위한 공동 설득과 압박 공조 및 동시에 고비마다 북한이 전략적 오판을 통해 선을 넘는 무력 도발이나 한반도 정세에서 갑작스럽게 긴장을 고조시키는 돌발적인 행동을 하지 않도록 방지하는 공동 노력과 양자 및 다자간의 제도를 함께 만들어 나가야한다. 또한 UN안보리 결의에 따른 대북제재 조치의 철저한 준수를 기반으로 인도주의적인 대북 지원에 대한 한·중 간의 협력 강화를 모색해야 한다.

나아가 동북아 정세가 향후 미중 간 전략적 경쟁으로 역내에서 신냉전 구도가 형성되지 않도록 노력해야한다. 이와 관련하여 무엇보다도 미중 간 군비 경쟁과 차세대 군사 기술 경쟁이 심화되지 않도록 한·중 간에도 이에 대한 선제적이고 꾸준한 논의가 필요하다. 이와 더불어 역내 국가 간의 갈등 현안에 대해 민족주의적인 대응 또는 주변국들과의 정치적, 군사·안보적 갈등에 반응한 경제 분야에서의 제재 조치가 나타나지 않도록 방지하는 한·중 간의 긴밀한 노력과 협력이 필요하다.

반면 만약 인권과 민주주의라는 가치관과 정체성의 문제가 연관되어 홍콩, 대만, 신장 위구르, 티베트에 대한 현안이 한·중 사이에 부상한다면 한·중 어느 한 측도 물러서기 어려운 것이 현실이다. 이에 대해서는 선제적으로 중국의 주권을 인정하면서도 유혈 진압이 나타난다면 한·중 모두에게 커다란 피해가 올 것이라는 점을 선제적으로 강조해야 하며, 동시에 단기적인 갈등과 피해가 나타나더라도 중국 내 민주화 및 자유화에 의미 있는 진전이 나타나야 한다는 한국의 가치관과 정체성에 기반을 둔 원칙을 확고히 전달해야 할 것이다. 끝으로 한중 간에 이러한 민감한 갈등 요인들에 대해 전략대화를 통한 선제적인 논의가 있어야 하며 이를 위해서는 장기적으로 유소년, 청년, 위관급 장교 및 차세대 외교 관료 간

제도적인 교류가 정착되고 확대되어야 한다.


# Ⅶ. 결론


최근 역내에서 미국의 군사·안보적 영향력이 강화되자 이에 대응하여 중러 간의 군사·안보적 협력 역시 강화되었다. 이러한 과정에서 2019년 7월에 중국과 러시아 군용기가 아시아 태평양 지역에서 처음으로 연합 초계 비행훈련을 함께 실시하였으며, 당시 러시아 군용기가 한국의 '방공식별구역(Air Defense Identification Area: ADIZ)'의 진입한데 더하여 독도 영공을 침범하는 사태가 발생하였다. 그야말로 국익을 위한 강대국들의 경쟁에서 사드 배치 현안에 대한 경제적 피해에 이어 한국이 군사·안보적으로도 피해를 보는 상황이 전개된 것이다.

이렇듯 미중의 전략적 경쟁이 향후 패권 경쟁의 양상을 더해간다면 한국은 양 강대국 모두로부터 강한 선택의 압박에 직면하게 되는 상황을 피하기가 쉽지 않을 것이다. 사실상 한국은 매우 어려운 입장에 처하게 될 것은 주지의 사실이다. 이에 대응하기 위해서는 무엇보다도 국민적 합의에 의한 한국의 정책적 선택과 이를 한국 정부와 국민들이 결집하여 일관되게 견지하는 모습이 필요하다. 지금부터라도 한국 사회는 국가의 주요 현안에 대한 정보가 민·관 사이에서 한층 더 공유되고, 이를 바탕으로 다양한 시각과 자유로운 토론을 통해 점차 국민적 합의를 이루어 나가는 장기적인 차원에서의 연습이 절실한 시기이다.

원칙의 확립에 있어 우리가 분명히 인식해야 할 또 하나의 사실은 최소한 단기적으로는 한국의 원칙 설정이 미국과 중국 중 하나를 선택하는 결정이 아니라는 점을 이해할 필요가 있다. 예를 들어 2019년 6월에 개최된 아시아 안보회의에서 리셴룽(Lee Hsien Loong) 싱가포르 총리는 기조연설을 통해 미국의 인도-태평양 전략에 대한 싱가포르의 원칙을 밝히며 이에 대한 지지의 의사를 표시하는 동시에 '역내 분열 및 특정 국가 배제 반대' 원칙적 입장을 표명하였다(Lee, 2019/05/31). 또한 일본이 중국의 일대일로 구상에 대해 비판적 또는 관망적인 입장을 견지하면서 '제3국에서의 중일 민간 경제협력'이라는 입장을 내세우며 미중 사이에서 일본의 원칙을 유지하고 동시에 경제적 이익을 추구했던 대응에 관한 깊은 고찰이 필요한 시기이다.

끝으로 앞장에서 언급한대로 미중의 전략적 경쟁의 전망을 살펴본다면 미국의 입장에서는 중국과의 경쟁을 장기전으로 가져가기 보다는 향후 3~5년의 기간에 집중적인 대중 압박 정책의 실행으로 미국이 제시하는 새로운 규범과 질서에 대한 중국의 수용을 요구할 가능성이 있다. 2020년 미국의 대통령 선거에서 누가 미국의 차기 대통령으로 당선되더라도 미국의 대중 정책의 방형성은 대선 전후로 커다란 변화가 나타날 가능성이 높다. 따라서 이 시기에 대비해 한국은 국민적 합의를 바탕으로 한 한국 대미 및 대중 전략의 원칙을 선제적으로 수립해야 함과 동시에 단호한 '원칙'을 기반으로 미중 사이의 주요 현안들에 대해 '원칙적 입장표명'을 준비함으로서 외교적 유연성을 갖추는 이원적인 대응을 준비해야 한다.

# 참고문헌

김한권. 2019, "미·중 전략적 경쟁의 전망과 한국에 대한 함의,"『주요국제문제분석』, 국립
  외교원 외교안보연구소 2019-22.

전재성. 2008, "강대국의 부상과 대응 메커니즘: 이론적 분석과 유럽의 사례,"『국방연구』,
  51권 3호.

習近平. 2019a, "关于坚持和发展中国特色社会主义的几个问题,"『求是』, 2019年第7期
  (4月1日), http://www.qstheory.cn/dukan/qs/2019-03/31/c_1124302776.htm
  (2019/04/30).

_____. 2019b, "增强推进党的政治建设的自觉性和坚定性,"『求是』, 2019年第14期 (7月
  16日), http://www.qstheory.cn/dukan/qs/2019-07/16/c_1124755477.htm
  (2019/07/30).

"在第十二届全国人民代表大会第一次会议上的讲话," 全国人大网, 2013年3月17日,
  http://www.npc.gov.cn/npc/dbdhhy/12_1/2013-03/18/content_1789172.htm
  (2019/11/28).

金沙滩. 2019, "美国挑起贸易摩擦的企图是独占世界市场," 求是网, 5月18日, http://www.
  qstheory.cn/zdwz/2019-05/18/c_1124512520.htm (2019/07/30).

强世功. 2019, "《美国陷阱》揭露了一个骇人听闻的霸凌主义案例,"『求是』, 2019年第12期
  (5月18日), http://www.qstheory.cn/dukan/qs/2019-06/16/c_1124628340.htm
  (2019/07/30).

胡鞍钢. 2013,『中国集体领导体制』(北京: 中国人民大学出版社).

新华网. "习近平在中央党校（国家行政学院）中青年干部培训班开班式上发表重要讲话 发
  扬斗争精神增强斗争本领 为实现"两个一百年"奋斗目标而顽强奋斗 王沪宁出席,"
  2019年9月3日, http://www.xinhuanet.com/politics/2019-09/03/c_1124956081.htm
  (2019/09/17).

_____. "(受权发布)中共中央关于坚持和完善中国特色社会主义制度 推进国家治理体系
  和治理能力现代化若干重大问题的决定," 2019年11月5日, http://www.xinhuanet.

com/2019-11/05/c_1125195786.htm (2019/11/06).

_____. "中共中央 国务院印发《新时代爱国主义教育实施纲要》," 2019年11月12日, http://www.xinhuanet.com/politics/2019-11/12/c_1125223796.htm (2019/11/15).

Allison, Graham. 2017, *Destined for War: Can America and China Escape Thucydides's Trap?* (Boston & New York: Houghton Mifflin Harcourt).

Art, Robert J.. 2010, "The United States and the Rise of China: Implications for the Long Haul" *Political Science Quarterly*, Vol. 125, No. 3 (Fall).

Byman, Daniel L., and Matthew C. Waxman. 2002, *The Dynamics of Coercion: American Foreign Policy and the Limits of Military Might* (New York, NY: Cambridge University Press).

George, Alexander and William E. Simons (ed.). 1994, *The Limits of Coercive Diplomacy* (Boulder: Westview Press).

Gilpin, Robert. 1988, "The Theory of Hegemonic War" *The Journal of Interdisciplinary History*, Vol. 18, No. 4.

Haass, Richard N.. 2014, *Foreign Policy Begins at Home: The Case for Putting America's House in Order* (New York, NY: Basic Books).

_____. 2017, *A World in Disarray: American Foreign Policy and the Crisis of the Old Order* (New York, NY: Penguin Press).

Hu, Angang. 2012, *China in 2020: A new type of superpower* (Washington D.C.: Brookings Institution Press).

Huang, Cary. 2018, "China's social media users call for sacking of 'triumphalist' academic, as anti-hype movement grows," *South China Morning Post*, August 3.

International Monetary Fund. 2019, "Report for Selected Countries and Subjects."

Kissinger, Henry. 2015, *World Order* (New York, NY: Penguin Press).

Lee, Hsien Loong. 2019. "Keynote Address," the 18th Asia Security Summit the IISS Shangri-La Dialogue (May 31), https://www.pmo.gov.sg/Newsroom/PM-Lee-Hsien-Loong-at-the-IISS-Shangri-La-Dialogue-2019 (2019/10/20).

McCoy, Alfred W.. 2017, *In the Shadows of the American Century: The Rise and Decline of US Global Power* (Chicago, IL: Haymarket Books).

Mearsheimer, John J.. 2010, "The Gathering Storm: China's Challenge to US Power in Asia" *The Chinese Journal of International Politics*, Vol. 3, No. 4.

_____. 2014, *The Tragedy of Great Power Politics* (New York, NY: W.W. Norton).

National Intelligence Council. 2012, "Global Trends 2030: Alternative Worlds" NIC 2012-001. https://www.dni.gov/files/documents/GlobalTrends_2030.pdf (2019.10.15).

Nye, Joseph S. Jr.. 2015, *Is the American Century Over?* (Malden, MA: Polity Press).

Organski, A. F. K.. 1958, *World Politics* (New York: Alfred A. Knopf).

Organski, A. F. K. and Jacek Kugler. 1980, *The War Ledger* (Chicago & London: The University of Chicago Press).

Paul, Michael. 2019, "Partnership on the High Seas," *SWP Comment*, No. 26 (Stiftung Wissenschaft und Politik (SWP), June).

Schroeder, Paul W.. 1976, "Alliance, 1815-1945: Weapons of Power and Tools of Management," Klaus Knorr (ed.), *Historical Dimensions of National Security Problems* (Lawrence: University Press of Kansan).

Schweller, Randall L.. 1999, "Managing the Rise of Great Powers: History and Theory," Alastair Iain Johnston and Robert S. Ross, *Engaging China: The Management of an Emerging Power* (London: Routle).

Scott, Malcolm and Cedric Sam. 2019, "Here's How Fast China's Economy Is Catching Up to the U.S." *Bloomberg*, Published: May 12, 2016/Updated: May 21, https://www.bloomberg.com/graphics/2016-us-vs-china-economy/ (2019/11/10).

Tammen, Ronald L., Jacek Kugler, Douglas Lemke, Allen C. Stam Ⅲ, Mark Abdollahian, Carole Alsharabati, Brian Efird, and A. F. K. Organski. 2000, *Power Transitions: Strategies for the 21st Century* (New York, NY: Chatham House Publishers).

U.S. 115th Congress (2017-2018). 2017, "H.R.2810 - National Defense Authorization Act for Fiscal Year 2018," https://www.congress.gov/bill/115th-congress/house-bill/2810 (2019/10/20).

_____. 2018a, "H.R.5515 - John S. McCain National Defense Authorization Act for Fiscal Year 2019," https://www.congress.gov/bill/115th-congress/house-bill/5515/text (2019/10/20).

_____. 2018b, "H.R.535 - Taiwan Travel Act," https://www.congress.gov/bill/115th-congress-house-bill/535/text (2019/10/20 ).

_____. 2018c, "S.2736 - Asia Reassurance Initiative Act of 2018," https://www.congress.gov/bill/115th-congress/senate-bill/2736 (2019/10/20).

_____. 2018d, "S.3622 - Uyghur Human Rights Policy Act of 2018," https://www.congress.gov/bill/115th-congress/senate-bill/3622/text (2019/10/21).

U.S. 116th Congress (2019-2020). 2019a, "H.R.2002 - Taiwan Assurance Act of 2019," https://www.congress.gov/bill/116th-congress/house-bill/2002 (2019/10/21).

_____. 2019b, "S.1838 - Hong Kong Human Rights and Democracy Act of 2019," https://www.congress.gov/bill/116th-congress/senate-bill/1838/actions (2019/12/28).

_____. 2019c, "S.178 - Uyghur Human Rights Policy Act of 2019," https://www.congress.gov/bill/116th-congress/senate-bill/178/text?format=txt (2019/12/28).

_____. 2019d, "H.R.4331 - Tibetan Policy and Support Act of 2019," https://www.congress.gov/bill/116th-congress/house-bill/4331/text?format=txt&r=39&s=1 (2019/12/28).

# 8장

## 대침체, 미중경쟁과 한국외교

이혜정

중앙대학교 정치국제학과 교수

IFES

경남대 극동문제연구소
국제관계연구 시리즈 36

# I. 서론

미국 트럼프 정부는 2017년 말의 국가안보전략과 2018년 초의 국방전략 보고서에서 중국을 미국 주도의 국제질서에 도전하는 수정주의 세력으로 규정하고 중국과의 전략적 경쟁을 선포했다(The White House, 2017; Dept. of Defense, 2018). 이후 트럼프 백악관은 중국에 대한 관세전쟁을 시작했고 국방부는 전면적인 군비증강에 나서며 인도-태평양 전략의 이름으로 중국에 대한 군사적 압박을 강화했으며 펜스 부통령과 폼페이오 국무장관 등은 중국에 대한 이념적 공세를 이끌어오고 있다(Dept. of Defense, 2019; Rudd, 2019). 워싱턴의 주류 외교안보 엘리트들도 중국의 세계무역기구 편입을 중심으로 한 기존의 관여정책이 중국의 평화적 부상이나 민주화로 이어지지 않았다는 반성에 기초해서 대중국 강경책으로 선회하고 있다(Campbell and Rattner, 2018; Campbell and Sullivan, 2019). 이에 따른 미중의 경제, 군사, 이념 등 전 분야에 걸친 경쟁이 안보는 미국에 경제는 중국에 의존해오던 한국의 기존 대외정책 생태계의 구조적 변화를 추동하면서, 한국외교는 한미(일) 동맹 강화와 인도-태평양 전략 동참에 대한 미국의 요구와 그에 대한 중국의 견제라는 이중의 질곡에 빠져들었다. 미국의 요구가 전통적인 패권의 압박에 더해진 트럼프의 '이단적인' 주한미군 방위비 증액 요구와 같이, 트럼프-워싱턴 혹은 펜타곤의 '이중과세'라는 점을 고려하면 한국 외교는 삼중의 질곡에 빠져 있는 셈이기도 하다(이혜정, 2019a).

이 글은 대침체 이후 미국 패권의 위기라는 관점에서 현재 미중의 전략적 경쟁을 파악하고 미중 관계의 장기 교착을 전망하며, 그 틀에서 트럼프 정부의 대중정책을 평가하고 한국외교의 도전과 새로운 방향을 검토한다. 이 글의 출발점은 현재 미중의 경쟁과 갈등은 기본적으로 미국의 대중 정책의 변화에 따른 것이고, 트럼프 정부의 인도-태평양 전략에 대한 비판적, 역사적, 구조적 평가가 필요하다는 것이다.

국내의 관련 정책연구는 흔히 2019년 6월에 발표된 미 국방부의 인도-태평양 전략 보고서를 미중 관계 분석의 절대적 기준으로 삼아, 보고서가 주장하는 '자유롭고 개방적인 인도-태평양'이라는 정책 구호를 한국이 처한 대외환경 전반의 객관적 현실이자 한미 동맹 강화의 좌표로 수용하는 경향이 있다. 물론 한미 동맹의 기존 제도적 연계를 통해서 미 국방부와 국무부의 관료들 및 워싱턴의 패권 엘리트들이 인도-태평양 전략의 이름으로 한국에게 압박을 가하는 것은 엄연한 현실이다.

　하지만 인도-태평양 전략은 기본적으로 미 국방부의 특정한 이해관계가 중심이 된 정책담론으로, 인도-태평양이란 지역의 호명 자체가 '발명'된 것, 즉 엄밀하게 말하자면 '허구'이다. 특히 인도-태평양 지역에서 중국이 미국의 자유주의 국제질서에 도전하고 있다는 주장은, 미국의 냉전 정책을 돌아보거나 미국 패권을 자유주의 국제질서로 이념화한 자유주의 패권론자들도 동아시아가 아니라 유럽의 경험을 강조한 점을 고려하면 역사의 왜곡이고(Ikenberry, 2000; Glaser, 2019), 트럼프 정부가 대내적으로는 미국 민주주의, 대외적으로는 동맹과 자유무역 등 미국 패권의 기존 문법을 파괴하고 있는 현실을 간과하는 것이기도 하다. 즉, 정책연구의 지침으로서 인도-태평양 전략 보고서가 지니는 가장 큰 문제점은 보고서 내용이 트럼프 정부의 대외정책 전반의 난맥상을 담고 있지 않다는 점이다.

　2016년 대선에서 트럼프는 기존의 패권의 문법을 글로벌리즘으로 비판하는 미국 우선주의를 내세워서 집권했고, 인도-태평양 전략의 상위보고서인 국가안보전략 보고서는 "규칙에 기반한 국제질서"란 오바마 정부 시기 패권의 표현을 완전히 삭제하고 있다.[1] 트럼프의 미국 우선주의는 일반적으로 이해되는 것처럼 신자유주의 지구화의 병폐에 대한 반발로서 경제적 민족주의만은 아니다. 신자유주의 정치경제체제를 제도화

---

1　트럼프 국가안보전략 보고서의 특징에 대해서는 이혜정(2018: 133-148)을 참조.

한 워싱턴의 기득권에 대한 민중주의적 반발로서 권위주의적인 '트럼프 우선주의'이며, 역사상 유례없는 이민의 증가와 백인인구의 감소에 따른 백인 민족주의의 반발로서 '백인 우선주의'이기도 하다(이혜정, 2017: 223-261).

신자유주의 지구화의 병폐가 확인된 대침체가 트럼프 부상의 구조적 원인이며 현 미중 경쟁의 기원이기도 하다. 콜갠과 커헤인은 2016년 이후 미국 대외정책의 주요한 도전은 국가 간 관계라기보다는 국내적인 것이라 주장한다. 그들에 따르면, 대침체에 따른 미국체제의 사회적 계약의 붕괴가 미국 패권의 근본적 위기이며, 이는 자신들을 포함하는 패권 엘리트 전체의 책임이라고 반성한다.

> "하지만 이 [자유주의] 질서의 그 모든 성공에도 불구하고, 그 제도들은 바로 그 제도들을 만든 국가들의 대중과 유리되어버렸다. 1980년대 초반부터 신자유주의 경제정책은 그에 대한 결정적 정치적 지지를 보장한 사회적 계약을 침식했다. 영국과 미국, 기타지역의 다수 중산층과 노동계급 유권자들은 신자유주의체제가 왜곡되었다고 믿게 되었는데 이는 상당한 근거가 있는 것이었다. 지구화와 자유주의 질서를 분석했을 뿐 아니라 찬양한 우리들도 민중주의의 부상에 책임이 있다. 우리는 자본주의가 지구화에 의해 납치되는 데 대해서 충분히 주의를 기울이지 않았다. 경제 엘리트들은 자신들의 이익에 복무하는 국제제도를 설계했고 정부들과의 확고한 연계를 건설했다. 보통 사람들은 제외되었다. 이제는 이런 현실을 인식하고 더 늦기 전에 자유주의 질서를 보존할 정책들을 추진할 때이다"(Colgan and Keohane, 2017: 37).

콜갠과 커헤인과 같은 패권 엘리트의 시각에서 보면, 패권은 기본적으로 국내외적인 지배와 동의를 주조해내는 이중적인 과업이고, 현재 미국 패권의 핵심적인 과제는 트럼프의 민중주의와 중국의 부상을 동시에 견제, 포섭할 수 있는 새로운 자유주의 패권 기획을 수립하는 것이다. 이는 대단히 어려운 과제이다. 트럼프는 대침체 이후의 미국체제의 사회적 계약의 붕괴, 즉, 엘리트와 민중의 대립, 엘리트 내부의 분열과 좌우파 민중주의의 대립을 심화시키고 있다.

게다가 중국은 소련과 달리 미국 주도 자본주의 세계질서 내부의 주요 행위자이며 일본이나 독일 등과 달리 미국에 안보를 의존하는 동맹이 아니기 때문에 기존 패권의 봉쇄나 동맹에 대한 포섭기제가 작동하지 않는다.

아래에서는 이와 같은 문제의식에서 1) 대침체와 트럼프의 미국 우선주의에 대한 역사적 분석을 통해서 트럼프 이전의 구질서가 복원될 가능성은 없고 진정한 리더십으로서 패권질서의 공백상태인 대공위시대(大空位時代, Interregnum)가 장기화될 것이란 전망을 제기하고, 2) 대공위시대의 뉴노멀이라 할 일종의 지구적 사회적 질서의 부재에 따라 현재 트럼프 정부는 대내외적인 합의를 도출할 수 있는 체계적인 대중 정책의 수립에 실패하고 있다고 평가하고 이에 따른 한국외교의 도전을 한미 동맹을 중심으로 검토하며, 3) 마지막으로 한국외교의 새로운 방향을 제안해본다.


## II. 대침체와 미국 패권의 위기


### 1. 허리케인 트럼프[2]

집권 초기 트럼프에 대한 미국의 기존 엘리트들의 반응은 두 가지, 격

---

2    이 절은 이혜정. 2019b, "트럼프 시대 미국패권의 역사적 이해," 한국국제정치학회 하계학술대회 발표문(7월 4일)의 축약본이다.

렬한 비판과 후보자 트럼프와 대통령 트럼프는 다를 수도 있다는 기대의 혼합이었다. 비판은 트럼프가 미국 민주주의와 패권의 실존적 위협이라는 데 집중되었다(Ikenberry, 2017). 기대는 실제 국정을 운영하는 대통령으로서 트럼프가 의회, 특히 당시 다수당이던 공화당과 협력하고 대외정책에서는 전문가와 관료들의 조언을 받아들여 기존 패권의 전통과 제도를 존중하는 '반전(Trump reversal)'이 가능하다는 전망에 근거하였다(Baker, 2017).

하지만 트럼프를 길들일 수 있다는 기대는 실현되지 않았다. 2018년 중간 선거를 앞두고 공화당 하원 의장 폴 라이언은 은퇴를 선언했다. 공화당이 트럼프를 길들인 것이 아니라 트럼프가 공화당을 접수한 것이다. 민주당이 하원에서 다수당으로 부상한 이후에도 트럼프는 '백인 우선주의'에 따른 국경장벽 건설을 주장하며 최장기 연방정부 폐쇄를 감수하였다(Douthat, 2018). 2019년 12월 하원에서 진행된 트럼프에 대한 탄핵 소추에서는 단 한명의 공화당원도 이탈하지 않았다. 대외정책에서도 트럼프의 이단을 통제하고 피해를 최소화할 수 있을 것이란 기대는 무너졌다. 2017년 6월 파리기후협약 탈퇴와 12월 이스라엘 미 대사관의 예루살렘 이전 발표에 이어, 2018년 5월 이란 핵합의 탈퇴 및 트럼프의 관세전쟁에 반대하여 월가 출신의 국가경제위원장 콘(Gary Cohn)이 사퇴하고, 12월에는 시리아 철군 정책에 반대하여 국방장관 매티스(James Mattis)가 사퇴한 것이 결정적이었다(Wright, 2018).

대외정책에서 트럼프의 충격은 트럼프 이전으로 돌아갈 미국 외교의 기반이 더 이상 존재하지 않는다는 점에서 '허리케인'에 비유된다(Ashford and Thrall, 2018). 트럼프를 길들일 수 있다는 기대가 무너져가면서, 미국 패권에 대한 정책적, 학술적 논의에서 백가쟁명의 시대가 열렸다. 이론적으로 보면, 탈냉전기 미국의 전 지구적 개입에 지속적으로 비판적이었던 현실주의(Walt, 2018, 2019; Mearsheimer, 2018, 2019)와 자유지상주의가 '자유주의 패권'을 주창해온 워싱턴의 전문가집단(the Blob)

에 대한 비판의 목소리를 높이고 있다(Porter, 2018, 2019). 논의의 주제로 보면, 트럼프의 이단에 대한 분노와 비판에서 트럼프 이전에 이미 미국 대전략의 기반이 침식되었다는 반성 및 정책 대안 모색으로 그 초점이 옮겨졌다(Brands and Feaver, 2016; Colgan and Keohane, 2017; Lissner and Rapp-Hopper, 2018; Drezner, 2019a). 보다 근본적으로 트럼프가 위협하고 있는 미국의 이념과 정체성은 무엇인지(Fukuyama, 2018, Abrams and Sides et al., 2019), 그가 무너뜨리고 있다는 국제질서의 성격은 과연 자유주의적인지 (Porter, 2018; Allison, 2018; Goldgeier, 2018; Glaser, 2019; 이혜정 · 전혜주, 2018), 더 나아가, 자유주의 국제질서나 패권 질서는 과연 무엇인지에 대한 논의가 진행되고 있다(Ikenberry and Parmer et al., 2018; Ikenberry and Nexon, 2019). 이러한 맥락에서, 1차대전 이후 윌슨의 전후 처리를 돕는 전문가 자문단에서 출범한, 미국 패권의 대표적인 엘리트 집단인 미국 외교협회는 자신의 정책전문지 *Foreign Affairs* 최신호에서 탈냉전기 미국 패권의 "부검"(an autopsy of the last decades of American global leadership)을 시도하기에 이르렀다.

> "돌이켜보면 미국 패권의 쇠퇴는 필연적으로 보인다. 지금 설명이 필요한 것은 오늘 미국이 안과 밖에서 직면하고 있는 항상적 갈등의 현실이 아니라 시혜적인 미국 패권이 영원히 지속될 것이라고 믿었던 지난 세기말 워싱턴 엘리트들의 열정적인 꿈들(fervent dreams of lasting benevolent American hegemony)로 보인다. 하지만 그 시절을 살아온 사람들은 안다. 아무 것도 정해진 것은 없고 역사는 바뀔 수도 있었다. 그래서 우리는 미국 엘리트들이 [냉전 종식의] 유산과 명성을 날려버린, 지난 몇 십년간의 미국의 지구적 리더십에 대한 부검을 실시한다"(Rose, 2019: 8).

아래에서는 분석의 시간적 지평을 대공황으로까지 확장해서 트럼프의 미국/트럼프/백인 우선주의가 지니는 역사적 의미를 살펴본다.

## 1) 애치슨의 2차대전 참전론과 트럼프의 미국 우선주의

패권을 국제질서/체제의 건설과 관리를 주도하는 리더십으로 보면, 패권주의 혹은 패권국의 국제주의의 전형적인 논리는 국제질서 자체에 대한 책임이다. 패권의 책임에 상반되는 개념은 개별국가의 국익과 주권이다. 패권국의 국제주의는 국제질서 자체를 주도하는 책임이 국익과 주권의 논리와 일치, 적어도 조화된다는 데 대한 국내적 지지를 확보해야한다.

글로벌리즘과 미국 우선주의를 대치시키는 트럼프의 논리는 패권주의에 대한 전면적 부정이다. 자유무역과 동맹은 미국이 세계 자본주의 질서와 지정학적 질서를 통제하는 핵심적 수단이고 민주주의는 미국 패권의 이념적 기반이다. 그런데 트럼프에게 일관된 철학이 있다면, 그것은 자유무역과 동맹이 미국의 이익에 반한다는 것과 권위주의 리더십에 대한 존중이다. 자유무역으로 미국의 일자리를 잃고 부유한 동맹의 방어를 책임지며 미국의 자원을 낭비하는 '경제적 투항의 시대는 끝났다'고, 트럼프는 2016년 대선운동에서부터 최근 2020년 대선 유세에 이르기까지 일관되게 주장해오고 있다. 또한 트럼프는 이라크 전쟁 등 '끝없는 전쟁'에 반대해왔고, 2017년 5월의 첫 해외순방지인 사우디아라비아에서 "원칙 있는 현실주의"의 이름으로 모든 국가가 주권에 따라 각자의 국익을 추구할 권리를 인정하고 미국체제를 이식할 의도가 전혀 없다고 선언했다(Brands, 2017).

트럼프의 미국 우선주의의 대척점에 있는, 미국 패권의 원형을 보여주는 역사적 연설이 1939년 11월 애치슨의 예일 대학 연설, "어느 미국인의 대외정책관(An American Attitude Toward *Foreign Affairs*)"이다(Acheson, 1965: 267-275). 이 연설의 시점은 독일이 1939년 9월 폴란드를 점령하고 아직 1940년 4월 프랑스 등 서부전선으로 진격하기 전의 '가짜전쟁'이다. 유럽에서 2차대전이 본격적으로 진행되기 전에 애치슨은 단순히 2차대전 참전을 넘어 영국을 대신해서 새롭게 국제질서를 건설할 것을 주창한다.

애치슨의 거시적 시각에서 보면 당시 국제정세의 본질은 19세기 정치경제질서의 해체이고, 그의 참전/패권론의 대전제는 무너져가는 19세기 정치경제질서 혹은 영국패권이 미국체제의 기반이라는 것이다. 애치슨은 19세기 질서가 전혀 완벽하지 않았다(far from perfect)고 인정하지만 인류 역사상 유례없는 발전을 성취했고, 역시 대단히 불완전하지만 미국체제는 19세기 질서를 기반으로 개인의 자유와 사회적 통합을 동시에 달성할 수 있었다고 평가한다.

미국체제가 19세기 질서에 의해서 가능했다는 대전제에서 보면 19세기 질서의 붕괴는 곧 미국체제에 대한 실존적 위협이다. 이는 미국이 아메리카 대륙에서 경제적 발전과 안보를 충분히 확보할 수 있다는 '미국 우선주의 위원회' 등 참전반대론자들의 주장과 정반대이다. 참전과 국제질서 재건이 미국의 주권과 행동의 자유에 일정한 제한을 초래할 것이고 그에 대한 우려가 참전반대론의 근거라는 점을 애치슨도 인정한다. 하지만 그로 인한 일정한 손해는 국제질서의 완전한 붕괴를 방치했을 경우와는 비교도 할 수 없다. 애치슨의 논리적, 전략적 결론은 미국이 자신의 국익에 충실하다면, 국제질서 재건의 책임을 다해야 한다는 것이다.

애치슨의 거시적 시각에서 보면, 영국이 더 이상 세계은행과 시장, 경찰의 역할을 하지 못하고 미국이 이민 문호를 닫음으로써 19세기 질서가 붕괴되고 있고, 이에 따라 독일과 일본 등 '전체주의적 군사국가'는 군사적 정복을 통해 자원과 시장을 확보하고 국민들을 철저하게 통제함으로써 생존을 도모하고 있는 것이 당시의 국제정세의 본질이었다. 독일의 유럽 정복과 일본의 아시아 정복을 방관하면, 미국은 아메리카 대륙에 갇히게 된다. 애치슨에 따르면, 이 경우 미국체제의 실험은 끝난다.

다행스럽게도, 당시 아직 영국과 프랑스 등이 버티고 있는 상황에서 미국은 지상군의 직접 개입 없이 이들 국가들을 지원하고 전 지구적인 해·공군력을 확보하여, 국제질서의 더 이상의 붕괴를 막는 예방적

(prophylactic) 군사적 정책 대안을 갖고 있다. 이러한 정책은 물론 당시의 중립법 위반이다. 애치슨은 안보를 확보하는 최상의 방책을 펀치력과 긴 리치를 동시에 갖는 권투선수(add reach to power)에 비유하며, 미국 본토에서 전쟁을 기다리는 것보다 더 어리석은 일은 없다는 비판으로 중립법 위반 논란에 대응한다.

결국 새로운 국제질서 건설이 궁극적인 해답이다. 이를 위해서 애치슨은 유럽이 통상을 자유화하는 조건으로 자본을 지원하고, 안정적인 국제통화질서를 건설하고, 영연방을 포함하여 그 어떤 차별적인 통상경제권도 허용하지 않고, 미국이 수입을 늘려 미국 경제와 세계 경제의 조화로운 발전을 도모하고, 중동의 석유자원 등 천연자원의 공급과 가격이 안정되도록 미국의 힘을 사용하는 등의 "치유(therapeutic) 정책"을 제안했다.

## 2) 리프먼의 봉쇄전략 비판과 트럼프 우선주의

미국 주류의 자유주의 패권론과 비교할 때, 애치슨의 예일대 연설은 자유주의나 민주주의에 대한 이념적 찬양이 완전히 배제된 철저하게 구조적이고 현실적이며 통합적인 패권전략이다. 그는 19세기 영국패권이나 미국체제의 부정의와 불완전성을 인정했고, 2차대전의 원인을 히틀러의 광적인 인종주의나 일본 제국주의로 보지도 않았다. 또한, 유럽에 대한 조건부 지원이나 영연방 해체 시도, 2차대전 이후 중동과 제3세계의 자원 민족주의에 대항하여 실제 시행된 천연자원의 공급과 가격의 안정화 노력 등은 시혜적 패권의 모습이 아니다.

문제는 지극히 현실적인 이익에 따른 애치슨의 패권전략을 미국정치가 수용하지 않았다는 점이다. 미국의 공식적인 2차대전 참전은 진주만 공습을 당한 이후에나 가능했다. 세계 자본주의의 재건을 위한 치유 정책들에 대한 미국 국내의 지지는 대단히 취약해서, 마셜 플랜도 결국은 봉쇄 전략과 반공의 명분으로 의회를 통과할 수 있었다. 적어도 국내 정치적 지지의 측면에서 보면, 냉전 질서가 아니라 자유주의 질서가 2차대전 이후 평화를 지켜냈다는 자유주의 패권론의 주장은 '신화'이다 (Allison, 2018).

제3세계를 기준으로 하면 냉전 질서가 안정적이었던 것도 아니다. 웨스타드(Odd Westad)가 주장하듯, "미국이 여러 이유로 전 세계 사람들에게 대단히 매력적인 사회라고 해서 미국이 세계적으로, 특히 아시아, 아프리카, 라틴아메리카에서 영향력을 유지하기 위해 행사한 폭력에 면죄부가 주어지는 것은 아니다"(Westad, 2005: 404). 제3세계에서 미국의 개입은 대부분 실패했다. 냉전의 종식이 자유주의의 승리로 해석되면서 제3세계에서 미국의 실패는 잊혔고, 이 편리한 망각의 결과는 9·11 이후 이라크 전쟁에서 미국의 '고난'으로 이어졌다.

봉쇄전략에 대한 리프먼(Walter Lippman)의 1947년 비판은 미국의 제3세계 개입은 물론 대내적 자원 동원의 문제에 대한 지적으로 여전히 유효하다. 1947년 3월 트루먼 독트린이 발표되었고, 케넌(George Kennan)은 익명(X)으로 *Foreign Affairs* 7월호에 "소련 행동의 기원들(The Sources of Soviet Conduct)"이라는 제목의 글을 기고하여 소련에 대한 봉쇄를 주창했다. 트루먼 독트린은 당시 케넌을 비롯한 정책결정자들의 구상에서는 마셜플랜의 서막이었지만, 리프먼은 케넌의 글이 유럽 재건에 집중하지 않고 전 지구적인 대소봉쇄를 주창하는 것으로 보고 뉴욕 헤럴드 트리뷴지에 비판적인 칼럼을 연재했고, 이는 이후 책으로 출판되었다 (Lippman, 1947).

리프먼의 비판은 크게 세 가지였다. 첫째, 소련이 장기간의 봉쇄에 직면해서 자체적으로 붕괴될 수 있다는 전망이 비현실적이라는 것이다. 둘째, 미국이 장기간에 걸쳐서 소련이 팽창하려는 모든 지역에서 신속하고 탄력적이면서 동시에 확고한 봉쇄를 실시할 능력이 과연 있느냐는 것이었다. 그에 따르면, 독재체제인 소련은 그런 정책을 추진할 수 있지만, 미국은 불가능하다. 예를 들어, 소련의 움직임에 맞춰 '대항력'을 동원하려면 그에 필요한 돈과 군사력을 국무부가 확보해야 하는데, 이를 위해 의회에 백지수표를 요구하는 것은 헌정질서에 위반되고 반대로 소련이 팽창 징후를 보이는 순간에 의회에 대응 수단을 요구한다면 제 때 소련의 움직임에 대응할 수 없다. 국무부가 미국 경제를 통제할 수는 더더욱 없다. 게다가 미국의 군사적 장점은 해·공군의 기동력이지 유라시아 대륙 전역에서 소련의 움직임을 저지하는데 필요한 지상군이 아니다. 셋째, 결국 소련을 봉쇄하려면 중국, 아프가니스탄, 이란, 터키, 그리스, 체코, 불가리아 등 소련 주변의 국가들을 동원해야 하는데, 이들은 안정되고 성숙한 국가들이 아니다. 이들의 연합을 조직하고 장기간 유지하는 것은 불가능에 가깝다. 또한 이러한 노력은 미국의 진정한 동맹으로 건설되어야 하는 유럽 국가들에 대한 투자를 제한하고, 제국주의 국가들인 유럽의 이익과 충돌하며, 유엔을 무력화시킨다.

냉전 시기 봉쇄 전략을 위한 자원은, 한국전쟁의 발발 이후 NSC-68의 대규모 군비증강 계획이 실현된 것처럼, 대체적으로 국가안보국가(National Security State)에 백지수표를 위임함으로써 동원되었다고 볼 수 있다. 그리고 그 후과는 베트남 전쟁이나 이란-콘트라 스캔들의 경우처럼, 국내 정치경제적, 헌정질서의 위기였다. 리프먼이 지적한 미국 헌정질서 하에서 대내적 자원 동원의 한계는 냉전의 종식 이후 더욱 심화되었고, 트럼프의 불구국가론이나 반-기성질서의 트럼프 우선주의는 그러한 현실의 반영이라고 할 것이다.

트럼프는 미국 제도의 전반적 기능부전과 쇠퇴의 결과이자 원인이다. 남북 전쟁 이후 최악이라고 평가되는 양극화와 트럼프의 핵심지지층을 포섭해내지 못한 공화당 주류의 실패가 아니었다면, 트럼프는 집권하지 못했을 것이다. 그리고 트럼프의 집권으로 공화당의 우경화는 심화되고 백인 우월주의 등 극우는 활성화되어, 양극화는 더욱 심화되고 있다. 그에 따른 대외정책의 후과는 미국 외교의 일관성과 신뢰성의 훼손이다(Trubowitz and Harris, 2019). 국무부 예산이 삭감되고, 트럼프에 반대하여 베테랑 외교관들이 대거 은퇴함으로써 국무부의 외교능력 자체가 저하되기도 했다(Burns, 2019).

트럼프의 입장에서 글로벌리즘과 대치되는 미국 우선주의와 기존 질서를 전복시키는 민중주의 운동으로서 트럼프 우선주의는 긴밀하게 연관되어 있다. 글로벌리즘에 의해 '불구국가'가 된 미국을 재건하는 길은 대외적으로 그리고 이익의 차원에서 미국 우선주의이고, 대내적이고 제도의 차원에서는 체제의 왜곡을 시정하여 민중에게 권력을 넘겨주는 권위주의적인 반-기성질서 운동으로서 트럼프 우선주의이다.

### 3) 헌팅턴의 미국 민족주의와 트럼프의 백인 우선주의

트럼프의 민중-민족은 백인 기독교인 중심의 미국만의 독특한 문화와 역사, 종교를 공유한다. 그의 백인 우선주의는 미국이 인류 보편의 이상을 체현한다는 미국 예외주의를 부정한다. 트럼프의 미국은 이상이나 이념, 신조(creed)가 아니라 문화로 정의된다.

이는 냉전의 종식 이후 헌팅턴 식의 미국 민족주의가 개척한 길이다. 냉전 시기 헌팅턴은 신조로 정의되는 미국 정체성/예외주의의 열렬한 이데올로그였다. 대표적으로 1982년의 논문, "미국의 이상과 미국의 제도"에서 그는, 1970년대 베트남 전쟁과 워터게이트의 여파로 의회의 행정부에 대한 견제가 강화된 것을 배경으로, 미국의 해외 개입에 대한 비판을 일축하고 미국은 인류 보편의 이상을 대표하며 미국의 힘은 곧 세계의 자유 증진을 의미한다며 미국의 대외적 영향력을 제한하는 제도적 개혁을 중단하라고 촉구했다(Huntington, 1982).

하지만, 냉전의 종식 이후 헌팅턴은 신조에서 문화로 이동했다. 그의 문명충돌론은 서구 문명의 보편성을 부정하고, 미국의 서구-기독교-백인 정체성을 강조하는 장치였다. 역사의 종언론이나 신자유주의적 지구화의 보편성을 부정하면서, 그는 미국이 라틴계 이민의 증가와 아시아와의 경제적 연계는 경계하고 가치와 제도, 역사와 문화를 공유하는 유럽과의 연계를 강화해야 한다고 주장했다(Huntington, 1996).

지구화와 이민의 증가에 따른 사회변동은 냉전의 종식을 배경으로 진행되었다. 헌팅턴은 그 효과를 미국 정체성의 혼란과 국익 개념의 침식, 엘리트와 대중의 유리로 본다. 소련이라는 유용한 적이 제공하는, 정부/엘리트와 대중을 통합하던 이념적 정체성이 사라졌기 때문이다 (Huntington, 1997). 미국의 대다수 엘리트들이 영속적인 미국 패권의 도래를 확신하던 지난 세기말에 헌팅턴은 미국의 단극 시대는 끝났다고 선언한다. 이런 판단의 근거는 국제구조가 미국을 정점으로 하지만 지역 강대국의 영향력이 강화된 단-다극으로 변화하였고, 미국 일방주의의 수단인 제제와 군사개입 모두 국내외의 지지를 통해서만 기능하며, 국제적으로 미국은 슈퍼불량국가로 취급받고 있고 국내적으로 그 어떤 해외 개입에 대한 합의도 없기 때문이었다(Huntington, 1999).

21세기 들어 헌팅턴은 민중주의로 선회한다. 애국적이고 민족주의적인 대중과 경제적 지구화와 다문화주의를 적극 수용하는 엘리트 사이의 간극이 심화되어 미국의 정체성과 제도가 부식되어 가고 있다는 것이다. 대중과 엘리트의 유리는 정부에 대한 신뢰의 상실, 기성 정치에 대한 관심의 저하, 그리고 대안적 정치의 부상으로 이어지고 있다는 그의 진단은 트럼프 시대의 도래를 예견하고 있었다(Huntington, 2004).

## 2. 대침체와 신자유주의의 해체(unraveling)

돌이켜보면, 헌팅턴이 단극시대의 종언을 선언하던 1999년은 이론과 실천의 차원 모두에서 탈냉전기 미국패권의 변곡점이다. 정책적으로 보면, 대공황의 재연을 막기 위한 방어막이었던 상업과 투자 은행의 분리가 폐기되고 파생상품에 대한 규제 시도가 저지되면서 2007~2008년 금융위기와 대침체의 물꼬가 트였다. 이론적으로 보면, 미국체제의 본연적인 민주주의와 포섭/자제 능력에 대한 강조가 자본주의의 발전이 상대적 이득을 뛰어넘는 수준이라는 '환상'과 결합하면서 자유주의 판본 미국 패권 예외주의(Deudney and Ikenberry, 1999)가 만들어졌고, 미국의 압도적 힘에 따라 세력균형의 역사적 법칙이 깨졌다는 현실주의 판본 미국 패권 예외주의(Wolforth, 1999)도 함께 출현했다. 1980년대부터 과잉팽창에 따른 미국 쇠퇴론을 주장하던 케네디(Kennedy, 1989)는 세기말 미국 패권에 압도되어 자신의 오류를 인정했고, 후쿠야마는 10년 전 자신이 주장했던 '역사의 종언'(Fukuyama, 1989)을 재확인하였다.

1999년 후쿠야마는 '역사의 종언'에 대해서 두 가지 평가를 내렸다. 우선 그는 워싱턴 합의의 지구화에 의해 추동되는 "민주주의 삼단논법"을 기준으로 할 때 '역사의 종언'은 여전히 유효하다고 평가했다.

> "이 민주주의 삼단논법은 정치와 경제, 국제관계가 상호작용하는, 그리고 어떻게 한 영역의 움직임이 다른 영역의 움직임을 향상시키는 지를 설명하는 일관된 정책 세트로 이어졌다. 경제정책의 자유화는 급속한 경제 성장으로 이어지고 이는 다시 민주적 정치 제도의 발전과 평화의 민주적 지대의 확장 및 그에 속한 국가들의 안보를 향상시키는 것이다"(Fukuyama, 1999: 19).

동아시아 금융위기 등은 워싱턴 합의의 정책 처방의 문제가 아니라 개별국가들의 정책 실행의 문제이고, 지구화의 진전은 역진불가하다고 그는 전망했다. 다른 한편 그는 바이오기술과 정보통신 기술 등의 발전이 '역사의 종언'이 딛고 있는 인간성은 고정불변하다는 전제를 침식하고 있다고 지적하며, 인간 '역사의 종언'을 넘어 '탈인간(posthuman) 역사'가 시작될 지도 모른다고 전망했다.

21세기 들어 9·11테러와 대테러전쟁, 그리고 미국 발 금융위기가 몰고 온 대침체가 발생하고 기술의 발전이 고용 감소와 탈진실(post-truth)과 디지털 독재의 시대를 열면서 후쿠야마의 낙관론은 사라지고 자본주의와 민주주의의 위기와 국제정치의 불안정의 '역사'는 부활했다. 대침체 이후 후쿠야마도 사회안전망과 산업정책의 필요를 강조하는 "탈-워싱턴 합의"를 주창하며 지구화에 의한 중산층의 쇠퇴로 과연 서구 민주주의가 지속가능한지 "역사의 미래"에 의문을 제기하고 트럼프를 배태한 미국 민주주의의 "정체성의 정치"의 병리를 한탄했다(Bridsall and Fukuyama, 2011; Fukuyama, 2012, 2014, 2018).

대침체는 군사력이나 경제력 등 물리적 힘의 측면에서 미국의 쇠퇴를 가져오지는 않았다. 미국은 여전히 압도적인 군사력을 지니고 있으며 기축통화로서의 달러의 특권도 여전하다. 대공황과 비교하면 대침체는 초기의 올바른 정책적 대응과 국제적 협력 등으로 인해서 정치경제와 국제질서의 총체적 파국으로 이어지지 않는 것이다(Kirshner, 2014). 금태환 폐지와 변동환율제로의 전환을 가져온 1970년대 경제위기와 비교해도 대침체의 충격은 제한적이다. 전자의 경우 레이건과 대처로 대변되는 1980년대 신자유주의의 정치적 공고화를 가져왔지만, 대침체의 경우에는 10년이 지나서야 트럼프와 브렉시트로 대변되는 우파 민중주의의 부상으로 이어졌는데, 그나마도 브렉시트의 계속된 연기와 트럼프에 대한 미 하원의 탄핵 추진이 보여주듯 우파 민중주의의 우세가 확정적인 것도 아니다.

하지만 신자유주의 지구화를 주도한 미국과 영국에서 그에 대한 민중주의적 반발이 부상한 것은 자유민주주의와 국제적 리더십으로서의 미국 패권에 중대한 함의를 지닌다. 트럼프의 미국 우선주의는, 1994년 중간선거에서 공화당 혁명을 이끈 깅그리치의 구호 '미국과의 계약(Contract with America)'의 연장선에서 보자면, 미국 패권과의 새로운 계약을 넘어 기존의 패권 기획인 신자유주의 글로벌리즘을 전면적으로 배격하고 있기 때문이다.

역설적이지만 대침체가 파국으로 이어지지 않으면서 기존 주류의 일정한 부활을 가져와서 전면적인 개혁의 기회는 봉쇄되었다: "과거와 현재 경제적 재난의 중요한 한 가지 차이는 현재의 위기가 공황이 아니고

침체에 불과하기 때문에 오바마는 루즈벨트와 달리 개혁의 기회를 갖고 있지 않다는 점이다"(Temin, 2010:121). 오바마의 제한적인 개혁에 대한 우파의 반발이 트럼프의 부상을 가져왔고, 좀 더 일반적으로 보자면 기존 주류와 민중주의의 정치적 교착이 초래되었다. 신자유주의의 오랜 비판자 스티글리츠의 분류로 보자면, 대침체의 정치적 후폭풍은 기존의 신자유주의의 대안으로 극우 민족주의, 중도좌파 개혁주의, 그리고 좌파의 '진보적 자본주의'가 등장한 것이다(Stiglitz, 2019). 내장된 자유주의(embedded liberalism, Ruggie, 1982)를 기준으로 헬레이너는 좌우파 민중주의와 함께 시장에 대한 다자적 국제제도의 간섭을 배격하는 국가적 신자유주의(national neoliberalism) 및 다자적 국제제도와 함께 쌍무적 경제제도의 건설을 동시에 추구하는 중국까지 포함하는 보다 다양한 대안들을 포착하고 있기도 하다(Helleiner, 2019).

〈그림1〉 내장된 자유주의와 그 대안들

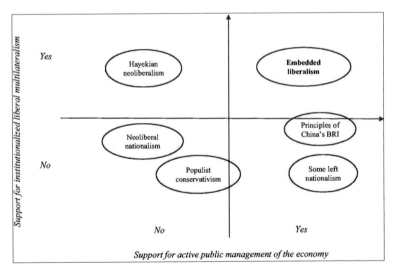

출처: Helleiner(2019: 1121).

미국의 주류 패권 엘리트의 시각에서 보자면, '허리케인 트럼프' 정부가 기존 미국 패권의 이념적, 제도적 기반을 붕괴하고 있는 가운데 진행되고 있는 이와 같은 정치적 대립은 심각한 문제이다. 트럼프 정부의 실체가 우파 민중주의의 가면을 쓴 금권정치(embedded plutocracy)에 불과하다면(Lee, 2019) 패권의 복원은 더욱 요원해지며, 설령 트럼프의 우파 민중주의가 실각한다고 해도 스티글리츠, 샌더스, 워렌 등의 좌파 민중주의를 포섭하는 패권 기획을 설계하고 실행하는 것은 지난한 과제이다. 특히, 미국 주도의 국제질서의 일부이면서 미국적 자본주의체제의 대안(Milanovic, 2020)으로까지 논의되고 있는 중국의 부상을 어떻게 다룰지는 난제 중의 난제이다. 중국의 지적 재산권 절도 등을 더 이상 용인할 수 없기 때문에 기존의 미중 관계의 변화가 불가피하고 보다 강경한 대중 정책이 필요하다는 의견(Campbell and Sullivan, 2019; Medeiros, 2019)이 우세하기는 하지만 구체적인 정책적 해법에 대해서는 기존 주류 엘리트들 사이에서도 전면적 합의가 존재하는 것은 아니다(Zakaria, 2020). 2019년 7월 일군의 중국 전문가들은 "중국은 적이 아니다"라는 성명서를 통해서 대중 강경책에 반대를 표명했다.

> "궁극적으로 미국의 이익을 달성하는 가장 좋은 방법은, 역효과만 있는 중국의 세계에 대한 관여를 침식하고 봉쇄하는 노력을 증진하는 것이 아니라 변화하는 세계에서 효과적으로 경쟁하는 미국의 능력을 복원하고 다른 국가들과 국제제도와 협력하는 것이다. 우리는 이 공개 선언에 많은 이들이 서명한 것이, 혹자가 믿는 것과는 달리, 워싱턴에 중국과의 대립적인 태도에 대한 단일한 합의가 있지 않다는 것을 분명히 증명한다고 믿는다"(Fravel et al., 2019).

# Ⅲ. 대공위시대(Interregnum)의 미중 관계

미국이 대침체 이후 신자유주의의 병폐와 중국의 부상을 관리할 수 있는 새로운 패권질서를 적어도 단기간에 수립할 가능성은 희박하다. 신자유주의 지구화의 문제에 대한 해법은 기본적으로 대공황 이후 뉴딜의 내장된 자유주의로의 회귀, 즉, 기존의 지구적 경제적 통합을 유지하면서도 지구화의 피해자들을 보호하고 보다 적극적인 의미로는 지구화의 혜택을 균등하게 나누는 새로운 정책들을 실시하는 것이다. 역사적으로 보면, 뉴딜의 내장된 자유주의는 국내적으로는 국제시장의 경쟁력을 지닌 자본분파와 조직화된 노동계급의 지지를 받는 민주당의 지배연합 그리고 국제적으로 미국 중심의 자본주의체제 재건을 적극적으로 추진한 초국적 지배연합의 작품이었다(Cox, 1987).

대침체 이후 미국의 정치, 경제, 사회문화적 분열을 고려하면 자본주의 운영에 대한 자본과 노동의 새로운 합의와 연합이 부상하는 데는 상당한 시행착오와 시간이 걸릴 것이다. 게다가 중국의 경제적 부상과 지구적 상호의존을 고려하면 지구화 혹은 자본주의 세계체제의 운영에서 미중의 협력은 필수적인데, 미중의 협력을 적극 추진할 초국적 연합이 단기간에 부상할 전망은 더욱 요원하다.

대침체는 중국의 부상을 가속화했지만 미국의 물리적 힘의 우위 자체를 변화시키지는 않았다. 냉전의 종언 이후 더욱 강화된 미국체제에 대한 이념적 확신과 다른 체제에 대한 경계나 불신 또한 엘리트는 물론 대중의 차원에서도 보존되고 있다. 미국체제의 일종의 본능적 대응은 중국과의 전면적인 협력을 추진하기보다는 미국이 지닌 물리적 힘과 기존의 제도적 영향력을 최대한 활용하는 이기적 혹은 약탈적 패권이다.

이러한 변화는 트럼프 등장 이전부터 시작되었고, 그 단적인 증거는 다자주의의 후퇴와 경제제재의 강화 혹은 남용이다. 2012년 미국은 2차대전 이후 최초로 단 하나의 국제조약에도 가입하지 않았고(Rapp-

Hooper and Lissner, 2019: 21), 9·11테러 이후 더욱 강화된 제재가 러시아 등에게 효과가 있는지에 대한 회의가 제기된 것도 오바마 정부 시기였다 (Ashford, 2016). "비자유주의 패권"(Posen, 2018)으로 규정되기도 하는 이러한 추세는 트럼프 정부 들어 더욱 강화되었다.

> "학자들은 부정적 강압(negative coercion) –폭력이나 정치적, 경제적 처벌 사용의 위협-에 대해서 수많은 연구를 했다. 하지만 그 역인 긍정적 강압 (positive coercion)도 그 못지않게 강력하다. 강대국들은 방어동맹, 경제원 조, 정치적 지지 등 유인을 제공하고는 이들 유인들을 보류하거나 제거하 겠다는 위협을 통해서 자신보다 약한 상대국들을 종속시키고 그들의 행 동을 극단적으로 변화시킨다. 현재 미국은 대표적인 강압국가(the coercive power par excellence)이다"(Rapp-Hooper, 2019).

트럼프의 대중 관세정책은 대표적인 강압정책이다. 주류의 많은 전문 가들도 미국 주도의 민주주의 연합의 중국에 대한 경제적 차별과 강압을 주문하고 있다(Sullivan and Campbell, 2019; Colgan, 2019). 문제는 그 효과 이다. 2019년 말에 보도된 1단계 미중 잠정타협 혹은 휴전은, 무역 분야 에서 중국보다 상대적으로 대외의존도가 낮은 미국이 관세전쟁에서 우 위인 것은 맞지만, 미국도 농민이나 소비자 등의 피해가 불가피하고 또 중국을 완전히 굴복시키지 못한다는 것을 증명했다. 또한 이러한 타협으 로 경제는 물론 기술과 군사 등의 영역에서 미중의 갈등이 해소될 수 없 다는 점도 분명하다(Farrer and Kuo, 2019).

트럼프의 미국은 더 이상 민주주의의 전범도 자유주의 국제질서의 수 호자도 아니다. 그렇다고 홍콩에서 일국양제를 안정적으로 운영하지 못 하는 중국이 대외적으로 자유무역을 외친다고 지구적 리더십을 확보할 수 있는 것도 아니다. 당분간 미중의 경쟁은 진정한 리더십으로서 패권 의 경쟁이라기보다는, 지배의 대내외적 정당성이 취약한 미중 양국이 펼치는 강대국 경쟁의 모습을 띨 것이다. 패권이 부재한 대공위시대(大空位時代, Interregnum)는 당분간 지속될 것이고, 미국의 중국에 대한 전략적 경쟁의 구체적 모습이나 미중 공존의 조건은 결국 미중 양국의 대내외적 능력에 의해 결정될 것이다. 대침체가 탈냉전기 미국식 자본주의체제의 한계를 노정시킨 점을 고려하면, 기술발전과 경제성장 및 정치사회적 안정과 결속을 유지하는 체제의 능력-내적 균형-이 양국 경쟁의 핵심이다. 미중의 최근 1단계 무역합의는 대공위시대에 지속될 미중의 힘겨루기와 시행착오의 첫 단계이기도 하다.

## 1. 트럼프 정부의 인도-태평양 전략

오바마 정부의 대중 정책이 아시아회귀 혹은 재균형전략의 이름으로 제시되었다면, 트럼프 정부의 대중 정책은 인도-태평양 전략으로 제시되고 있다. 범정부적 접근이라고 선전되고 있지만 트럼프 정부의 인도-태평양 전략은 국방부가 주도하고 있고 범정부적 체계와 일관성이 결여되어 있다(Samann, 2019). 오바마 정부의 재균형 정책은 경제적으로는 환태평양경제동반자협정(Trans-Pacific Partnership: TPP), 군사적으로는 중동과 유럽에서 군사력의 중심을 아시아로 옮기는 회귀 혹은 재균형, 그리고 민주주의 가치의 주창이라는 세 가지 요소를 두루 갖추고 있었고, 대통령과 국무, 국방장관 등 범정부적으로 조율된 메시지를 통해 선전되었다. 트럼프 정부의 인도-태평양 전략은, 대통령 차원에서 트럼프가 민주주의의 수사를 폐기하고 거래의 달인으로서 시진핑과의 친분을 일관되게 과시해왔기 때문에 범정부적인 차원에서 조율된 메시지를 발신하는데 실패해왔다. 무엇보다도 트럼프 백악관이 TPP를 탈퇴하고 중국은 물론 동맹들에게까지 무차별적인 경제적 강압을 가하면서 대중 지역전략의 경제적 토대는 완전히 유실되었다. 국무부 차원에서 새로운 국제개발금융공사를 설립하기는 했지만 그 입법(BUILD Act)의 기반인 '민간자본의 투자를 통해서 개발을 유도한다(Better Utilization of Investments Leading to Development)'는 발상 자체와 투자 규모는 중국의 일대일로에 맞서기에는 턱없이 부족한 환상에 가깝다.

인도-태평양 전략에서 국방부의 주도는 분명하다. 인도-태평양이란 새로운 지정학적 공간에 따라 태평양사령부를 인도-태평양 사령부로 개칭하고 인도-태평양 담당 차관보를 신설한 것도 국방부이며, 인도-태평양 전략 보고서를 발간한 것도 국방부이다. 델러리의 분석에 따르면, 이 보고서는 이 지역에서 미서전쟁과 베트남 전쟁 등 미국의 제국주의적 역사를 완전히 탈색 혹은 왜곡하고 있고 중국의 공세(assertiveness)를 수사적으로 강조하고 있지만 실제 미국이 이 광대한 영역에서 중국의 영향력을 견제할 능력을 지니고 있는지 그 전략은 무엇인지에 대해서는 구체적인 해답을 제시하지 못하고 있다(Delury, 2019). 중국의 공세가 과연 미국 주도 질서를 대체하고자 하는 것인지에 대한 비판적 검토는, 오바마 정부의 담론이 아태지역에서 '규칙 기반 국제질서'의 수호가 아닌 건설을 목표로 출발했다는 데까지 확장되고 있다(Jonston, 2019: 11).

국방부의 인도-태평양 전략 보고서를 읽는 가장 중요한 관점은 관료정치일 것이다. 국방부의 입장, 더 넓게는 군산복합체의 입장에서 보면, 9·11테러 이후 대테러전쟁과 대침체 이후의 예산에 대한 제약(sequester)으로 미국의 군사력, 특히 첨단무기분야의 우위는 상당히 침식되었다. 2017년 12월 트럼프 정부의 국가안보전략 보고서가 러시아와 함께 중국을 수정주의 세력으로 규정하고 강대국 정치의 부활을 선포한 것은, 국방부의 입장에서는 미국의 압도적 군사력을 재건할 절호의 기회이다. 2018년 초의 국방전략 보고서는 강대국 경쟁을 전면에 내세우며 모든 영역— 육해공과 우주, 사이버 —에서 미군의 절대적, 압도적 군사력의 확보를 목표로 설정하였고, 핵태세전략 보고서는 저농축핵무기의 개발 및 중거리핵전력조약(INF Treaty) 탈퇴를 포함하여 기존의 핵군축 레짐에 더 이상 구속되지 않을 것을 선포했다. 이에 따른 미 국방력의 증진은 첨단무기개발을 기준으로 보면 2차대전 이후 최고 수준에 달한다. 군사적 대비태세는 냉전 시기 핵억지와 더불어 중동과 한반도에서 재래식 전쟁을 준비하는 것을 넘어서, 본토방위와 대테러전쟁, 핵과 비핵전략무기의 준별이 사라진 새로운 통합적 핵억지와 함께 인도-태평양, 유럽, 중동에서의 3개를 전쟁을 동시에 준비하는 것으로, 그 핵심전장은 중국과의 전쟁에 대비하는 인도-태평양이다.

〈그림 2〉 미 국방부의 전쟁대비태세

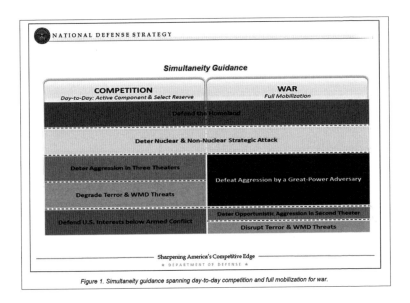

출처: Mattis (2018a).

인도-태평양 전략의 비전 혹은 선전 구호는 '자유롭고 개방적인 인도-태평양'인데, 그 실제 내용은 상당한 변화를 겪었다. 2017년 10월 틸러슨 국무장관이 처음 이 구호를 사용했을 때는 인도와 미국의 민주주의 연대를 강조하였고(Tillerson, 2017), 11월 트럼프의 경우에는 지역 전체에게 무차별적으로 적용되는 경제적 민족주의의 원칙을 강조하였다(Trump,

2017). 이 구호가 지역에서 중국의 경제적, 군사적 강압에 대한 비판으로 전면적으로 전환된 것은 2018년 중반 이후이며, 그 주역은 폼페이오 국무장관과 펜스 부통령이다.

폼페이오의 2018년 7월 "미국의 인도-태평양 경제비전" 연설의 주목적은 TPP를 탈퇴하고 공평하고 상호주의적인 경제관계를 요구하는 트럼프 정부의 경제적 민족주의를 적극적으로 변호하는 것이었다. 이는 중국을 겨냥한 '자유롭고 개방적인 인도-태평양' 구호의 맥락에서 진행되었다. 그는 자유를 국제적으로 강압으로부터 주권을 지킬 자유와 국내정치적 시민적 자유로, 그리고 개방은 해양과 공중에 대한 접근권, 해양과 영토분쟁의 평화적인 해결, 그리고 공평하고 상호주의적인 무역, 개방적 투자환경, 투명한 국가 간 협약 등으로 정의하였다. 그리고는 미국과 이 지역의 오랜 상업적 교류와 더불어 한국 등 역내 경제 개발에 미국이 기여한 역사를 환기시키고 현재 디지털, 사이버, 인프라 등에서 미국 민간 기업의 활동을 강조하는 한편 (이후 BUILD ACT로 제도화되는) 개발금융의 제도적 개편과 강화를 들어 지역에 대한 미국의 지속적인 개입을 공약했다(Pompeo, 2018).

펜스의 10월 허드슨 연구소 연설은 8월의 미중 협상이 무위로 끝나고 9월부터 미중 관세전쟁이 본격화된 이후에 이루어졌다. 폼페이오가 인도-태평양 지역에서 미국의 기여의 역사를 환기한 데 반해서, 펜스는 미국의 선의에 대한 중국의 배반의 역사를 배경으로 중국을 미국에 대한 실존적 위협으로 규정하며 트럼프 정부의 대중정책을 정당화했다. 펜스의 미중 관계 역사는, 정확히는 선별적인 역사적 기억 혹은 역사 왜곡은, 18세기 상호이익의 교역에서 시작해서 중국에 대한 제국주의 침탈에 동참하지 않은 미국의 문호개방정책, 2차대전의 협력, 한국전쟁에도 불구하고 1972년 이래의 외교관계 정상화와 탈냉전기 중국의 성장을 가능케 한 미국의 기여로 이어졌다. 이런 역사적 개관은 이후 중국의 경제와 군사, 정치 전 분야에서의 미국에 대한 배반과 도전을 단죄하기 위한 장치였다. 그에 따르면, 경제적으로 중국은 관세와 쿼터, 환율조작, 강제 기술 이전, 지적 재산권 절도 및 산업보조금 등의 반칙을 통해서 성장하며 미국의 일자리를 빼앗고 무역적자를 안겨주는 "경제적 침공"을 감행하였고, 이는 '중국제조 2025 (Made in China 2025)'의 구호 아래 로봇과 바이오, 인공지능 등 첨단기술 분야에서도 지속되고 있다. 군사적으로 중국은 남중국해에서 인공 섬 등의 군사화를 중단하겠다는 약속을 깨면서 서태평양 지역에서 미국의 영향력을 완전히 배제할 것을 목적으로 공세적인 군비 증강을 진행하면서 지역 국가들을 위협하고 미국의 항행의 자유 작전 등에 도전하고 있다. 정치적으로 중국은 디지털 기술을 활용하여 종교적 자유를 탄압하고 시민들의 일상생활 전체를 감시하는 전체주의 국가를 건설하고 있다. 더 나아가 중국은 이러한 전체주의 국가모델을 세계적으로 수출하고 일대일로의 '부채외교'를 라틴아메리카에까지 확장하고 있으며, 미국의 국내정치에도 개입하고 있다. 펜스의 이러한 단죄는 트럼프의 경제적 민족주의와 국방부의 중국견제 논리와 종교를 중심으로 한 미국 보수의 이념적 공세를 종합한 것으로, '신냉전 선언'으로까지 평가되었다(Pence, 2018; Perlez, 2018).

　싱가포르에서 매년 열리는 샹그릴라 회의는 국방장관과 전문가들이 참석하는 회의로 미중의 전략 담론이 경쟁하는 장이다. 이 회의에서 매티스 국방장관의 2018년 연설과 새년 국방장관 대행의 2019년 연설을 비교해보면, 두 가지 변화가 뚜렷하다. 하나는 대중국 강경 노선으로의 선회이고, 다른 하나는 동맹에 대한 노골적인 압박이다. 매티스는 공세적인 국방전략과 핵태세전략에 따른 군비증강을 주도했다. 2018년 6월 샹그릴라에서 미국의 인도-태평양 전략을 설명하며 그는 중국의 남중국해 군사화를 명시적으로 비판하고 중국과의 협력 및 경쟁을 천명하기는 했지만, 중국이 국제질서를 형성할 기회를 인정하며 미국이 지역 국가들에게 선택을 강요하는 것은 아니라는 점("To be clear, we do not ask any country to choose between the United States and China, China should and does have a voice in shaping the international system, and all of China's neighbors have a voice in shaping China's role")을 분명히 했다. 그의 연설에서는 또한 주권과 분쟁의 평화적 해결, 공해의 자유에 관한 국제규범 등 이후 '자유롭고 개방적인 인도-태평양' 구호의 주요 내용이 소개되기는 했지만, 이들은 아직 전략적 비전으로 명쾌하게 정리되지 않았다. 인도-태평양 전략의 주제(themes)로는 해양안보와 합동성(inter-operability) 강화라는 국방부의 전통적 관심과 함께, 법치와 시민사회, 투명한 거버넌스, 그리고 민간부분 주도의 경제발전이 제시되었다. 해양안보와 합동성 강화, 정보공유, 네트워크 건설 등에서 동맹과 파트너들에 대한 동참 요구는 이들과 함께 그 목표들을 위해 노력하겠다("We are committed to working by, with, and through allies and partners to...")는 공약의 형태로 나타났다 (Mattis, 2018b).

이에 반해서 국방부의 인도-태평양 전략 보고서를 소개하고 있는 새너핸 국방장관 대행의 2019년 아시아안보회의(샹그릴라 대화) 연설은 2018년 폼페이오와 펜스 연설의 연장선에서 '자유롭고 개방된 인도-태평양'의 전략적 원칙을 1)주권, 2)분쟁의 평화적 해결, 3)지적 재산권의 보호 등을 포함하는 자유롭고 공평하고 상호주의적인 경제, 그리고 4)항행의 자유와 공중의 접근권을 보장하는 국제규범으로 정리하고는 중국의 경제적, 군사적, 정치적 강압의 사례를 구체적으로 나열하고 있다. 지역 국가들에게 미중 간의 선택을 강요하지 않는다는 주장이 반복되고는 있지만, 네 가지 전략적 원칙의 성격을 보편적이고 항구적인 것이라고 규정하고 중국의 강압 사례를 적시함으로써, 그리고 미국의 압도적 군사력과 네트워크를 장황하게 과시함으로써, 미국에 대한 편승을 압박하고 있다. 동맹과 파트너에 대한 요구도 대단히 노골적으로 제시되고 있다.

"모든 국가가 자유롭고 개방된 인도-태평양에 책임이 있다. 미국은 미국의 공약을 지킬 것이고 미국의 동맹과 파트너들은 각자 공평한 기여를 할 필

요가 있고. 미국이 원하는 동맹과 파트너들이 해야 할 바는 다음과 같다:


- 각자의 국방에 충분히 투자하라; 이는 억지를 강화한다
- 제3의 파트너 역량을 건설하라; 이는 네트워크의 규모를 향상시킨다
- 규칙 기반 국제질서를 수호하라; 이는 공정한 경쟁을 가능하게 한다
- 긴급사태에 대비하기 위한 미국의 접근을 보장하라; 이는 우리가 보다
  책임 있게 행동할 수 있게 한다
- 연합작전 능력을 강화하고 군수거래의 함의에 유의하라; 군수거래는
  단순히 플랫폼이 아니라 장기간 관계를 구입하는 것이다
- 비슷한 생각을 가진 국가들과의 정보 공유를 확대하고 각자의
  네트워크를 안전하고 신뢰받을 수 있게 관리하라; 이는 우리의 연계를
  유지한다
- 공동의 목적을 위해 자원을 모아라; 이는 우리의 영향력을 확대한다"
  (Shanan, 2019).


'자유롭고 개방적인 인도-태평양'의 전략적 원칙은 (강압으로부터 자유로운) 주권과 (개방적) 국제규범으로 압축되는데, 주권을 기준으로 보면 양자의 관계는 기본적으로 모순적이다. 그 단적인 예로, 남중국해 등에서 중국의 군사적 부상을 견제하기 위해서 미 군부는 해양법의 국제규범에 근거하여 항행의 자유를 내세우며 국제수로에서 군사작전을 시행하고 있지만, 미 상원은 주권을 명분으로 해양법협정(UN Convention of the Law of the Sea)을 비준하지 않고 있다. 중국은 상업적인 항행의 자유를 제한한 적이 없고, 역시 주권을 명분으로 미국의 항행의 자유 군사작전 혹은 무력시위에 대항하고 있다. 국익에 따른 주권과 국제규범의 위선적인 조합은 미국만의 전유물이 아닌 것이다.

역사적으로 보면, 중국외교는 전통적으로 주권을 강조해왔고 패권국가 미국은 주권을 넘어서는 보편적인 국제규범을 강조해왔다. 특히 탈냉

전기 미국패권은 신자유주의의 수출과 대테러 혹은 민주주의 확산을 위한 군사적인 개입을 위해서, 주권을 제한해왔다. 이 점에서 미국패권은 본질적으로 수정주의적이었다. 실천적으로, 주권의 이름으로 중국의 강압에 맞서는 전략은 미국 자신이 대표적인 강압국가이기 때문에 위선적이다. 트럼프의 경제적 민족주의 때문에, "미국과 강대국 경쟁국들의 치국술(statecraft) 사이의 가장 큰 격차는 미국의 치국술에서 당근이 없어져 버렸다는 것이다"(Drezner, 2019b: 18). 중국이 미국의 거의 모든 동맹들의 최대 교역국가가 되어 버린 상황에서, 중국의 일대일로 투자에 대한 TPP의 대안도 없이, 화웨이의 5G 기술에 대안도 없이 동맹을 압박하는 것은 효과가 없다. 쿼드, 즉, 미국과 일본과 호주, 인도와의 연합으로 중국을 견제하고 압박하는 것이 미국의 희망이지만, 전통적으로 러시아와 군사적 협력관계를 맺고 있는 인도는 물론, 일본과 호주도 최근 중국과 역내포괄적경제동반자협정(RCEP)에 합의한 데서 잘 드러나듯이 일방적으로 미국에 편승하지는 않고 있다. 이는 본질적으로 트럼프의 미국은 경제와 안보를 연계하고 있지만, 그 연계는 '미국 우선주의'에 따라 약탈적이라 동맹이나 파트너의 입장에서 보면 패권이 제공하는 편익은 적고 그 비용은 크기 때문이다.

2019년 10월 펜스의 연설은 인도-태평양 전략의 위선과 한계에 대해서 주요한 시사점을 지닌다. 홍콩시위를 배경으로 펜스는 중국에 대한 비판을 한층 강화했지만, 트럼프가 자신의 정치적 목적을 위해서 우크라이나 내정에 개입했다는 혐의로 탄핵이 진행되는 가운데 중국이 미국 내정에 개입한다는 기존 비판은 누그러뜨렸다. 한편 중국의 기술 절도 등에 비판도 이어나갔지만, 미국 다국적기업의 협력이 여전히 부족하다고 비판하고 중국과의 '경제적 절연(de-coupling)'은 트럼프 정부의 목표가 아니라고 천명함으로써 대중 강경책의 국내외적인 한계도 인정했다(Pence, 2019; Groll, 2019).

## 2. 한미동맹의 스트레스

트럼프 정부는 북한에 대해서는 핵협상기조를 유지하면서도 경제제재의 '부정적 강압'을 거두지 않고 있고, 한국에 대해서는 주한미군 방위비 분담금 협상이나 한일 지소미아, 인도-태평양 전략 참여 요구에서 '긍정적 강압'을 가하고 있다. 이에 따라 한미동맹의 금기어라 할 수 있는 한국의 독자적 핵무장이나 주한미군 철수 등이 한국과 미국에서 모두 공공연히 언급되는 수준에 이르렀다.

트럼프-워싱턴의 분열은 한국에게 이중의 부담이다. 워싱턴의 관료/전문가들이 주도하는 인도-태평양 전략은 한국의 군사적, 경제적, 외교적 '공헌'을 요구한다. 미국의 첨단무기를 구매하고 한미 군사동맹의 합동성을 높이며 (중국의 해상진출을 봉쇄하기 위한) 해양 합동훈련에 참여하고 아세안국가들의 군비증강과 훈련을 돕고 개발 원조를 제공하며 대중견제 외교에 동참하는 것은 워싱턴이 요구하는 동맹으로서 한국의 공헌이고 의무이다. 한편 트럼프는 한국 등 동맹이 미국을 이용해왔다고 비판하며, 적어도 기존의 워싱턴이 요구하지 않던 주한미군 주둔비용 전체를 부담할 것을 압박하고 있다. 트럼프의 요구는 단순히 비용의 증가가 아니라 동맹의 근거 자체를 위협하는 것이고, 이에 대해서 미국 내에서도 미군이 용병이냐는 비판이 있다. 돈으로 주한미군을 '용병'으로 쓰는 한편, (베트남 파병과 비교하면) 돈 내고 미국의 '용병'으로 동원되어야 하는 이중의 부담이 한국에게 가해지고 있는 것이다.[3]

트럼프의 미국 우선주의 '이단'과 워싱턴 관료들의 패권주의 정통이 결탁한 '이중 과세'가 현재 한미동맹 스트레스의 주된 요인이지만, 한미동맹의 구조적 문제는 트럼프 이전에 이미 시작되었고 현재 미국의 정치적 분열에 따른 패권 기획의 위기를 고려하면 트럼프 이후에도 지속될

---

3　이 단락은 이혜정, 2019a, "트럼프 정부의 인도-태평양 전략," 한국유라시아학회 2019년 추계학술대회발표문(11월 9일)의 일부이다.

것이다.

동맹은, 신현실주의 국제정치이론의 시각에서 보면, 안보위협에 대해서 타국의 힘을 동원하여 대응하는 '외적 균형'의 기제로 기본적으로 국익의 실현을 위한 수단이다. 국익 실현을 위한 노력은 동맹들 사이에도 작동하여 동맹국들은 파트너에게 방기와 연루의 위험을 피하고자 한다.

냉전기 한미동맹은 안보와 자주성이 교환되는 비대칭동맹의 전형이었다. 북한의 위협을 독자적으로 막아낼 수 없었던 한국으로서는 작전통제권의 군사주권은 물론 이승만의 북진통일이나 박정희의 핵개발 시도 등에서 자주성의 훼손을 감수할 수밖에 없었다. 한일의 협력도 미국이 한국에게 요구한 동맹의 중요한 조건이었다. 이승만 정부는 제네바회담 이후 북진통일을 주장하며 대한원조로 일본물품을 구입하라는 미국의 요구에 저항하며 한미동맹 발효의 조건이었던 비준서 교환을 거부하기도 했지만, 원조를 중단하고 석유공급을 끊은 미국의 압박에 굴복하여 미국이 요구한 동맹의 조건이 담긴 합의의사록에 서명하였고, 이것이 한미동맹의 실제 기원이었다(이혜정, 2004). 박정희 정부의 한일국교 정상화 역시 미국의 숙원이었던 일본을 중심으로 한 지역통합의 전략적 이익과 압박이 쿠데타로 집권한 정권의 취약한 정당성을 경제성장으로 메우려 한 군부의 이익과 맞아 떨어져 이루어진 것으로, 그 대가는 역사적 정의와 민주주의의 희생이었다.

한편 국익의 측면에서 보자면 한미동맹을 통해서 한국은 1960년대까지는 미국의 군사력은 물론 직접 원조에 의존하였고, 남북 국력차가 역전되는 1970년대 이후에도 미국의 시장개방 그리고 1980년대 초 외채위기는 '레이건-나카소네-전두환'의 보수연합이 동원한 일본자금으로 극복하는 등 안보와 경제 영역에서 실제적인 이익을 확보할 수 있었다.

탈냉전기 한미동맹은 국력 격차에 따른 안보-자주성의 비대칭동맹으로만 설명되지 않는다. 비록 북한의 핵개발이란 새로운 위협에 따라 한국의 대미의존성이 유지되기는 했지만, 남북의 국력차이는 현격하게 벌어졌고 주한미군 주둔비용의 일부를 한국이 부담하는 특별협정의 체결 자체가 증명하듯 동맹간 역할의 변화가 시작되었다. 변화의 방향은 동맹의 범위는 한반도에서 지역과 지구적 수준으로, 그리고 목적 혹은 영역은 군사에서 경제와 이념/가치로 확대하는 한편, 양국 군부는 물론 관료와 언론인 등 동맹의 제도화를 강화하는 것이었고, 그 결과물은 이명박, 박근혜 정부의 한미 전략 동맹이었다.

국익의 차원에서 보면, 1990년대 'IMF 위기/구조조정'으로 냉전의 전초기지로서 한국이 누리던 동맹의 경제적 외부효과는 사라졌다. 경제적 이익은 원조나 수출 등의 직접적 이익에서 미국이 주도하는 새로운 경제질서를 수용하고 그 안에서 경쟁력을 발휘해서 얻는 제도적, 간접적 이익 중심으로 바뀌었다. 단극시대 미국패권에 압도되어 혹은 매료되어 지구화/세계화는 대세라는 구호 아래 미국체제를 적극적으로 수용한 정치적, 이념적 요인도 한미동맹 강화의 중요한 원인이었다. 1948년 정부수립을 건국절로 기념하는 '대한민국' 보수의 경우에는 문명표준으로서 세계화/미국화와 북한에 대한 적대와 경멸이 결합되어 북한의 조기붕괴/흡수통일과 함께 한미동맹을 수단이 아니라 목적으로 신성화하기도 하였다(이혜정, 2018).

한미동맹의 신성화, 목적화는 냉전시기 친미의 관성이기도 하지만 반공이나 반북과도 일정하게 절연된 일종의 한국 외교의 만능키로서 동맹 그 자체에 대한 강조가 이념화되었다는 측면에서는 본질적으로 단극 시대의 산물이며, 이는 미국 패권 담론과 전략의 변화와 긴밀한 연계 속에서 진행된 것이다. 미국의 패권 엘리트들은 냉전기의 동맹 기제를 확대, 보존하면서 보다 일반적인 수준에서 동맹을 목적으로 전환시켜, 동맹의 이완은 곧 미국의 지구적 리더십의 손상과 국제적 무질서로 이어진다는 담론을 개발해냈고, 미일동맹 중심의 한반도 전문가들은 미국은 물론 한국에서의 한미동맹 담론을 장악했다. 안보화이론(securitization)의 시각에서 보자면, 동맹이 안보를 확보하는 수단이 아니라 보호되어야 하는 대상이 되어 버린 것이다(Austin and Beaulieu-Brossard, 2017). 이에 따른 대표적 담론은 북한의 북미정상회담 제안이 비핵화협상을 위한 것이 아니라 한미동맹 이완의 '위장평화공세'일뿐이라는 경계나 비핵화와 한반도 통일 이후에도 주한미군이 주둔해야 하며 비핵화 협상 자체가 한미동맹의 그 어떤 이완도 초래해서는 안 된다는 주장들이다(대표적으로 Cha, 2019).

한국의 '미국 유일주의'라고도 명명될 수 있을 이와 같은 한미동맹의 확대, 제도화, 안보화는 역설적이게도 대침체 이후, 즉, 미국의 힘과 제도, 가치가 상대적으로 쇠락하는 가운데 보수정부에 의해서 본격적으로 진행되었다. 미국은 압도적 군사력에도 불구하고 북한의 핵개발 자체를 막을 수는 없었다. 한국이 이미 중국의 경제적 자기장에 포획된 상태에서 미국의 신자유주의 자본주의 정치경제체제의 실패가 확인되는 가운데서도 한국의 보수는 미국에 대한 믿음과 중국에 대한 경계, 그리고 북한에 대한 경멸과 흡수통일의 희망을 놓지 않았다. 한국의 '미국 유일주의'와 미국의 힘의 한계 사이의 균열로 인한 한미동맹의 스트레스는, 오바마 정부의 미국이 비록 '전략적 인내'로 한반도 안보/평화 문제를 등한시하면서도 지구적 수준에서 군사적 개입은 자제하고 민주주의와 다자주의를 실천하려 애쓰며 TPP라는 대안을 제시하면서 중국에 대한 견제와 경쟁을 추진하면서, 일정하게 관리되었다. 하지만 오바마의 제한적 개혁으로는 대침체 이후 파괴된 미국의 패권에 대한 국내적 지지 혹은 사회계약을 복원할 수 없었고, 전략적 인내로는 북한의 핵개발을 막을 수 없었으며, 재균형정책으로는 중국의 부상을 포섭/관리할 수 없었다.

현재 진행되고 있는 북미협상의 교착, 미중 갈등과 한미동맹의 위기는 미국 패권의 구조적 위기이며 한미동맹의 스트레스가 임계점을 넘어선 결과이다. 한미 전략 동맹이 딛고 있는 미국제도의 간접적 경제적 이익이나, 정치적, 이념적 가치 모두 트럼프에 의해 부정되고 있다. 게다가 중산층과 노동자의 이익을 최우선시하는 미국 우선주의는 트럼프의 독점물이 아니고, 워렌이나 샌더스 등 민주당 진보진영의 주장이기도 하다. 2016년 대선 과정에서 민주당 힐러리 클린턴이 이미 자신이 국무장관으로서 입안하고 새로운 미국적 경제질서의 기준으로 선전했었던 TPP를 부정한 바 있다. 트럼프의 대외경제정책은 '최대의 압박'(Drezner, 2019)에 기초하고 있으며, 보다 일반적으로 보면 좌우파 민중주의의 부상은 시혜적 패권이 아니라 민족주의적 혹은 약탈적 패권으로서 미국의 지대추구로 이어지고 있다.

동맹에 대한 새로운 요구 역시 인도-태평양 전략 참여를 요구하는 주류의 군사적 일방주의나 미국에 대한 경제적 착취를 멈추고 기존의 피해를 보상하라는 트럼프의 이단을 넘어, 일정한 반성을 거친 주류 혹은 중도와 자유지상주의 및 좌파 민중주의에서도 제기된다. 후자의 시각에서 '영원한 전쟁'은 미국 패권의 원죄이다. 군사동맹이 아니라 외교와 국제기구 등이 미국 대외정책의 중심이 되어야 하며, 미국은 주한미군의 철수를 포함하여 '영속적 동맹'과 미군의 해외주둔이 아니라 역외균형의 자제 전략으로 전환해야 한다(Glaser, Preble, and Thrall, 2019). 현재 주한미군 방위비 분담금 협상을 트럼프의 협박에 휘둘리지 않고 방위비분담특별협정(SMA)의 틀에서 공평하고 합리적으로 마무리한다고 해도 동맹의 스트레스가 사라지지는 않는다.

한편, 국내적 지지와 자원 동원의 한계에 직면한 주류의 입장에서는 동맹이 마지막 희망이다. 대표적인 예로는 최근 쿠르드족에 대한 지지를 철회하는 트럼프의 시리아 철군 결정에 대한, 신자유주의의 열렬한 찬양자였던 뉴욕타임즈 칼럼니스트 프리드먼의 비판을 들 수 있다. 프리드먼은 민주주의의 확산을 명분으로 한 지구적 개입에 대한 국내적 지지가 없는 현실을 인정하면서도, 최대한 직접적인 국익이 걸린 경우로만 개입을 축소하면서도 미국의 영향력을 보존하고 민주주의의 싹을 틔울 수 있는 최소한의 지역(islands of decency)을 확대해야 한다고 주장하는데 그 수단은 동맹이다(Friedman, 2019).

동맹은 특히 중국을 견제하는 주요한 수단이다. 현재 트럼프 정부가 국방부를 중심으로 추진하고 있는 인도-태평양 전략은, 중국에 대한 전면적인 봉쇄정책을 반대하는 입장에서 보면, 공세적 타격체계를 중심으로 하는 "중국 국경에 이르는 전면적 우위를 확보하는 실제적으로 불가능한 목표"를 추진하고 있다. 이런 입장에서도 동맹의 역할은 빠지지 않는다: "보다 현명한 정책은 동맹과 함께 방어 중심의 억지 전략"을 추진하는 것이다(Fravel et al. 2019). 기존의 대중국 정책이 중국의 자유화를 추구한 개입정책이었고 이는 완전한 실패로 판명 났다고 보는 입장으로 옮겨갈수록, 동맹에 대한 요구는 기술과 무역, 국제제도/거버넌스 등에서 중국에 대한 전면적인 봉쇄 정책에 대한 동참 압박으로 강화된다(Meidoros, 2019; Colgan, 2019; Sullivan and Campbell, 2019; Scissor and Blumenthal, 2019).

미국이 대내적으로 주류와 민중주의 사이에 어떠한 사회적 합의와 대외정책, 특히 어떠한 대중국정책의 합의에 이를지, 그리고 대외적으로 미중 관계가 어떻게 안정화될지는 대단히 불확실하다. 현재의 대내외적 분열과 교착은, 금융위기가 안보문제와 결합되면서 대공황과 같은 대전환으로 이어지지 않는 한, 상당 기간 지속될 것이다. 그리고 그 동안 한미동맹의 스트레스도 가중될 것이다.

## Ⅳ. 결론

현재 한미동맹 스트레스의 직접적 원인은 트럼프의 미국 우선주의이고, 트럼프의 미국 우선주의는 탈냉전기 미국 패권의 핵심 기획인 신자유주의 지구화의 사회적 위기의 산물이다. 미국이 앞으로 자본주의와 민주주의, 패권을 운영하는 데 있어서 어떠한 사회계약을 맺을 지가 미국 패권의 미래를 결정할 것이며, 이러한 사회계약은 신자유주의 지구화가 미국 중산층의 이익을 보장하지 못했다는 '진실'에 기초하는 새로운 담론과 정책, 제도를 요구한다.

마찬가지로 한국도 대침체 이후의 새로운 발전과 외교의 모델을 구축하고 그에 대한 사회적 합의를 마련해야 할 시대적 요구에 직면하고 있다. 미국 패권의 사회적 위기는 장기화될 전망인데, 한미 외교의 '진실'은 한국 외교의 만능키이자 그 자체가 목적으로 이념화, 신성화된 동맹이 제대로 기능을 못하고 있다는 점이다.

한미동맹의 스트레스는 크게 세 가지이다. 첫째는 동맹의 본질이자 직접적인 목적인 안보와 관련해서, 한미 군사동맹의 강화는 한반도 안보 딜레마의 심화로 이어져 한반도 비핵화와 평화체제 구축을 어렵게 한다는 점이다. 이 점을 구갑우는 다음과 같이 지적한다.

"한국정부가 한반도 비핵화, 한미동맹의 지속, 한반도평화체제 구축을 동시에 달성하려 했다면, 평창 임시평화체제는 없었을 것이다. 한반도 안보딜레마와 평창 임시평화체제의 관계에서 도출할 수 있듯이, 한반도 비핵화와 한미동맹의 지속과 한반도 평화체제 구축은 한국정부가 동시에 달성할 수 없는 정책목표인 불가능한 삼위일체, 즉 '삼중모순(trilemma)'이다. 예를 들어, 한반도 비핵화와 한미동맹의 지속의 조합은 북한에 대한 강압정책 또는 전쟁을 통한 북한붕괴의 길이다. 한반도 평화체제 구축과 한미동맹의 지속의 조합은 북한을 핵국가로 사실상 인정하는 것이다. 한반도 비핵화와 한반도 평화체제 구축의 조합은 한미동맹의 형태변환을 통해서 가능하다"(구갑우, 2018: 163).

둘째는, 주한미군 방위비 분담금 협상이나 한일 지소미아 협정과 관련된 혼돈과 난항이 잘 보여주듯, 방기와 연루의 동맹 딜레마가 동시에 작용하는 것을 포함해서 동맹의 편익은 약화되는데 비용은 증가하고 있다는 점이다. 셋째는 한미동맹의 미래와 관련해서 미중 관계의 갈등과 교착이 장기화될 전망이고 이에 따라 한미동맹의 스트레스가 가중되고 있다는 점이다.

현재 미국 패권의 위기와 미중 갈등이 빚어내는 일종의 국제적 무질서의 장기 교착 국면에서 한미동맹의 스트레스를 해소하는 정책적 방향, 혹은 현재의 교착 국면을 견뎌내면서 국익을 실현하기 위한 한국외교의 뉴딜의 방향은 크게 두 가지로 볼 수 있다. 첫째는 내적 균형과 외적 균형의 통합이다. 신자유주의체제의 위기를 극복하는 것은 지구적 과제이고, 외교의 궁극적인 원천은 국력이다. 시장의 실패와 민주주의의 후퇴란 지구적 병리현상을 극복하는 한국형 정치경제모델은 국력의 신장을 가져올 뿐 아니라 한국의 위신과 연성권력을 강화할 것이다. 성장과 분배, 복지와 안보, 대내외 정책의 균형적이고 통합적인 추진이 뉴딜의 대원칙이다. 이는, 북미 협상의 교착과 장기적인 미중 갈등의 전망을 고려하면, '평화-경제'에 대한 새로운 강조로 이어진다. 남북 경협이나 북방 경제 협력을 통한 한국경제의 도약이라는 목표와 함께 한반도에서 전쟁 위기에 따른 경제적 위험을 감당할 수 없는 한국의 절대적 평화이익에 따라 전쟁을 불용한다는 원칙은 굳건하게 지켜져야 한다.

둘째는 한미동맹을 그 자체가 목적이 아니라 수단으로, 보호되어야 할 안보의 대상이 아니라 복합적인 과제에 직면한 한국외교의 주요한 수단으로 바꿔놓는 동맹의 '탈안보화(de-securitization)'이다. 이를 위해서는 동맹이 아니라 국익과 민주주의, 주권을 전면에 내세우는 정책과 담론체계가 필요하다. 이 세 가지 원칙은 상호배타적인 것이 아니라 연관되어 작동하지만 한미동맹의 세 가지 스트레스 각각과 연관해서 보면, 국익은 특히 동맹의 안보 딜레마를 관리하는 데 혹은 트릴레마를 해소하는 데 중요하다. 동맹과 평화체제와 비핵화 사이의 대립적인 구도 대신, 동맹을 한국의 절대적 국익인 평화를 위한 수단으로 설정해야 한다. 그 방법의 하나는 한반도 평화과정의 이름 아래 안보태세의 확립과 평화체제 구축, 그리고 비핵화를 묶고 이 세 가지를 균형적, 통합적으로 추진하는 것을 동맹의 과업으로 설정하는 것이다. 민주주의는 동맹 딜레마와 비용의 증가 압박에 대한 유용한 대항 담론이자 교섭의 수단이다. 트럼프의 미국 우선주의가 미국 민주주의(선거)를 통해 표출되는 미국 패권의 비용에 대한 민중주의적 반발이라면, 그의 방위비 분담에 대한 요구나 역사적 정의와 대법원의 판결을 무시하는 미일의 지소미아 관련 압박을 막아내는 가장 논리적이고 효과적인 근거 역시 한국 민주주의이다. 마지막으로 주권은 미중 갈등의 파고를 헤쳐 나갈 대원칙이다. 미중이 모두 주권을 명분으로 상대의 강압을 비판하며 한국에게 자신에 대한 편승을 요구하고 있기 때문이다.

# 참고문헌

구갑우. 2018, "평창 '임시평화체제'의 형성 원인과 전개: 한반도 안보딜레마와 한국의 '삼모순(trilemma),'" 『한국과 국제정치』, 34권 호: 137-169.

이혜정. 2004, "한미 동맹 기원의 재조명: 한미 상호방위조약의 발효는 왜 연기되었는가?," 『한국정치외교사논총』, 26집 1호: 5-35.

_____. 2017, 『냉전 이후 미국 패권: 자본주의와 민주주의, 전쟁의 변주』(파주: 한울아카데미).

_____. 2018, "미국 우선주의와 한미동맹의 변화," 김상기 외, 『한반도 평화체제 구축과 한미관계』(서울: 통일연구원).

_____. 2019a, "트럼프 정부의 인도-태평양 전략," 한국유라시아학회 추계학술대회 발표문(11월 9일).

_____. 2019b, "트럼프 시대 미국패권의 역사적 이해," 한국국제정치학회 하계학술대회 발표문(7월 4일).

이혜정·전혜주. 2018, "미국 패권은 예외적인가?: 아이켄베리의 자유주의 국제질서 이론 비판," 『한국과 국제정치』, 34권 4호: 1-31.

Abrams, Stacey Y., John Sides, Michael Tesler, Lynn Vavreck, Jennifer A. Richeson and Francis Fukuyama. 2019, "E Pluribus Unum? The Fight Over Identity Politics," *Foreign Affairs*, Vol. 98, No. 2: 160-170.

Acheson, Dean. 1965. *Morning and Noon* (Boston: Hughton Mifflin Company).

Allison, Graham. 2018, "The Myth of the Liberal Order: From Historical Accident to Conventional Wisdom," *Foreign Affairs*, Vol. 94, No. 4: 124-133.

Ashford, Emma. 2016, "Not-So-Smart Sanctions: The Failure of Western Restrictions Against Russia," *Foreign Affairs*, Vol. 95, No. 1: 114-123.

Ashford, Emma and Thrall, Trevor. 2018, "The Battle Inside the Political Parties for the Future of U.S. Foreign Policy," *War on the Rocks* (December 12).

Austin, Janathan Luke and Phlipp Beaulieu-Brossard. 2017, "(De)securitisation Dilemmas:

Theorising the Simultaneous Enaction of Securitisation and Desecuritisation," *Review of International Studies*, Vol. 44, No. 2: 301-323.

Baker, Peter. 2017, "In Reshaping Presidency, Trump Has Changed Too," *The New York Times*, April 29.

Birdsall, Nancy and Francis Fukuyama. 2011, "The Post-Washington Consensus," *Foreign Affairs*, Vol. 90, No. 2: 45-53.

Brands, Hal. 2017, "U.S. Grand Strategy in an Age of Nationalism: Fortress America and Its Alternatives," *The Washington Quarterly*, Vol. 40, No. 1: 73-94.

Brands, Hal and Peter Feaver. 2016, "Stress-Testing American Grand Strategy," *Survival*, Vol. 58, No. 6: 93-120.

Burns, William J.. 2019, "The Lost Art of American Diplomacy: Can the State Department Be Saved," *Foreign Affairs*, Vol. 98, No. 3: 98-107.

Campbell, Kurt M. and Ely Ratner. 2018. "The China Reckoning: How Beijing Defied American Expectations," *Foreign Affairs*, Vol. 97, No. 2: 60-70.

Campbell, Kurt M. and Jake Sullivan. 2019, "Competition Without Catastrophe: How America Can Both Challenge and Coexist With China?" *Foreign Affairs*, Vol. 98, No. 5: 96-111.

Cha, Victor. 2019, "Seoul Searching," *The National Interest*, No. 161: 10-19.

Colgen, Jeff D.. 2019, "Three Visions of International Order," *The Washington Quarterly*, Vol. 42, No. 2: 85-98.

Colgan, Jeff D. and Keohane, Robert O. 2017, "The Liberal Order Is Rigged: Fix It Now or Watch It Whither," *Foreign Affairs*, Vol. 96, No. 3: 85-98.

Cox, Robert. 1987. *Production, Power, and World Order: Social Forces in the Making of History* (New York: Columbia University Press).

Delurry, John. 2019. "Deconstructing the Indo Pacific: History and Strategy." 한국국제정치학회 연례 학술대회 (12월 13일).

Deudney, Daniel, and G. John Ikenberry. 1999. "The Nature and Sources of Liberal International Order," *Review of International Studies*, Vol. 25, No. 2: 179-196.

Douthat, Ross, 2018, "Will trump in 2019 Be Untamed or Contained?," *The New York Times* (December 29).

Drezner, Daniel W.. 2019a, "This Time is Different: Why U.S. Foreign Policy Will Never Recover," *Foreign Affairs*, Vol. 98, No. 3: 10-17.

_____. 2019b, "Economic Statecraft in the Age of Trump," *The Washington Quarterly*, Vol. 42, No. 3: 7-24.

Farrer, Martin and Lily Kuo.2019. "'Amazing Deal' or 'apitulation' Why the US-China Trade Truce May Not Last," *The Guardian* (December 15).

Fravel, M. Taylor, J. Stapleton Roy, Michael D. Swaine, Susan A. Thornton and Ezra Vogel. 2019, "China Is Not an Enemy," *The Washington Post* (July 3).

Friedman, Thomas L. 2019, "Trump's Syria Trifecta: A Win for Putin, a Loss for the Kurds and Lots of Uncertainty for Our Allies," *The New York Times* (October 22).

Fukuyama, Francis. 1989, "The End of History?" *The National Interest*, No. 16: 3-18.

_____. 1999, "Second Thoughts: The Last Man in a Bottle," *The National Interest*, No. 56: 16-33.

_____. 2012, "The Future of History: Can Liberal Democracy Survive the Decline of the Middle Class," *Foreign Affairs*, Vol. 91, No. 1: 53-61.

_____. 2014, "America in Decay," *Foreign Affairs*, Vol. 93, No. 5: 3-26.

_____. 2018, "Against Identity Politics," *Foreign Affairs*, Vol. 97, No. 5: 90-115.

Glaser, Charles L.. 2019. "A Flawed Framework: Why the Liberal International Order Concept Is Misguided," *International Security*, Vol. 43, No. 4: 51-87.

Glaser, John. Christopher A. Preble and A. Trevor Thrall. 2019, "Towards a More Prudent American Grand Strategy," *Survival*, Vol. 61, No. 5: 25-42.

Goldgeier, James. 2018, "The Misunderstood Roots of International Order - And Why They Matter Again," *Washington Quarterly*, Vol. 41, No. 3: 7-20.

Groll, Ellias. 2019, "5 Takewasys From Pence's Hawkish China Speech," *Foreign*

*Policy* (October 24).

Helleiner, Eric. 2019, "The Life and Times of Embedded Liberalism: Legacies and Innovations Since Bretton Woods," *Review of International Political Economy*, Vol. 26, No. 6: 1112-1135.

Huntington, Samuel P.. 1982, "American Ideals Versus American Institutions," *Political Science Quarterly*, Vol. 97, No. 1: 1-37.

_____. 1996, "The West: Unique, Not Universal," *Foreign Affairs*, Vol. 75, No. 6: 28-46.

_____. 1997, "The Erosion of American National Interests," *Foreign Affairs*, Vol. 76, No. 5: 28-49.

_____. 1999, "The Lonely Superpower," *Foreign Affairs*, Vol. 78, No. 2: 35-49.

_____. 2004, "Dead Soul: The Denationalization of the American Elites," *The National Interest*, No. 75: 5-18.

Ikenberry, G. John. 2000, *After Victory: Institutions, Strategic Restraint, and the Rebuilding of Order After Major Wars* (Princeton: Princeton University Press).

_____. 2017, "The Plot Against American Foreign Policy: Can the Liberal Order Survive?" *Foreign Affairs*, Vol. 96, No. 3: 2-9.

Ikenberry, G. John, Inderjeet Parmar and Doug Stokes. 2018, "Introduction: Ordering the World? Liberal Internationalism in Theory and Practice," *International Affairs*, Vol. 94, No. 1: 1-5

Ikenberry, G. John and Daniel H. Nexon, 2019, "Hegemony Studies 3.0: The Dynamics of Hegemonic Orders," *Security Studies*, Vol. 28, No. 3: 393-421.

Johnston, Alastair Iain. 2019. "China in a World of Orders: Rethinking Compliance and Challenge in Beijing's International Relations," *International Security*, Vol. 44, No. 2: 9-60.

Kennedy, Paul. 1999, "The Next American Century?" *World Policy Journal*, Vol. 14, No. 1:52-58.

Kirshner, Jonathan. 2014, "International Relations Then and Now: Why the Great Recession Was Not the Great Depression?" *History of Economic Ideas*, Vol. 22, No. 3: 47-70.

Lee, Michael. 2019, "Populism or Embedded Plutocracy? The Emerging World Order," *Survival*, Vol. 61, No. 2: 53-82.

Lippman, Walter. 1947, *The Cold War: A Study in U.S. Foreign Policy* (New York: Harper and Brothers).

Lissner, Rebecca Friedman and Mira Rapp-Hooper, 2018, "The Day after Trump: American Strategy for a New International Order," *The Washington Quarterly*, Vol. 41, No. 4: 7-25.

Mattis, James N.. 2018a, "Testimony before the House Armed Service Committee" (February 6), https://docs.house.gov/meetings/AS/AS00/20180206/106833/HHRG-115-AS00-Wstate-MattisJ-20180206.pdf.

_____. 2018b, "Remarks by Secretary Mattis at Plenary Session of the 2018 Shangri-La Dialogue" (June 2).

Mearsheimer, John J.. 2018, T*he Great Delusion: Liberal Dreams and International Relations* (New Haven: Yale University Press).

_____. 2019, "Bound to Fail: The Rise and Fall of the Liberal International Order," *International Security*, Vol. 43, No. 4: 7-50.

Medeiros, Evan S, 2019, "The Changing Fundamentals of US-China Relations," *The Washington Quarterly*, Vol. 42, No. 3: 93-119.

Milanovic, Branko, 2020, "The Clash of Capitalisms: The Real Fight for the Global Economy's Future," *Foreign Affairs*, Vol. 99, No. 4: 10-21.

Perlez, Jane. 2018. "Pence's China Speech Seen as Portent of 'New Cold War'," *The New York Times* (October 5).

Pence, Mike. 2018. "Remarks by Vice President Pence on the Administration's Policy Toward China" (October 4).

_____. 2019. "Remarks by Vice President Pence at the Frederic V. Malek Memorial Lecture" (October 24).

Pompeo, Michael R.. 2018, "America's Indo-Pacific Economic Vision" (July 30).

Porter, Patrick. 2018, "The World Imagined: Nostalgia and Liberal Order" (Policy Analysis No. 843, Cato Institute).

Posen, Barry R.. 2018, "The Rise of Illiberal Hegemony: Trump's Surprising Grand Strategy, *Foreign Affairs*, Vol. 97, No. 2: 20-27.

Rapp-Hooper, Mira. 2019, "The Usurpation of U.S. Foreign Policy: How the Trump-Zelensky Call Corrodes American Power," *Foreign Affairs* (October 3).

Rapp-Hooper, Mira and Rebecca Friedman Lissner, 2019, "The Open World," *Foreign Affairs*, Vol. 98, No. 3: 18-25.

Rose, Gideon. 2019, "What Happened to the American Century," *Foreign Affairs*, Vol. 98, No. 4.

Rudd, Kevin. 2019, "To Decouple or Not to Decouple?" Speech for the Robert F. Ellsworth Memorial Lecture at the University of California-San Diego (November 4).

Ruggie, John Gerard. 1982, "International Regimes, Transactions, and Change: Embedded Liberalism in the Postwar Economic Order," *International Organization*, Vol. 36, No. 2: 379-415.

Samaan, Jean-Loup. 2019, "Confronting the Flaws of America's Indo-Pacific Strategy," *War on the Rocks* (February 11).

Scissors, Derek and Daniel Blumenthal. 2019, "China Is a Dangerous Rival and America Should Treat It Like One," *The New York Times* (Jan 14).

Shanahan, Patrick M.. 2019, "Acting Secretary Shananhan's Remaks at the IISS Shangri-La Dialogue 2019" (June 1).

Stiglitz, Joseph. 2019, "Neoliberalism Must Be Pronounced Dead and Buried. Where Next?," *The Guardian* (30 May).

Temin, Peter. 2010, "The Great Recession & the Great Depression," *Daedalus*, Vol. 139, No. 4: 115-124.

Tillerson, Rex W.. 2017, "Defining Our Relationship with India for the Next Century" (October 18).

Trubowitz, Peter and Peter Harris, 2019, "The End of the American Century? Slow Erosion of the Domestic Sources of Usable Power," *International Affairs*, Vol. 95, No. 3: 619-639.

Trump, Donald. 2017, "Remarks by President Trump at APEC CEO Summit" (November 10).

U.S. Department of Defense. 2018. *Summary of the 2018 National Defense Strategy of the United States of America.*

_____. 2019. *Indo-Pacific Strategy Report: Preparedness, Partnership and Promoting a Networked Region.*

Walt, Stephen M.. 2018, *The Hell of Good Intentions: America's Foreign Policy Elite and the Decline of U.S. Primacy* (New York: Farrar, Straus and Giroux).

_____. 2019, "The End of Hubris: And the New Age of American Restraint," *Foreign Affairs*, Vol. 98, No. 3: 26-35.

Westad, Odd Arne. 2005, *The Global Cold War: Third World Interventions and the Making of Our Times* (New York: Cambridge University Press).

The White House. 2017. "The National Security Strategy of the United States of America."

Wohlforth, William C.. 1999. "The Stability of a Unipolar World," *International Security*, Vol. 23, No. 1: 5-41.

Wright, Thomas. 2018, "Trump's Foreign Policy Is No Longer Unpredictable: Gone Are the Days of a Divided Administration," *Foreign Affairs* (January 18).

Zakaria, Fareed. 2020, "The New China Scare: Why America Shouldn't Panic About Its Latest Challenger," *Foreign Affairs*, Vol. 99, No. 1: 52-69.